北京大学精品教材
国家级精品课程

拒绝伤害

安全教育与自卫防身

张锐 著

应对危机与规避风险的处理圣经
防患未然与精通策略的随身宝典
维护安全与保障人生的必修课程
塑造人格与审视生命的心灵手册

北京大学出版社

图书在版编目（CIP）数据

拒绝伤害：安全教育与自卫防身 / 张锐著 . —北京：北京大学出版社，2020.5

ISBN 978-7-301-30934-6

I. ①拒… II. ①张… III. ①防身术 – 教材 IV. ① G852.4

中国版本图书馆 CIP 数据核字（2019）第 256091 号

书　　名	拒绝伤害：安全教育与自卫防身 JUJUE SHANGHAI: ANQUAN JIAOYU YU ZIWEI FANGSHEN
著作责任者	张　锐　著
责任编辑	冉孟灵
标准书号	ISBN 978-7-301-30934-6
出版发行	北京大学出版社
地　　址	北京市海淀区成府路 205 号　100871
网　　址	http://www.pup.cn　新浪微博：@北京大学出版社
电子信箱	zpup@pup.cn
电　　话	邮购部 010-62752015　发行部 010-62750672　编辑部 010-62752029
印 刷 者	大厂回族自治县彩虹印刷有限公司
经 销 者	新华书店 787 毫米 ×1092 毫米　16 开本　18.25 印张　345 千字 2020 年 5 月第 1 版　2020 年 5 月第 1 次印刷
定　　价	49.00 元

未经许可，不得以任何方式复制或抄袭本书之部分或全部内容。
版权所有，侵权必究
举报电话：010-62752024　电子信箱：fd@pup.pku.edu.cn
图书如有印装质量问题，请与出版部联系，电话：010-62756370

前言

当前,知识经济、信息化社会快速发展,人们在享受现代社会文明成果与种种便利的同时,也不得不受到各种非传统安全因素的影响,自然灾害和人为灾害时有发生,交通事故、踩踏事件、暴力犯罪层出不穷。与社会境况相似,大学生面临的诱惑也越来越多,危险境况与不安定因素陡然增加。

加强安全教育,树立安全意识,培养大学生在紧急情况下的应变能力和自救、施救能力,不仅关系到大学生人身财产安全、身心健康和职业生涯规划,也是我国提高国民素质和公民道德素养的重要途径和手段,关系到人才强国战略的实施、和谐社会的建立,关系到"中国梦"的实现。

安全教育理论最早源于20世纪30年代美国的死亡教育,主要目的是让人们正确地认识死亡,从而引起对生命的重视。到了20世纪80年代,美国的中小学全面推广了安全教育的思想并基本普及了安全教育课程。此后,安全教育在世界各地得到不断发展。

近年来,我国也颁布了一系列关于加强校园安全教育、提升大学生心理健康的文件,如《国家中长期教育改革和发展规划纲要(2010—2020年)》和《国家教育事业发展第十三个五年规划》中提出要加强学校安全教育和安全管理,教育部、卫计委、共青团中央颁布了《关于进一步加强和改进大学生心理健康教育的意见》,教育部印发了《普通高等学校学生心理健康教育工作基本建设标准》等,各省、市高校也相继出台了许多关于学校公共安全和安全教育的文件,体现了教育部门对学生心理健康和安全教育的重视。但从学校教育的现状来看,理论系统严谨,兼顾实用、易于推行而学生又乐于接受的内容仍鲜有出现,对于安全教育教学与实践的探索任重道远。

本书以安全教育、自卫防身理论与实践为基础,以防范犯罪对象为前提,以科学严谨的态度、求真务实的方法,系统讲述了遇到水灾、火灾等危急自然灾害时的求生急救措施,重点讲解了在遭遇暴力犯罪时应采取的临场脱身、解脱、擒拿、散打、搏击等格斗技术。全书共分为三个篇章:

第一部分"理论篇",主要对学生进行安全基础知识教育,通过这部分学习,使大家了解安全防护的意义，学习自然灾害和意外损伤中的自救方法，提高自卫防身意识，掌握自卫防身的原则，培养预防能力、理性判断能力及临场应变能力。

第二部分"技术篇"，主要将拳击、武术、散打、摔跤、柔道、跆拳道、空手道、擒拿等格斗动作进行分解组合教学，让学生在亲身实践中掌握自卫防身的格斗技巧，提高身体素质和实际运用能力。

第三部分"感悟篇"，作者在教学中汇集了多年来选课学生对课程的感悟，并从中摘取了部分具有代表性的观点，在了解同学们对安全教育、生命观念及个人生涯规划的分析与判断的同时，使读者反思自己对自身安全和安全教育的认识。

作为安全教育与自卫防身领域的创新尝试，本教材融入了编者特有的自卫防身思想和学术体系，既适用于日常自卫与遇险求生，也适用于修身养性，强身健体。全书主要呈现了以下特点：

第一，本书的宗旨在于使同学们反思并领悟安全第一、生命至上的真谛，审视"1与0的关系"，明其理，悟其道，将安全教育知识、自卫防身技能与体育精神的塑造相统一，促进学生身心的全面协调发展，提高学生整体健康水平。

第二，本书从大学安全教育教学现状出发，构建了相对完整、系统的教学体系，并在内容结构、体例上突破创新，融入了学生的感悟与思考，使教材更鲜活、更有说服力。

第三，本书注重理论性、科学性，兼顾实践性、实用性，列举大量生动真实的案例，图文并茂，穿插了技术动作分解图，较好地做到理论联系实际。

第四，站在教育与文化的高度，注重学科的交叉融合，不仅强调学生体质的增强、安全意识的提高，更希望传播终身体育、终身教育的理念，贯彻"健康第一"的思想，引导学生做好生涯规划，塑造"完全人格"。

在本书的编写过程中，参考了国内外各领域诸多专家、学者的研究成果，凝聚了北京大学、美国加州圣何塞州立大学几位教授的辛勤劳动和智慧，非常感谢陈工教授、王东敏副教授、吴定锋副教授、李德昌教授的无私帮助！还有我的多位思维敏捷、勤勉奋进的研究生们，感谢大家的帮助！

由于安全教育的理论与实践不断发展和创新，同时囿于本书在结构体系及内容编排等方面的创新尝试，本书的不足与缺陷在所难免，恳请同行专家与读者不吝赐教，予以批评指正。

编者

2020年3月

目 录

理论篇

第1章　导论 ·· 2
　　第一节　安全教育与自卫防身的基本理论 / 3
　　第二节　安全教育与自卫防身的发展概况 / 14
　　第三节　安全教育与自卫防身研究的基本内容 / 15

第2章　安全防范基本知识 ·· 17
　　第一节　火灾中的自救与救人 / 17
　　第二节　水中自救与救人 / 26
　　第三节　常见结绳技术 / 33

第3章　运动损伤的急救 ··· 43
　　第一节　运动损伤概述 / 43
　　第二节　常见运动损伤与处理 / 46
　　第三节　运动损伤急救方法 / 49
　　第四节　骨折的急救 / 60
　　第五节　搬运 / 65
　　第六节　心脏复苏法 / 66

第4章　暴力犯罪 ·· 69
　　第一节　暴力犯罪的基本问题 / 69
　　第二节　认识暴力犯罪与罪犯 / 71
　　第三节　预防暴力犯罪的原则与方法 / 85

第5章 智斗 ········ 99
第一节　急智脱身 / 99
第二节　对付因争执、摩擦、冲突引发的犯罪 / 107

第6章 正当防卫 ········ 113
第一节　正当防卫基本理论 / 113
第二节　正当防卫案例评析 / 118

技术篇

第7章 自卫防身基本进攻技术 ········ 122
第一节　格斗姿势与移动 / 122
第二节　基本手形（拳、掌、指）/ 125
第三节　基本拳法 / 126
第四节　基本肘法 / 130
第五节　近体进攻技术 / 134
第六节　基本腿法 / 138
第七节　基本摔法 / 144

第8章 自卫防身基本防守技术 ········ 149
第一节　接触防守 / 149
第二节　闪躲防守 / 152
第三节　防守反击 / 154
第四节　保护性倒地 / 159
第五节　防抓 破抓 保持身体平衡 / 162
第六节　破摔技 / 168

第9章 自卫防身解脱技术 ········ 174
第一节　地面战格斗 / 175
第二节　擒拿与反擒拿 / 183
第三节　抓臂解脱 / 189
第四节　抱腰解脱 / 196

第五节　锁喉解脱 / 202
　　第六节　抓发解脱 / 210
　　第七节　夹头解脱 / 214

第 10 章　特殊格斗——对枪、对刀 …………………………… 218
　　第一节　对付持枪歹徒 / 219
　　第二节　对付持刀歹徒 / 226
　　第三节　以少对多 / 242

第 11 章　情景再现 …………………………………………………… 245

感悟篇

第 12 章　生命的意义 ………………………………………………… 257
第 13 章　风险评级 …………………………………………………… 267
第 14 章　课程感受 …………………………………………………… 272
后记 …………………………………………………………………………… 279

衷心感谢北京大学王东敏副教授和吴定锋副教授对本书的大力支持。

安全教育与自卫防身

理论篇

第1章
导论

引 子

> 灾难,并非无法抗拒!灾难发生前,预防和规避;灾难发生时,自救![1]
>
> ——《全民自保SOS》

当今社会,大学生安全事故接二连三地发生,我们越来越清醒地认识到:大学生安全不再是一个无足轻重的话题,维护大学生的生命安全迫在眉睫。令人遗憾的是,国内大学生安全教育现状不容乐观。国内开展安全教育的运行机制不够完善,对安全和安全教育的研究不够系统成熟,大学生接受安全教育的主动性不够强烈,大学生安全教育的内容不够完整。

增强安全意识是提高大学生自我保护能力的前提,掌握安全知识是提高大学生自我保护能力的基础,培养运用安全技能是提高学生自我保护的关键。当前,大学安全教育主要侧重于安全知识的教育,忽视了安全技能的教育,可以说是解决了"知"的问题,而忽视了"会"的问题,这显然是不够的。

2002年笔者参考国外相关资料开发了一门体育课程"安全教育与自卫防身",在全国几十所高校得到了普及和推广。该书是在此基础上编撰而成。本章主要分析安全教育与自卫防身相关的问题,将这些问题理论化,以厘清安全教育与自卫防身中的一些基本概念。

---

[1] 江海然.全民自保SOS [M]. 北京:中国纺织出版社, 2002.

第一节　安全教育与自卫防身的基本理论

一、安全教育与自卫防身的理论基础

（一）马斯洛的需求层次理论

美国社会心理学家马斯洛指出，人的需要有一个从低级向高级发展的过程。他把人的需求分成五个层次：生理需求、安全需求、社会交往需求、尊重需求和自我实现需求，依次由较低层次到较高层次呈金字塔形存在。

安全需求是马斯洛需求理论的第二层次，主要包括人身安全、健康保障、资源所有性、财产所有性、道德保障、工作职位保障、家庭安全等。马斯洛认为，整个有机体是一个追求安全的机制，人的感受器官、效应器官、智能和其他能力是寻求安全的工具，科学和人生观也是为满足安全需要而产生的。马斯洛的需求层次理论为安全教育与自卫防身打下了最为坚实的理论基础。可惜几十年来这一重要的理论对安全教育与自卫防身的重大意义并未被人们所认识，现实中人们并未真正地把安全教育当回事。中国的教育体制中几乎没有真正意义上的安全教育课程或内容。人们固然需要数学、语言、计算机等知识与技能以谋生存，但同时亦应有安全和自卫防身的知识与能力来保护自己，不可将其视作一种可有可无的雕虫小技。没有生命安全就没有一切，它是生活质量的刻度。安全感是心理需要中的第一需要，是人格中最基础、最重要的部分，安全教育与自卫防身课程是对大学生生命安全最有用的课程之一。

马斯洛需求层次理论（Maslow's hierarchy of needs），亦称"基本需求层次理论"，是行为科学的理论之一，由美国心理学家亚伯拉罕·马斯洛于1943年在《人类激励理论》论文中所提出。

图 1-1　马斯洛的人类需求金字塔

（二）生命教育理论

据有关文献记载，生命教育最初源自美国20世纪30年代开始的死亡教育。美国学者杰·唐纳·华特士（J. Donald Walters）于1968年明确提出了生命教育理论，并在美国南加州创建阿南达村和阿南达学校（Ananda Schools），实践其生命教育理论，并著书《生命教育：与孩子一同迎向人生挑战》（*Education for life: Preparing Children to Meet the Challenges*）来宣扬生命教育的理念和思想。华特士认为："在这里，教育并不只是训练学生能够谋得职业，或者从事知识上的追求，而是引导人们充分体悟人生的意义；更重要的，不仅是在学校的时光，人的一生都是教育的历程。"[1] 随后，生命教育理论在世界各国得到了推广，并逐渐成为国际上一种新的教育思潮。作为最早实施生命教育的国家，美国的生命教育理论已形成一套科学、完整的体系，其包括道德教育、善待生命教育、婚姻与性健康教育、爱的教育、环保教育、职业与生存教育、死亡教育等。

日本最早推出生命教育的是谷口雅春，他于1964年出版《生命的实相》一书，首先提倡生命教育。随后，针对日本青少年自杀、欺侮、杀人、破坏自然环境、浪费等日益严重的社会现实，1989年修改的新《教学大纲》中明确将生命教育定位于"尊重人的精神和对生命的敬畏"这一理念，并将其确定为道德教育的目标。在日本，从幼儿园开始，就注重培养孩子的吃苦意识，把培养下一代的生存能力作为教育的基本出发点。日本的中小学每年都要定期举办"田间学校""孤岛学校"活动，组织学生到田间、海岛或森林"留学"，培养他们吃苦耐劳的精神和克服困难的毅力。针对日本青少年的脆弱心理和青少年自杀事件，日本教育界提倡"余裕教育"，主题即热爱生命，目的是让青少年认识到生命的美好和重要，使他们勇敢面对并学会承受挫折，从而更加热爱生命、珍惜生命。

21世纪，我国香港、台湾地区的生命教育蓬勃开展。在台湾地区，生命教育已在中小学进行了普及，2001年也被定为台湾地区"生命教育年"。

在中国内地，生命教育正在起步。南京师范大学的冯建军教授认为："生命教育是一种全人的教育。"生命教育就在于通过有目的、有计划、有组织地进行生命意识熏陶、生存能力培养和生命价值提升的教育，使学生认识、保护、珍爱、欣赏和探索生命，实现生命的价值。安全教育的最终目的是让人真正理解生命的意义和价值，从而尊重生命、敬畏生命，这是我们的安全教育决不能忽略的。

---

[1] 华特士. 生命教育【M】. 成都：四川大学出版社，2006.

二、安全教育与自卫防身的现实基础

当我们踏出家门，开始崭新一天的奔波时，我们的家是否已被窃贼瞄准？当我们做家教时，"魔鬼"是否开始向我们走来？当我们在漆黑的夜晚匆忙赶路时，歹徒的"黑手"是否正向你伸出？当我们兴致勃勃地逛商场时，会不会一场大火正向我们袭来？

和浩瀚无穷的宇宙相比，人的一生不过短短几十年。虽然，依托高科技和社会保障制度，人们的自我保护能力有了长足的发展，我们似乎生活在一个安全的世界。其实，天灾人祸并没有停止"袭击"人类的脚步：美国"9·11恐怖袭击事件"、汶川大地震、蓝极速网吧火灾、马加爵杀人案件……这一系列触目惊心的惨案，让人们震惊不已，同时也引起教育界的反思，照本宣科的安全知识教育，缺少由"知"向"会"转变的内容和方法，已不适应当今社会的发展。

而包括暴力犯罪在内的犯罪和治安状况也随社会多元化表现出以下特点：

（一）中国社会治安总体形势稳定，但严重影响社会治安的犯罪在总体上仍然处于高位运行态势，社会的不稳定因素依旧存在，在有些方面甚至有所加剧。概括而言，严重威胁民众人身安全、财产安全和社会正常秩序的恐怖主义犯罪有所抬头，编造、故意传播虚假恐怖信息的犯罪呈明显上升态势。"犯罪狠化"现象加剧，灭门惨案、爆炸案件和纵火案件多发。新型网络违法犯罪明显呈现上升趋势，网络造谣、网络诈骗和网络敲诈成为网络犯罪的三个主要类型。针对未成年人的犯罪和未成年人犯罪的问题更加突出。北京一家知名调查公司曾经在北京、上海、广州等六大城市做过一次题为"如今过日子最担心什么"的调查，12万居民中选择"安全因素"的占到56.2%，高居榜首。"居安思危"成了城市居民的热点话题之一。

（二）犯罪形式趋向国际化，同步性越来越强；犯罪手段趋向暴力化，恶性度越来越高；犯罪领域趋向高科技，智能化程度越来越强。

（三）警民比例：进入21世纪，中国警察与所被保护的民众比例全国总体是达到1.3∶1000，北京市、上海市、天津市等几个大城市警民的比例为3∶1000，中西部边远地区警民的比例是0.2∶1000。

三、安全、安全教育与自卫防身的概念

"安全"是人们在日常生活中最常见且最常用的词汇之一。"安"指不受威胁、没有危险，包含了安康、安心的含义，可谓"无危则安"。"全"指圆满、完整，或是没有伤害、破坏、损失，可谓"无损则全"。

"安全"就是指没有危险，不受威胁，不出事故。[1]《汉语大词典》对安全的解释，一是平安、无危险；二是保护、保全。根据《韦伯国际词典》，英语的"安全"（security）表示一种没有危险、恐惧和不确定的状态，免于担忧，同时在一定意义上还代表进行防卫和保护的各种措施。

安全有不同的分类方法，按危害大学生的安全来源划分，安全分为自然属性安全和社会属性安全。自然属性安全是指免于或减少自然灾害的伤害；社会属性的安全是指社会活动中没有人为的破坏和危害。

按公民与社会的关系来划分，安全分为公共安全和个人安全。公共安全是指构成社会的整体安全，如国家安全、社会公共安全、自然环境安全等。个人安全是指社会成员个人生命、健康和财产安全。

无论如何划分，安全是一个综合概念，有着动态性的特点，表现在随着形势和条件的变化，威胁安全和维护安全的手段与方式也发生变化。安全属于历史范畴，在不同的时代条件下，有其不同的内涵和外延，反映一定时期人们对安全利益及实施途径的不同认识。[2]

人类从诞生的第一天开始，就会面对安全问题。包括大自然对人类生存所造成的生命安全的威胁，如地震、洪水、火山爆发、动物威胁、疾病等各种各样的危险，以及族群之间竞争引发的初期社会安全。随着社会的发展，人类的进步，人对安全问题的认识和需求也在不断地发展。今天，人们面对的安全问题，除了自然因素的影响，人为因素、社会因素等多种因素均给人们的安全带来威胁。

安全是人类生存、生活和发展的基础，也是社会存在和发展的前提条件。在安全与避害方面，古代先哲给我们留下了宝贵的精神财富。例如，"祸兮福之所倚，福兮祸之所伏""千丈之堤，以蝼蚁之穴溃；百尺之室，以突隙之烟焚""防微而杜渐，居安而思危""宜未雨而绸缪，毋临渴而掘井""小过不生，大罪不至"等。这些思想对我们正确处理安全方面的问题有深刻的启示和借鉴意义。

大学生是国家未来的建设者，其安全教育水平的提高对全社会安全水平的改善将起到巨大的促进作用，其安全认知水平高低也是全民族安全文化水平提高与否的标志。

当提到"安全教育与自卫防身"这几个字时，不知大家的反应是什么？在北京大学每学期第一堂安全教育与自卫防身课上，老师都会问学生们为什么会选修这门课，有的同学回答："为了保护我自己"，有的同学回答："为了保护女朋友"，还有

---

[1] 黄胜泉.大学生安全教育教程【M】.湖南：中南大学出版社，2005.
[2] 汤继承.当前大学生安全教育的问题成因与对策研究 [D]，武汉：华中师范大学，2006.

的同学回答："增强防范意识，防患于未然"……带着不同的选课目的和兴趣，同学们开始该课程一学期的学习。

首先要分清两个基本概念：一个是安全教育（safety education），一个是自卫防身（self-defense）。

安全教育的概念，主要内容包括安全主体（谁安全）、安全内容（什么安全）、安全手段（如何获得安全）和安全目标（达到的目的）等。

除去自然灾害外，威胁人类生命的不安全因素主要有三种：事故、疾病和暴力犯罪。安全教育可以定义为：针对遭遇突发性事件、灾害性事故时所表现出来的应急、应变能力的教育，避免学生生命财产受到侵害的自我保护、安全防卫能力，旨在增强安全意识、提高法制观念、培养健康心理状态和抵御犯罪能力的教育（见图1-2）。

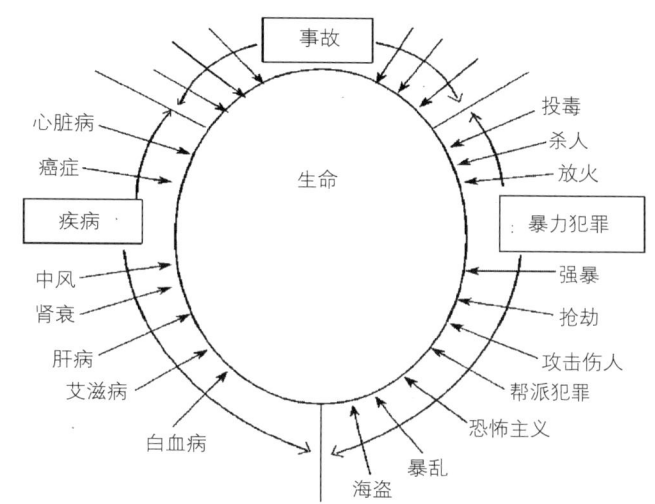

图1-2 威胁生命的不安全因素

自卫防身是一门实用科学，它综合了犯罪学中的原理与知识，司法系统与警方的犯罪数据统计与案例，实战训练中各种拳术的实用格斗等，形成了一套独立的自卫防身体系。

四、暴力人身伤害的特点

（一）防御性与被动性

在各类暴力犯罪中基本都是歹徒在受害者不知情或者毫无准备的情况下主动攻击受害者，受害者在大多数情况下只能被动地去对付歹徒，难以提前做好准备。即便是自卫者在歹徒攻击他们之前采取一些措施使自己变得更安全，那也是一种被动性、防御性的反应。这就决定了自卫防身者在与歹徒的较量中，歹徒基本都占有主动优势，而自卫者却总要被动防御而处于不利状态。

（二）不可预知性

当暴力犯罪发生时，自卫者与歹徒之间形成了一场不对等、不公平的较量。自卫者在明处，而歹徒却是在暗处，自卫者对于谁是歹徒，谁是攻击目标，什么是歹徒的作案动机，歹徒将在何时何地如何作案一无所知，因而防范起来也是困难重重，这是自卫者的最大劣势。如2002年10—11月期间在美国首都华盛顿发生的枪击案及恐怖攻击，都是这场不对等较量的最有说服力的例证。如同预防地震、海啸的发生一样，这种不可预知性大大增加了自救的难度。

（三）残酷性

当自卫者遭到歹徒攻击时，其格斗往往残酷而惨烈。大部分罪犯都是阴险狡猾、心狠手辣、无法无天的冷血亡命之徒。他们什么都敢做，什么都敢干，刀枪棍棒、膝肘拳脚、砖头酒瓶，为达到他们的攻击目的无所不用。而自卫者一方只能拼死反抗以确保自己的生命安全。双方在格斗技术的应用和格斗程度上都没有任何限制。这种较量的残酷程度可想而知。

（四）复杂性

每个人一方面要做好安全防范，避免自己成为自然灾害或者暴力犯罪的受害者，另一方需要学习和掌握自然灾害发生时如何自救，当自己成为暴力犯罪的侵害对象时如何应对的相关知识。暴力犯罪好比一场战争，又好比一场体育比赛，双方的具体情况，包括准备程度、智力水平、技术水平、身体条件以及特定的场合都对胜负产生重大影响。歹徒对于采取何种方式猎取目标以增加其胜算做了充分的研究，自卫防身者同样需要掌握一定的安全知识与防身技术提高自卫成功的概率。自卫者不仅要知道怎样防范，而且要会识别危险情况，并迅速作出决定，采用合理措施以保护自己。

五、自卫防身的现状

从20世纪90年代开始，在美国由于犯罪率的上升和犯罪形式多样化，以及媒体对犯罪案件的大量报道，人们普遍对自身人身和财产安全感到担忧，大学、社区中心、武馆乃至中学都相继开设了自卫防身课程，并深受欢迎，自卫防身的概念随之普及开来。

美国自卫防身教育的普及说明他们正逐渐把安全教育与自卫防身作为日常生活的一部分，是非常重要的一种生存技能。而中国随着几十年经济高速发展和社会日益开放，人群流动与日俱增，犯罪的种类、手段花样翻新，犯罪率有所上升。所以在中国自卫防身方面的教育急需开展和加强。

步入21世纪后，中国的大、中、小学逐步开展安全与自卫防身方面的教育，但并不普及，教育方式和内容各不相同。有些中小学在政治课上讲一些紧急情况下如何自救和逃生的安全教育内容，但基本上都没有开设专门的自卫防身课程，北京市正在研究引进、编写中小学自卫防身教材。部分高校开设了女子防身术课程，或在散打、柔道或跆拳道课上传授自卫防身的技术。但对自卫防身理论与实践的研究不够系统，也缺少成熟的教材。

总的来说，我国安全教育与自卫防身课程处于起步阶段，存在的问题常表现为以下几点：

（一）说起来重要，做起来次要，忙起来不要

泰戈尔曾经说过："教育的目的应当是向人传送生命的气息。"生命教育应该成为一切教育的原点，中小学、幼儿园教育的基点。例如现代社会中交通安全成为重要的话题，在欧美幼儿园和小学，如何行走、驾驶汽车成为教学中的重要课程。但是，我们有些学校，乃至社会，对生命教育课程存在着不同程度的偏见。因为生命教育既不是小学生升重点初中的加试项目，也不是中考、高考的相关科目。因此，在他们看来，这门课可有可无，即便是有些学校开设了生命教育课程，也常常是挂在嘴上、贴在墙上，难以落实在行动上。学生对生命状态的主体意识缺乏，归属意识淡漠，对生命教育的认同不一，生存技能贫乏，缺乏高尚生命价值。教师及其家长普遍缺乏对生命本质的认识，缺乏对生命意义、灾害意识的培养，以及生存技能训练的正确认识。特别是我们的师德教育方面，缺乏对学生生命呵护的神圣使命。安全教育的现状可用五个字来概括：重要却隐性。高校的学生安全教育似乎只跟学校的安全事故、案件教训相关联。当学校发生安全事故，或者社会上出现危害大学生安全的事件时，大学生安全教育才得到高校相关部门关注，在这特定的时期内去抓一抓，管一管，有针对性地做一些临时性工作部署，缺乏长期有效的制度约束。大学生自身思想懈怠，缺乏自我安全意识的培养。高校在进行大学生安全教育中不重视大安全观教育，使得部分大学生错误认为危险的事情不发生在自己身上就行，安全意识远没有上升到大安全观的层面，这样势必影响学校安全教育的效果，大学生在安全教育的过程中缺乏责任感和紧迫感。

（二）实战演习少，报告读物多，知行难以统一

目前，我国高校学生安全教育选择的内容、形式、手段比较简单，更多的是从理论层面上传授，缺乏相应的课程设置，可操作性差。

很多学生的安全知识与技能是从学校在"消防日""安全日""环境日""形势报告会"及典型安全事件等进行的安全教育中获得的。虽然大学生安全教育方面的书籍非常多，大学生通过阅读相关书籍可以掌握防盗、防骗、防火、防爆、防劫、防性侵害、防个人信息泄密、防其他违法犯罪等方面的安全知识，但是通过书籍学习主动获取安全知识的大学生少之又少，书籍并没有起到真正的作用，这势必影响学校安全教育的效果。

值得一提的是，在访谈北大山鹰社的学生时，90%的学生认为自己的安全知识和技能较强，尤其是野外生存的应急能力和自救能力。这源于他们有较好的身体素质，以及针对野外生存中遇到的各种问题进行过演练和模拟。又如，灭火器是大家非常熟悉的消防器材，但知道发生火灾时可以使用灭火器并不等于会使用灭火器。所以实战演练十分重要。

（三）自卫防身课中缺乏自然属性的安全教育内容

我国是一个灾害频发的国家，每年发生的各种灾害损失数以千亿元计，并造成大量人员伤亡。长期以来，由于忽视对国民的防灾教育，人们普遍缺乏基本、必要的安全防范知识。当发生地震、火灾、建筑物坍塌等事故时，如何避险、如何实施人员救助等都缺乏相应的教育指导。一旦突然发生灾难和事故，许多人往往手足无措，造成大量本来可以避免的人员伤亡。

中国高校开设的自卫防身课，大部分侧重于防身技术体系的教学，缺少如何规避自然和社会安全风险，如何在格斗中通过智斗将危险降到最低，如何在地震、火灾中逃生等教学内容。

（四）安全教育与自卫防身课程建设不到位

一是认识不到位。高校的学生安全教育似乎只跟学校安全事故、教训相关联。当学校发生安全事件，或者社会上出现危害大学生安全的事件时，大学生安全教育才得到高校相关部门关注，在这特定的时期内去抓一抓，管一管，有针对性地做一些表面文章，缺乏长期有效的制度约束和理论做支持。大学生自身思想消极，缺乏自我安全意识的培养。高校在进行大学生安全教育中不重视大安全观教育，使得部分大学生错误认为危险的事情不发生在自己身上就行，安全意识远没有上升到大安全观的层面，这样势必影响学校安全教育的效果，大学生在安全教育的过程中缺乏责任感和紧迫感。

二是研究不到位。事实上生命教育的内容绝不仅仅是告诉学生学会正确地面对死亡、注意交通安全、珍惜生命等内容就可以解决的。单一的生命教育只能解决我们生命中的部分问题，而不能解决生命的根本问题。那么什么是生命的根本问题呢？那就是生命存在的价值和意义。目前，我国对生命教育研究的理论、实践、制度层面等都还不够全面和深入，还没有系统的生命教育课程的标准、操作模式、课程资源开发和教学策略研究。特别是缺乏能联系实质性的地质、地貌、海洋等自然风险的防范能力的生命教育地方课程。

三是政策不到位。生命教育至今还没有主管部门制定的教学目标、要求、大纲和课程标准，导致大家对生命教育课程的意义、目标、内涵，以及组织实施的认识模糊，操作无序。

四是师资不到位。目前从教育部到基层教育行政部门，都没有负责生命教育教师培训的专门部门，也没有将生命教育纳入教师培训，存在着无人教、不会教的状态。只有上级部门予以足够的重视，出台相应的指导意见和规定，在政策上提供支持，在组织上提供保证，在经济上提供补助，在师资上提供培训，安全教育与自卫防身课程才能在高校落地生根，开花结果。

六、大学体育教育基础之上的安全教育课程

学校体育中传授逃生技能可以说是一个国际上的共识，许多国家将安全教育与体育教育相结合，实现安全教育和体育教育效果的最优化。地震多发的日本将防震防灾技能编制成体育游戏进行安全教育，正是通过体育游戏进行反复的体会和演练，地震和火灾等突发事件来临时，大部分学生才可以安全地逃生。

北京大学在大学体育教育基础之上的安全教育主要包括安全教育与自卫防身课程，军训和军事国防教育课程，结合学生自卫防身体育社团和学校的"消防日""安全日""环境日""形势报告会"及典型安全事件主题形势报告会等形式进行的大学生安全教育，形成了北京大学独特的生命安全教育体系。

从2002年开始，北京大学开设了安全教育与自卫防身课程，深受北大学生的喜爱，选课学生受益匪浅，同时也引起了教育界和媒体的关注。

安全教育与自卫防身是以教育部安全教育"普及安全知识，增强学生的安全意识和法制观念，提高防范能力"的要求为指导思想，以安全教育、自卫防身理论与实践为基础，结合目前高校内主要的几大安全隐患，包括自然灾难、消防安全、交通安全、重大治安刑事案件、爆炸事故、盗窃和诈骗、社会交往以及大学生自杀，

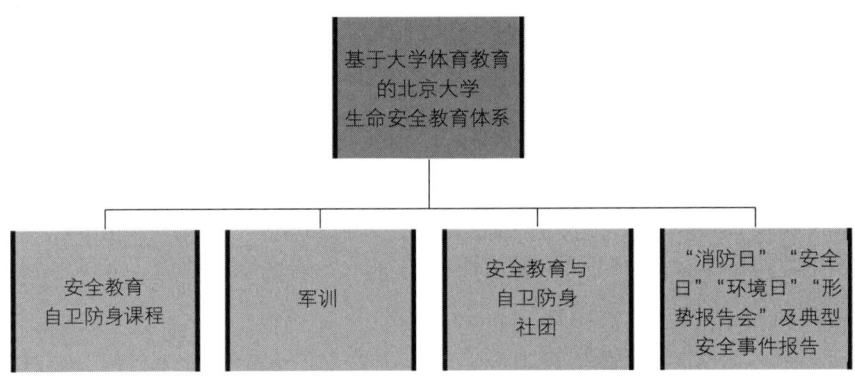

图 1-3　建立在大学体育教育基础之上的北京大学安全教育体系

讲解安全知识,在自卫防身部分,以事先预防、临场脱身、解脱、摔法、擒拿、特殊格斗等技术为内容,融入特有的自卫防身思想和学术体系,形成的一门特色课程。在实践教学过程中,采取"技能传授—技能提高—情景模拟—实战"的四步实践教学法。通过网络教学与传统教学相结合,实现课内外一体。

(一)理论与实践相结合的教学方式便于全面系统地进行安全教育

在安全教育与自卫防身教学过程中,采用理论与实践相结合的方式,进行各种案例的分析,提高学生的预防能力、处理问题与解决问题的能力、警觉意识以及做好格斗的心理准备。在实战教学中分解动作与组合攻击相结合,提高学生的格斗技巧和实战能力。

(二)情景模拟使学生遇事不惊,做到心中有数

情景模拟是从实践、案例和相关资料中提取相应的素材,设计各种危险情景,让学生扮演其中角色,在运动中体会掌握逃生技能,最后在情景模拟中学习和运用具体的安全知识和技能。通过情景模拟既可以提高学生身体素质,又可以提高学生的应急避险知识以及自救能力,这样才能最大限度地减少灾害和非法侵害造成的损失,防患于未然。同时情景模拟的内容丰富、形式多样,有深刻的寓意和趣味,富有挑战性,也可以满足学生的好奇、探究、体验甚至"冒险"的心理。

(三)网络教学与传统教学相结合,实现课内外一体化

为了让学生更好、更快、更有效地掌握安全教育自卫防身的技能,北京大学推出了教学网。这种教学平台是基于计算机支持的协作学习(CSCL,Computer Supported Collaborative Learning,指利用计算机网络建立协作学习的环境,使教师与学生、学生与学生在讨论、协作与交流的基础上进行协作学习)为主的新型学习辅导模式。

在该课程的网络平台中,教师借鉴了其他网络课程的设置规律,将主题内容分

成三部分（见图1-4）。

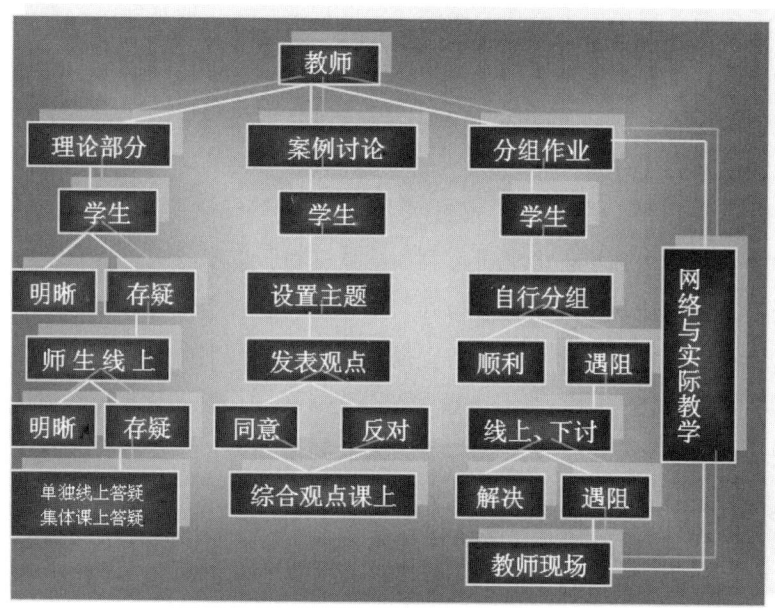

图1-4　网络教学结合传统教学模式图

（四）军训中增加安全教育与自卫防身科目，实现普及与提高自救能力的教育目标

自2008年起，北京大学在军训中专门邀请安全教育与自卫防身课程的教师为教官进行防身术、地震、火灾演练以及心脏复苏等科目的培训。然后由教官教给学生相关的培训内容，使学生初步掌握相关安全知识与技术，提高了自身的防范和自救能力。参加军训的大学生基本为大一新生，全体新生统一接受该技能的培训，以规避未来的生命安全风险。

（五）成立安全教育与自卫防身体育社团，扩充大学生的安全教育知识和技能

安全教育与自卫防身体育社团的成立，是对高校现有学生安全教育的有益补充，一方面丰富了校园体育文化生活，另外一方面有助于提高大学生安全意识。北京大学安全教育与自卫防身体育社团成立于2003年，该社团侧重于人身安全方面的安全知识和技能学习，自成立以来深受学生的欢迎。

总之，大学生的安全教育现状不容乐观，高校学生工作管理部门应解决安全教育"说起来重要，做起来次要，忙起来不要"的问题。安全教育应更加重视学生安全技能的掌握，实现安全知和行的统一。改变高校安全教育流于形式的状况，通过在高校开设安全教育与自卫防身类课程，让学生参与到安全知识和技能的学习中，增强其安全防范意识,并熟练掌握面临各种危险的解脱或自救方式,解决学生知和行不统一的问题。高校学生管理工作部门积极与消防队、搜救队进行合作,组织学生参加生存技能方面的培训和讲座。开展趣味运动会,在比赛项目中增加生存技能项目。项目设计者可以将一些生存技能组合在一起,通过项目培训、层层选拔的方式,一方面使学生掌握生存技能,另外一方面增加其运动会的趣味性。网络教学与传统教学相结合,实现课内外一体化。通过网络教学,起到课前预习、课后复习的作用。网络教学中会和学生分享许多电子案例和视频资料,丰富的电子资料便于学生将理论与实践相结合,让学生真正地参与到安全方案的制订与体验当中来。充分利用高校体育社团资源,普及生命安全与体育教育知识,举行生命安全与体育教育知识竞赛。把军训和生命安全与体育教育实践相结合是一种安全普及化教育的方法和手段,可以使刚步入大学生活的大学生就接受系统的安全知识和技能教育,减少或杜绝影响自己人身安全的事情发生。

第二节　安全教育与自卫防身的发展概况

自卫防身的行为始于动物世界。动物界的竞争使得所有的动物都发展出自己独特的自卫机制以求在自然界中生存。例如章鱼在遇到攻击时放出墨汁以掩护自己逃跑,兔子的"狡兔三窟"与奔跑能力使其免于或逃脱攻击,变色龙把自己隐藏起来使对手找不到目标,河狸在河中心筑窝以避开凶兽,黄鼠狼放臭气以逐退对手,刺猬用利刺使攻击者无处下口。动物界的这些本能对人类的自卫防身有很大的启迪。

人类的自卫本能也与生俱来,但发展成系统成熟的理论,并推广传播,大约在几百年前才开始。如中国明清时代的习武防身的流行。西方最早关于自卫防身的讨论大约在 300 多年前,虽早期只是提出一些如何保护生命财产的简单做法,但这正是自卫防身学的开端。1880 年左右,美国出现了有关自卫与法律的讨论。1905 年美国出版了第一本自卫防身书籍,主要是教人们如何用拳击自卫。1940 年有几本相关书籍问世,主要教妇女如何防范暴力犯罪及通过学习柔道、柔术用以自卫。在 1960 年至 1970 年间,自卫防身的书籍开始多了起来,但大部分都是教人们用各种拳术自卫。在 20 世纪 80 年代,自卫防身不仅仅限于格斗技术,还加上如何防范及脱逃。自卫防身学课程也在美国各大学逐渐推广开来,其内容基本上是简单防范方法及格斗方法。从 20 世纪 90 年代开始,自卫防身的书籍开始多样化,受众人群逐步扩大,面向妇女、儿童或老人教授内容形式多样的课程,涉及防范、技术、策略等。这些努力在不同程度上推动了自卫防身学的形成。

俄罗斯的"生命安全基础"课程内容日趋成熟，形成了较为稳定的课程体系。一般认为，"生命安全基础"课程是人类在其活动领域中，为预防自然和人为危险所开展的理论和实践探索的科学知识体系。其目的在于形成学生对自身周围安全问题的自觉和负责态度，培养学生认识和评价人的生活环境中危险和有害因素的基本能力，并采取防御措施，以及在出现危险时消除不良后果和进行自救、互救的方法。目前，在俄罗斯有几种"生命安全基础"课程的教学大纲，由各地学校根据需要选用。

意大利教育家蒙台梭利指出："教育的目的在于帮助生命力的正常发展，教育就是助长生命力发展的一切作为。"教育是一项直观生命并以提高生命价值为目的的神圣事业，应予生命以独特的关照。教育应关怀人的生命，关注人性的完善。但是，由于受工具理性、功利主义的影响以及学科分化、创新知识的不断发展，当前教育中生命的意义和价值被普遍忽视。

2002年，笔者与陈工教授将共同研究的世界性大学自卫防身教学模式，在台北举行的"世界体育学会学术大会"上提出，并于2002年在北京大学开设了安全教育与自卫防身课程，开启了中国内地大学安全教育和自卫防身教育的先河。

第三节　安全教育与自卫防身研究的基本内容

大学生应对各种不安全的因素以及不法分子侵害的能力是有限的，身心会受到不同程度的伤害。此外，自然灾害（如地震、洪灾、风暴等）、人为灾害（如火灾、重大交通事故等）的发生，同样会对学生的安全健康成长构成威胁。安全教育与自卫防身课程重在实践和演练，通过安全教育与自卫防身课程让学生做到"三懂""三会"，即懂得各种不安全因素的危险性，从而增强安全意识；懂得各种危险形成的原理，注意了解各种安全事项的细节；懂得预防各种危险危害，积极开展安全宣传；学会报警方法，学会预防危险，学会自护自救方法。

安全教育的主要内容包括针对遭遇突发性事件、灾害性事故时所表现出来的应急、应变能力的教育，是为避免学生自身的生命财产受到侵害的自我保护、安全防卫、安全意识的教育，是增强学生法制观念、培养健康心理状态和抵御违法犯罪能力的教育。

人身安全是指个人的生命、健康、社会活动等与人直接相关的行为平安健康，不受或少受意外事故的伤害。大学生人身安全是指避免由于意外事故造成的人身伤害，如运动损伤、溺水、烧（烫）伤、化学物质灼伤、触电，爆炸等；避免人为因素造成的人身伤害，如打架斗殴、食物中毒、传染病等；避免不法侵害造成的人身伤害，如抢劫、滋扰、诈骗、性侵害等。这些成为学校安全教育与管理面临的主要问题。

本书第二部分"技术篇"介绍的自卫格斗技术，其分类是根据对自卫防身格斗性质与诸多实际案例的系统分析而独创的。为便于读者学习掌握，本书介绍的格斗技术都是在常见的紧急情况下使用的实用基本技术，其他情况的格斗技术和更高级的技术，会在下一本书中介绍。本书的技术说明力图简单明了，每类技术都包括动作要领说明、运用时机、运用策略及战术提高。

第2章
安全防范基本知识

安全感是生活质量的刻度。安全感是心理需求中的第一需求，是人格中最基础、最重要的部分。而恰恰这最重要的东西，在现实生活中，离我们渐行渐远。

第一节　火灾中的自救与救人

一、火灾基本知识

火灾是指在时间和空间上失去控制的燃烧所造成的灾害。在各种灾害中，火灾是最常见、最普遍的威胁公众安全和社会发展的主要灾害之一。根据2007年6月26日公安部下发的《关于调整火灾等级标准的通知》，新的火灾等级标准由原来的特大火灾、重大火灾、一般火灾三个等级调整为特别重大火灾、重大火灾、较大火灾和一般火灾四个等级（见图2-1）。进入百度，输入"火灾"关键词，有3000万余条查询结果，输入"特大火灾"关键词，查询结果约400万条。

火灾等级标准		
级别	人员伤亡	直接财产损失
特别重大火灾	30人以上死亡，或者100人以上重伤	1亿元以上直接财产损失
重大火灾	10人以上30人以下死亡	5000万元以上1亿元以下
较大火灾	3人以上10人以下死亡，或者10人以上50人以下重伤	1000万元以上5000万元以下
一般火灾	3人以下死亡，或者10人以下重伤	1000万元以下

图2-1　火灾等级标准

重特大火灾具有明显的季节性特点，第一季度和第四季度为重特大火灾多发季度。这主要由于气候因素与火灾的发生率有一定的相关性。如春季天干物燥，火灾发生较多，冬季天气寒冷，生产生活用火用电增多，火灾隐患突出，火灾发生较多。

针对大学生来说，火灾主要涉及的场所是酒店、娱乐场所、学校、商业场所和住宅。这些人员聚集的公共场所发生群死群伤的悲剧，成为当前我国火灾危害中的一个突出问题。当大学生在上述火灾多发的场所时，应该引起足够的警惕。

此外，由于吸烟、生活用火不当、电脑故障和外来电源等原因导致的火灾事故虽然所占比重不大，但是在校园火灾中，这是主要导致火灾的原因，举例如下：

【案例1】2009年1月4日中午，某大学1号楼一层的实验室，一名学生正在给实验用的蓄电池充电，充电还未结束，蓄电池忽然冒出了火花引发火情。他赶紧切断电源，并和同伴找来灭火器试图将火扑灭，但火势蔓延迅速，二人只能跑出实验室。楼内的数十名师生也跑到楼下，拨打电话报警。由于处置及时、正确，火灾损失很小。

【案例2】2008年11月14日早晨6点多，上海某学院一学生宿舍发生火灾，4名女生走投无路被迫跳楼，不幸身亡。四名花季少女的离去，不免让人感到悲伤。

【案例3】2003年12月23日早晨5时40分左右，沈阳某大学宿舍楼突然失火，千余名女生被困楼内。火灾的原因是学生陈某使用"热得快"热水器烧水时，因晚上突然停电而忘了切断电源所致。火灾烧毁了寝室的八张床铺和电脑等物品。

【案例4】2005年8月10日下午1时许，北京某大学实验楼化学系的实验台发生火灾事故。起火原因为，该校化学专业硕士研究生魏某上午在实验室做化学实验，中午出去吃饭未关电源，实验仪器"转子"还在运转，因电线短路引发火灾。

【案例5】2006年2月19日早晨5时30分左右，武汉某大学4号学生宿舍突发大火，该宿舍3楼的30多间寝室均遭火劫，房顶几乎全部坍塌，过火面积450平方米。而这次火灾系使用电热毯不当所致。

二、火灾逃生

一场大火降临，在众多被火围困的人员中，有的人命赴黄泉，有的人跳楼丧生或造成终身残疾，也有人化险为夷，死里逃生。这固然与起火时间、起火地点、火势大小、建筑物内消防设施等因素有关，但与被火围困的人员在灾难降临时是否有逃生的本领和能力也有关。

火灾事故发生时，建筑物内的可燃物，特别是化学合成材料容易着火，燃烧过程中能产生大量的一氧化碳、二氧化碳及其他有害气体，同时消耗空气中大量的氧气，严重危害人体，人员如果不及时疏散，势必造成中毒、窒息或烧伤致死。所以，发生火灾时，除参加扑救的人员外，其他人员都应该迅速撤离现场。如果被大火包围，特别是被围在楼上，面对滚滚浓烟和熊熊烈焰，只要冷静机智运用火场自救与逃生知识，就有极大可能拯救自己、拯救他人。先从一个案例分析入手：

【案例6】唐山"2·14"火灾

> 唐山市某百货大楼发生火灾。火灾是由施工人员违章电焊溅落的火花引燃海绵床垫引起的。火灾初期阶段，由于工作人员处理不当，并且未及时报警（起火18分钟后消防部门才接到报警），以致火势迅速蔓延，浓烟很快弥漫了整个大楼。2层和3层大量人员被困，多数人员因吸入烟气窒息死亡。事后统计，火灾共造成81人死亡，54人受伤，直接财产损失400余万元。16名消防官兵在灭火战斗中受伤。
>
> 由于大楼营业厅存放着大量易燃商品，大火首先从50余张海绵床垫、40余捆化纤地毯猛烈烧起，急剧蔓延，仅十几分钟即由1层烧到3层，产生大量有毒烟雾；门窗又处于封闭状态，楼梯间变成了烟火通道。由于一楼出口很快被烟火封住，二楼的人往上跑，三楼的人往下逃，导致拥挤在大楼西侧2层至3层的楼梯间和平台上，吸入烟气而窒息死亡。灾后从此处就发现尸体50多具。然而，一位着火时正在三楼购物的妇女神奇般地逃了出来，仅腿部受了一点轻伤。她的逃生术其实很简单：当她发现楼梯口浓烟翻滚、全楼一片混乱时，当即趴倒在地，顺着楼梯匍匐爬到二楼，拼着最后的力气扑到窗口纵身跳下。虽然受了点伤，却捡回了一条命。

【评析】本次火灾属于特别重大火灾，由于在场人员未能及时报警和掌握正确的自救逃生方法，火灾造成81人死亡，54人受伤，直接财产损失400余万元，16

名消防官兵在灭火战斗中受伤的严重后果。

造成特别重大火灾的原因：

1. 第一次焊接时造成的小事故未引起施工方和大楼管理人员的警惕，致使第二次焊接时引起大火；

2. 失火后没有及时报警；

3. 如果营业员掌握了基本的消防常识、能够熟练使用灭火器，这场大火也许就能够避免；

4. 被困人员在逃生过程中的慌乱和缺乏逃生常识增加了人员伤亡。

成功脱逃的经验：

幸存者得以逃生一是靠保持冷静，二是有在浓烟中匍匐爬行的基本常识，三是利用现场一切有利条件逃生，比如从二楼窗户跳出。

由此可见："只有绝望的人，没有绝望的处境。"当你被困火场，生命遭受火灾威胁，只要冷静机智，正确运用逃生知识，就一定能够绝处逢生。

从上面的案例中，我们可以总结一下火灾逃生的技巧：

第一诀：逃生预演，临危不乱。

每个人对自己工作、学习或居住所在的建筑物的结构及逃生路径要做到了然于胸，必要时可集中组织应急逃生预演，使大家熟悉建筑物内的消防设施及自救逃生的方法。这样，火灾发生时，就不会走投无路。

请记住：事前预演，将会事半功倍。

第二诀：熟悉环境，暗记出口。

当你处在陌生的环境时，如入住酒店、商场购物、进入娱乐场所时，为了自身安全，务必留心疏散通道、安全出口及楼梯方位等，以便关键时候能尽快逃离现场。

请记住：在安全无事时，一定要居安思危，给自己预留一条"生命通道"。

第三诀：通道出口，畅通无阻。

楼梯、通道、安全出口等是火灾发生时最重要的逃生之路，应保证畅通无阻，切不可堆放杂物或设闸上锁，以便紧急时能安全迅速地通过。

请记住：自断后路，必死无疑。

第四诀：扑灭小火，惠及他人。

发生火灾时，发现火势并不大，且尚未对人造成很大威胁时，当周围有足够的消防器材，如灭火器、消防栓等，应奋力将小火控制、扑灭。千万不要惊慌失措地乱叫乱窜，置小火于不顾而酿成大灾。

请记住：争分夺秒扑灭小火。

第五诀：保持镇静，明辨方向，迅速撤离。

突遇火灾，面对浓烟和烈火，首先要强令自己保持镇静，迅速判断危险地点和安全地点，决定逃生的办法，尽快撤离险地。千万不要盲目地跟从人流和相互拥挤、乱冲乱窜。撤离时要注意，朝明亮处或外面空旷地方跑，要尽量往楼层下面跑，若通道已被烟火封阻，则应背向烟火方向离开，通过阳台、气窗、天台等逃生。

请记住：人只有沉着镇静，才能想出更好的逃生办法。

第六诀：不入险地，不贪财物。

在火场中，人的生命是最重要的。身处险境，应尽快撤离，不要因害羞或顾及贵重物品，而把宝贵的逃生时间浪费在穿衣或寻找、搬离贵重物品上。已经逃离险境的人员，切莫重返险地，自投罗网。

请记住：生命第一，留住青山，不怕没财。

第七诀：简易防护，蒙鼻匍匐。

逃生时经过充满烟雾的路线，要防止烟雾中毒、预防窒息。为了防止火场浓烟呛入，可采用毛巾、口罩蒙鼻，匍匐撤离的办法。烟气较空气轻而飘于空气上方，贴近地面撤离是避免烟气吸入、滤去毒气的最佳方法。穿过烟火封锁区，应佩戴防毒面具、头盔、阻燃隔热服等护具，如果没有这些护具，可向头部、身上浇冷水或用湿毛巾、湿棉被、湿毯子等将头、身裹好，再冲出去。

请记住：多件防护工具在手，总比赤手空拳好。

第八诀：善用通道，莫入电梯。

按规范标准设计建造的建筑物，都会有两条以上逃生楼梯通道或安全出口。发生火灾时，要根据情况选择进入相对较为安全的楼梯通道。除可以利用楼梯外，还可以利用建筑物的阳台、窗台、屋顶等攀到周围的安全地点，沿着落水管、避雷线等建筑结构中凸出物滑下楼也可脱险。在高层建筑中，电梯的供电系统在火灾时随时会断电，或因热作用电梯变形而使人被困在电梯内，同时由于电梯井犹如贯通的烟囱般直通各楼层，有毒的烟雾直接威胁被困人员的生命，因此，千万不要乘普通的电梯逃生。

请记住：逃生的时候，乘电梯极危险。

第九诀：缓降逃生，滑绳自救。

高层、多层公共建筑内一般都设高空缓降器或救生绳，逃生人员可以通过这些设施安全地离开危险楼层。如果没有这些专门设施，而安全通道又已被堵，救援人员不能及时赶到的情况下，你可以迅速利用身边的绳索或床单、窗帘、衣服等自制简易救生绳,并用水打湿从窗台或阳台沿绳缓滑到下面楼层或地面,安全逃生。

请记住:胆大心细,"救命绳"就在身边。

第十诀:避难场所,固守待援。

假如用手摸房门已感到烫手,此时一旦开门,火焰与浓烟势必迎面扑来,逃生通道被切断且短时间内无人救援。这时候,可采取创造避难场所、固守待援的办法。首先应关紧迎火的门窗,打开背火的门窗,用湿毛巾或湿布塞堵门缝或用水浸湿棉被蒙上门窗,然后不停用水淋透房间,防止烟火渗入,固守在房内,直到救援人员到达。

请记住:坚盾何惧利矛。

第十一诀:缓晃轻抛,寻求援助。

被烟火围困暂时无法逃离的人员,应尽量待在阳台、窗口等易于被人发现和能避免烟火近身的地方。在白天,可以向窗外晃动鲜艳衣物,或外抛轻型晃眼的东西,在晚上即可以用手电筒不停地在窗口闪动或者敲击东西,及时发出有效的求救信号,引起救援者的注意。因为消防人员进入室内都是沿墙壁摸索行进,所以在被烟气窒息失去自救能力时,应努力滚到墙边或门边,便于消防人员寻找、营救。此外,滚到墙边也可防止房屋结构塌落砸伤自己。

火场上的人如果发现身上着了火,千万不可惊跑或用手拍打,因为奔跑或拍打时会形成风势,加速氧气的补充,促旺火势。当身上衣服着火时,应赶紧设法脱掉衣服或就地打滚,压灭火苗;能及时跳进水中或让人向身上浇水、喷灭火剂就更有效了。

请记住:就地打滚虽狼狈,烈火焚身可免除。

第十二诀:跳楼有术,虽损求生。

身处火灾烟气中的人,精神上往往陷于极端恐怖和接近崩溃,惊慌的心理极易导致不顾一切的伤害性行为,如跳楼逃生。应该注意的是:只有消防队员准备好救生气垫并指挥跳楼时,或楼层不高(一般4层以下),非跳楼即烧死的情况下,才能采取跳楼的方法。即使已没有任何退路,若生命还未受到严重威胁,也要冷静地等待消防人员的救援。跳楼也要讲技巧,跳楼时应尽量往救生气垫中部跳或选择有水池、软雨篷、草地等方向跳;如有可能,要尽量抱些棉被、沙发垫等松软物品或打开大雨伞跳下,以减缓冲击力。如果徒手跳楼一定要扒窗台或阳台使身体自然下垂跳下,以尽量降低垂直距离,落地前要双手抱紧头部身体弯曲卷成一团,以减少伤害。跳楼虽可求生,但会对身体造成一定的伤害,所以要慎之又慎。

请记住:冷静思考,求生有门,逃生有术。

三、常用灭火器使用方法

灭火器分类各种各样，按其移动方式可分为：手提式和推车式；按驱动灭火剂的动力来源可分为：储气瓶式、储压式、化学反应式；按所充装的灭火剂则又可分为：泡沫、干粉、卤代烷、二氧化碳、清水等（见图 2-2）。

    a   b   c   d
手提式二氧化碳灭火器 推车式干粉灭火器 手提式泡沫灭火器 卤代烷灭火器

图 2-2　灭火器的主要种类

第一，干粉灭火器的使用方法

适用范围：适用于扑救各种易燃、可燃液体和易燃、可燃气体火灾，以及电器设备火灾（见图 2-3）。

图 2-3　干粉灭火器的使用

使用步骤：1.右手拖着压把，左手拖着灭火器底部，轻轻取下灭火器。2.右手提着灭火器到现场。3.除掉铅封。4.拔掉保险销。5.左手握着喷管，右手提着压把。6.在距离火焰两米的地方，右手用力压下压把，左手拿着喷管左右摆动，喷射干粉覆盖整个燃烧区。

第二，泡沫灭火器的使用方法

适用范围：主要适用于扑救各种油类火灾，木材、纤维、橡胶等固体可燃物火灾（见图2-4）。

图2-4　泡沫灭火器的使用

使用步骤：1.右手拖着压把，左手托着灭火器底部，轻轻取下灭火器。2.右手捂住喷嘴，左手执筒底边缘。3.把灭火器颠倒过来呈垂直状态，用劲上下晃动几下，然后放开喷嘴。4.右手抓筒耳，左手抓筒底边缘，把喷嘴朝向燃烧区，站在离火源约八米的地方喷射，并不断前进，围着火焰喷射，直至把火扑灭。5.灭火后，把灭火器卧放在地上，喷嘴朝下。

第三，二氧化碳灭火器的使用方法

适用范围：主要适用于各种易燃、可燃液体、可燃气体火灾，还可扑救仪器仪表、图书档案、工艺器和低压电器设备等的初起火灾（见图2-5）。

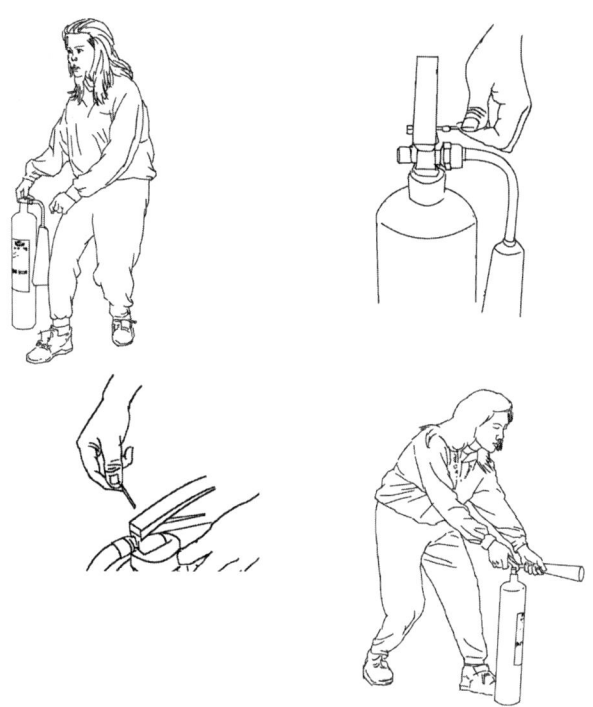

图 2-5 二氧化碳灭火器的使用

使用步骤：1. 右手握着压把。2. 除掉铅封。3. 拔掉保险销。4. 站在距火源约两米的地方，左手拿着喇叭筒，右手用力压下压把。5. 对着火源根部喷射，并不断推前，直至把火焰扑灭。

第四，推车式干粉灭火器使用方法

适用范围：主要适用于扑救易燃液体、可燃气体和电器设备的初起火灾。此灭火器移动方便，操作简单，灭火效果好（见图 2-6）。

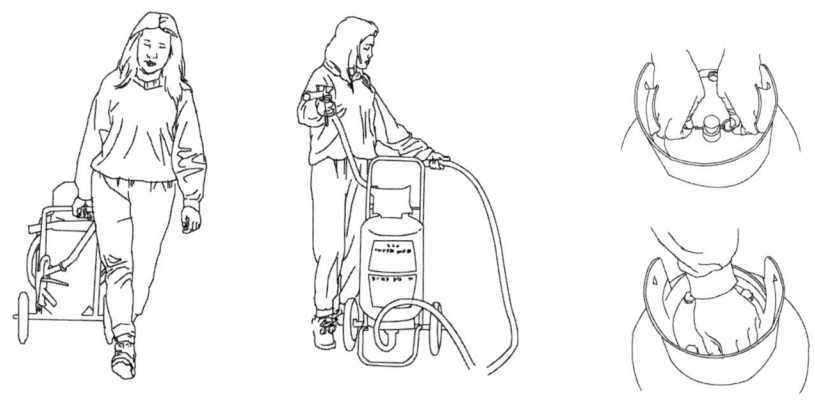

图 2-6 推车式干粉灭火器的使用

使用步骤：1. 把干粉车拉或推到现场。2. 右手抓着喷粉枪，左手顺势展开喷粉胶管，直至平直，不能弯折或打圈。3. 除掉铅封，拔出保险销。4. 用手掌使劲按下供气阀门。5. 左手持喷粉枪管托，右手把持枪把，用手指扣动喷粉开关，对准火焰喷射，不断靠前左右摆动喷粉枪，让干粉笼罩在燃烧区，直至把火扑灭为止。

第二节　水中自救与救人

一、溺水的基本知识

什么是溺水？溺水就是人不慎淹没入水中所发生的意外事故。一般发生溺水的地点通常在：游泳池、水库、池塘、河流、湖泊、江海等。凉爽的海滨、河流和小溪给人们带来欢乐享受之余，也隐藏着安全危机。水火无情，在我们的生活中，夏季是水域安全事故频发的时段，夏季之所以水域事件频发，主要是天气炎热，户外活动比较多，而游泳，尤其是到室外"野游"，发生事故的概率最大。如果出游，活动的人们应事先进行知识性普及教育，打"预防针"，学会如何发现危险，远离危险，在危险到来时如何自救和救人，就会减少悲剧的发生。而最重要的是，不要随意到江河湖泊或水库等地"野游"，那些地方水情复杂，出事概率较高，即便是水性很好的人，都未必是安全的。"珍爱生命，远离危险"要牢记脑海。对于每个人来说，生命只有一次。注意安全，就是善待和珍惜生命的一种有效途径。而在现实生活中，并非人人都具有较高的安全意识，你是否注意到，在我们周围经常有许多人因为自己的疏忽而造成了不可挽回的后果，每年多发的溺水事件，使许多鲜活的生命转瞬即逝，令人痛惜，给家庭带来了巨大的精神伤害和无法弥补的损失。

本节将围绕水中的救人和自救进行专业提示。

二、下水前应该了解的情况

（一）了解水的深度、水的温度和水的宽度。夏季是溺水事故的多发季节，所以夏季游泳需要提高警惕。首先要选好游泳的地点。1. 在下水前观察游泳的环境，到陌生区域，不了解水深，在游泳池边直接头向下跳水，头触池底轻则撞伤，重则高位截瘫（某年某985高校一名学生在游泳池里跳水，头撞池底造成高位截瘫）。2. 夏天天气炎热，很多游泳者由于迫不及待想游泳，来到水边没有做任何准备活动就直接跳入水中，冰冷的水刺激身体肌肉、器官，造成肌肉、毛细血管紧急收缩，导致缺氧、头晕、恶心、心慌呕吐等不适应感觉，更严重者出现抽筋、肌肉拉伤、直接沉入水底等事故。3. 在江河湖滨游泳，需要了解水的温度、深度和宽度，要根据自己的能力量力而行。为了安全，下水前应充分做好准备活动。没有经过专门训练，不要在不适合的水域出发或高台跳水，不要逞强好胜。水凉会导致全身肌肉紧缩，呼吸困难，为了适应水温，下水前应先向身体上拍水，脚先下水，慢慢适应。根据个人情况，最好能结伴而行。

（二）了解水中有无杂草、淤泥、沙石、暗流漩涡等潜在危险。野外游泳安全重要的前提条件之一，是了解水中有无上述潜在危险。在一些现实案例中出现溺水身亡的情况，多半是因为不了解水域情况，钻入淤泥或是撞向石头而溺水身亡。并且，在有漩涡、杂草等障碍物的水域漂流、游泳容易发生危险。特别是在发生危险时，当事人惊慌失措，不知如何自救，失去援救的机会。最好的解决方案是防患于未然，建议大家到有安全措施的泳池游泳，即使发生意外也能够及时得到援救。如果要在野外游泳，请具备以下的自救能力：

1. 水草缠身、陷入淤泥时的自救法。野泳十分危险，在江、河、湖、泊的浅水区，常有杂草或淤泥，游泳者应尽量避免到这些地方去游泳。水草长于水底，在水中随水流漂动，稍不注意，可能被水草缠住。遇到这种情况，首先不要紧张慌乱，切不可踩水或手脚乱动，否则就会使肢体被缠得更紧更难解脱，停住被缠绕的脚或腿的运动，采用仰泳方式，两腿伸直，用手倒划水，原路慢慢退回，或仰卧水面，尽量减少一条腿的动作，以防双腿被缠，同时，用手臂划水运动，保持头部浮于水面之上，采用半仰泳姿势稳住身体，先试着抬起腿，如果脱不开，则可以深呼吸、憋足气潜下身子，团身用手撕开杂草解脱自己，如遇拽不断、解不开的水草，也可像脱袜那样把水草从脚上用手捋下来，动作应慢，身体应稳，入水深度以手能去掉水草为限，防止身体乱动，被水草进一步缠绕而加重险情。一旦险情解除，用打水方式，漂浮在水面，轻轻踢腿而游，并尽快离开水草丛生的地方。自己无法摆脱时，及时呼救。为防止水草缠身的危险，游泳爱好者应到指定的游泳区游泳，不要到水情不明的江、河、湖、泊等地方冒险，在野外游泳时宜多人一起，可以相互照应，万一发生不测，也可以互相帮助。

如果不幸陷入淤泥时，应马上仰卧于水面上试着自己解脱。切不可踩水或手脚乱动，否则就会使肢体在淤泥中越陷越深。尽力争取让身体大部分漂浮在水面，用仰泳方式（两腿伸直，用手掌倒划水）顺原路慢慢退回。

2. 身陷漩涡时的自救法。江、河、海边常有漩涡，在河道突然放宽、收窄处和骤然曲折处，山洪暴发、河水猛涨时，水底有突起的岩石、阻碍物，有凹陷的深潭，河床高低不平有落差的地方都会出现漩涡。有漩涡的地方，如果不是在大海里特殊的水域，一般水面常有垃圾、树叶杂物在漩涡处打转，只要注意就可早发现，应尽量避免接近。如果已经接近，应立刻平卧水面，沿着漩涡边，用自由泳快速地游离危险水域，绝不可以踩水，因为漩涡边缘处吸引力较弱，不容易卷入面积较大的物体，所以最好的自救方法就是身体平卧水面，快速游离，切不可直立踩水或潜入水中。

3. 疲劳过度、身体抽筋时的自救方法。过度疲劳后游泳或游泳过度，都容易造成因体力不支或抽筋而溺水。碰上这种情况掌握一定的自我救护技术，便可以排除险情或争取时间等待他人救护。遇到身体不适时，要沉着、冷静地先进行自我救护，情况严重再发出呼救信号。游泳中发生抽筋的主要部位是大腿、小腿、脚趾、手臂、手指及胃腹部等。抽筋原因一是下水前没有充分做好准备活动，身体各器官及肌肉组织不能适应活动需要，下水后突然剧烈地蹬水、划水或因水凉，刺激肌肉突然快速收缩出现抽筋；二是游泳时间过长，体力消耗过多而过分疲劳；三是在肌体大量散热或精神紧张、游泳动作不协调等情况下也会造成抽筋。发生抽筋时应保持镇静，不要惊慌，翻身仰卧水面，深吸气使身体漂浮起来，根据不同部位采取不同方法进行自救。双手抽筋时，应迅速握紧拳头，再用力伸直，反复多次，也可伸开手臂互相反关节扳拉，直至复原。小腿抽筋，用手握住抽筋腿的脚趾，用力向上拉，使抽筋腿伸直，这样连续多次即可恢复正常。上岸后可继续拉伸。腹部肌肉抽筋，可仰卧水里，把双腿向腹壁弯收，再行伸展，重复几次，在水中恢复后改用另一种游泳姿势游回岸边。如果仍用同一泳姿要提防再次抽筋。

（三）了解水中是否有有害动植物、微生物，应尽量避免在这些水域里玩水。

1. 在中国的南方内陆河流、湖泊中会有血吸虫、水蛭等有害寄生虫。血吸虫通过皮肤或口进入人体，成虫寄生在人的肠系膜静脉和肝脏附近门静脉系统的血管里，在那里吸血、产卵、排出毒素而引起血吸虫病。水蛭会吸附在人的皮肤上侵袭人体，但水蛭不会钻入皮内。水蛭初咬时一般不觉疼痛或仅感瘙痒，直到它吸血后离去或被人为取掉时才使人感到疼痛，被水蛭咬过的局部皮肤可见到一个三角形的伤口，周围皮肤可出现红斑或风团，严重者可出现大疱及坏死，个别的人可出现全身反应或休克。如若在野外遇到水蛭，并且已吸附在皮肤上，切不可用手强拉，以免吸盘断在伤口内引起血流不止。可用手掌或鞋底连续拍击虫体，水蛭可自行退出脱落。也可把食盐、浓醋或白酒洒于虫体表面，数分钟水蛭可自动退出。被水蛭咬伤的皮肤需涂搽消炎药，以防继发感染。水蛭若进入阴道、鼻腔、尿道时不要惊慌，也不可用手强行拉出，可在局部涂蜂蜜、香油或青鱼胆，水蛭会自动退出体外。亦可用2%普鲁卡因加1%肾上腺素浸湿棉球塞入阴道或鼻腔内或用浓盐水灌注，几分钟后水蛭失去活力然后取出。

2. 鳄鱼也是淡水水域中一种危险的动物。鳄鱼不是鱼类，它是一种最早、最原始的爬行动物，性情凶猛，属肉食性动物。鳄鱼是水陆两栖动物，大量案例证明，在陆地和水里都有可能被鳄鱼攻击。最典型的案例发生在1945年2月19日，第二次世界大战中，近千名日本侵略军遭鳄鱼袭击并被吃掉的事情。夏季在热带雨林、沼泽、湖泊、池塘、河流等地方都有可能被鳄鱼攻击，遭鳄鱼吞噬。所以游玩、锻炼、放飞心情必须全面了解情况，充分准备，不把自己放在危险的环境中。一旦出现意外险情应学会紧急处理，攻击鳄鱼最薄弱的部位——眼睛、头顶，面对鳄鱼要勇敢地用手指直戳鳄鱼的眼睛，用拳头攻击鳄鱼的头顶。

3. 在中国，食人鱼咬伤饲养人员和养殖爱好者的情况也时有发生。食人鱼袭人事件的主角绝大部分是群居的红腹食人鱼，它们可以在数分钟内就把人或动物吞噬掉。预防食人鱼对人类的侵害，要提前了解水域情况，不要到有食人鱼的河流、池塘游泳。

4. 在海上玩水时，也需要提高警惕。近海中海蜇（水母）是一种有毒的海洋生物，成年海蜇拥抱一下人，就可以使人麻痹致死。海蜇的触手上有大量刺胞，刺胞内含有毒液。在海上游泳的人接触海蜇的触手会被触伤，导致红斑水肿、风团、水泡、瘀斑、表皮坏死，并伴有全身发冷、烦躁不安、腹痛、腹泻、精神不振及胸闷气短等症状，严重者会咳喘发作，吐白色或粉红色泡沫痰，脉数无力、皮肤青紫及血压下降，呼吸困难、休克，若抢救不及时会危及生命。每年的暑假都会有相当数量的海蜇蜇伤游泳者的事件发生，所以必须了解有效预防和积极治疗的相关措施。我国海域广阔，有多种海蜇，最毒的是海黄蜂水母，刺丝可分泌类似眼镜蛇毒的毒液，蜇人后5分钟即可致人死亡。其他的如僧帽水母、沙海水母、黄斑水母，都有一定毒性，蜇伤人体后，患者多日才能消除伤痛。人体被海蜇蜇伤后因毒性大小、毒素多少以及个体敏感程度不同而症状各异。但是海蜇不会主动攻击人，海蜇蜇人是它保护自己的本能反应。所以我们下海前了解清楚海域的情况非常重要。

5. 在海里还有一种危险动物，那就是鲨鱼。世界上有350多种鲨鱼，对人类构成威胁的不到10%。其余的都不会攻击人类，是以浮游生物为食。虽然它们不把人作为主要猎食对象，但是鲨鱼主动袭击人的事件依然在世界各地发生，很可能是它把潜水者或在浅海游泳的人看成海豹、海象等猎物。研究证明人血对鲨鱼没有吸引力，鲨鱼对鱼血的反应敏感，特别是大白鲨，它吃东西非常挑剔，咬一口发现不是海洋生物，脂肪和蛋白质含量不能满足它的营养需求，鲨鱼就不会继续袭击吃掉人。但是在世界各地，鲨鱼袭击人类的事件也在逐渐增多。所以我们下海前需要了解海域里有关鲨鱼情况，是否有防鲨网非常重要。

6. 在海中珊瑚礁比较多的地方浮潜时，最好穿上浮潜鞋，防止被珊瑚礁、海胆刺伤。不要用手抓各种观赏鱼，因为有些观赏鱼是有毒的，当它们感知危险时，会释放毒素。

（四）了解潮汐。海水在日、月引潮力的作用下，会产生周期性的升降、涨落与进退。每昼夜有两次涨落，一次在白天，一次在晚上，一般相隔12小时，人们把白天的海水涨落称为潮，晚上的海水涨落称为汐，合起来称为潮汐。海面垂直方向涨落称为潮汐，海水在水平方向的流动称为潮流。普通涨潮是海浪一波波往岸上冲，只要不是大潮，在海中游泳不会出现危险。退潮时的危险反而要远大过涨潮时期，人很容易被推离岸边，漂向较远的地方。

三、游泳应该注意的事项

（一）防患于未然最安全，所以不要独自一人外出游泳，最好结伴而行，不要到不知水情或比较危险，多发生溺水事故的地域去游泳，特别是野外的江、河、湖、水库等地。选择安全的游泳场所，清楚了解游泳环境。游泳者入水前要充分做好准备活动，如水温太低，应先在浅水处用水淋洗身体，待适应水温后再游向深水。夏天水温比气温低，如果准备不足，不适应水中环境，会引起肌肉痉挛、头晕、恶心、抽筋、肌肉拉伤等情况。另外镶有假牙的人，在游泳时应将假牙取下，以防呛水时假牙落入食管或气管。一般没有经过专业训练的泳者，游泳时间不宜过长，在水中停留的时间以 30—60 分钟为宜。

（二）游泳时切勿太饿、太饱，饭后一小时左右下水比较安全，因为用餐前后、空腹时游泳体内血糖有比较大的变化，血糖低时会引起头晕、四肢乏力，易发生意外；剧烈运动后不宜马上游泳，因为剧烈运动使身体疲劳、肌肉收缩、反应能力减弱，游泳会增加心肺负担，易发生抽筋和溺水；在大汗淋漓时不宜游泳，出汗时血管扩张，急遇冷水刺激后血管骤然收缩，易引起疾病。

（三）清楚了解自己的身体健康状况，生活中四肢容易抽筋的人不宜游泳或不要到野外、深水区游泳。有如下疾患者不宜游泳：心脑血管疾病、传染性疾病、癫痫病、外伤炎症等。

（四）了解自己的水性，不要贸然跳水和潜泳，跳水前要了解水的深度，水下有没有杂草、岩石或其他障碍物，以脚先入水较为安全。不要在水中互相打闹，以免呛水、溺水。不要在急流、漩涡处游泳。在海边游泳时最好选择鲜艳的泳装，切勿穿深色或暗色的泳衣，大海的颜色会淹没深色泳衣，不易被救生员发现，可能会导致伤害。

（五）在深海区时，海水状况难以预料，所以无论你游泳技术多么高超，必须带上救生装备：救生圈、救生衣、泡沫板等，能够帮助你漂浮又不影响游泳，在遇到漩涡、湍流时，泳者不易被卷入海里。特别注意在游泳中如果突然觉得身体不舒服，如眩晕、恶心、心慌、气短等，要立即上岸休息或让自己仰卧水面，便于呼吸、呼救。

四、自救和救人

（一）自救

学习自救，必须掌握仰泳（面朝上有呼吸的机会），学会踩水（不会沉下去，有机会呼救）。

此外，游泳时耳朵进水是常见的现象，处理方法不当，会引起中耳炎，应该引起重视。耳内进水后会出现耳内闭闷、听力下降、头昏等症状，十分不舒服。水有一定的张力，进入狭窄的外耳道后形成屏障而把外耳道分成两段，水的重力作用，使水屏障与鼓膜之间产生副压，维持着水屏障两边压力的平衡，使水不易自动流出。我们需要用技巧把水排出来，又不损伤外耳道和鼓膜。排水的最好方法，是继续向耳内灌水，然后手拉外耳的下沿并偏头使水顺利流出，可多次重复。常见的方法还有如下几种：

1. 单足跳跃法：偏头让进水的耳朵向下，同时单足跳跃，借用水的重力作用，使水向下从外耳道流出。

2. 活动外耳道法：可连续用手掌压迫耳屏或用手指牵拉耳郭，或反复地做张口动作，活动颞颌关节，均可使外耳道皮肤不断上下左右活动，改变水屏障稳定性和内外压力，使水向外从外耳道流出。

3. 外耳道清理法：用干净的细棉签轻轻探入外耳道，一旦接触到水屏障时即可把水吸出。

如果游泳池水或河水不干净，污水入耳后感染外耳道皮肤及鼓膜，或者耳内进水后处理不当，如不洁挖耳等，容易引起以下几种耳病：外耳道炎，外耳道疖肿，耵聍阻塞，鼓膜炎，化脓性中耳炎等。如果耳内进水后出现不适，应暂时停止游泳，并去医院检查，对症治疗。

（二）救人

如若想要救人，第一必须会游泳；第二，救人一定要掌握救人技巧，如果会游泳却没有掌握救人技巧，一定不要贸然下水救人，而是合理运用周围的物品，如：漂浮物、棍子、绳子，尽快向周围呼救，打电话报警寻求帮助。

【案例7】长江大学救人案

长江大学18名学生见义勇为舍己救人，3位溺水身亡。某年在荆州市沙市区长江边有两名十二三岁男孩溺水，当时18名大一学生见势组成人梯下水救人，其中还有不会游泳的女同学，当第二个小孩快救上岸时，由于体力不支和暗流，人梯散了，9名大学生落水，顿时呼喊声一片，正好碰上冬泳队在那里训练，几名六十来岁的老人救起6名大学生，其他3名大学生溺水死亡。

此案例告诉我们：救人是需要方法的，当时完全可以让同学们脱下衣服、皮带打成绳结，牢牢地固定在一个会游泳的同学身上，让他去水中救人，若出现危险将他和被救者拖上岸。如果要组成人梯，手抓握的方式应该是相互抓住手腕部，而不是简单拉手，防止体力不支而滑落。

如图2-7所示，在互相抓握时间长久的时候肌肉会产生疲劳，产生疲劳之后的结果是会出现僵直，也就是自然松开，这种情况是人无法控制的。

 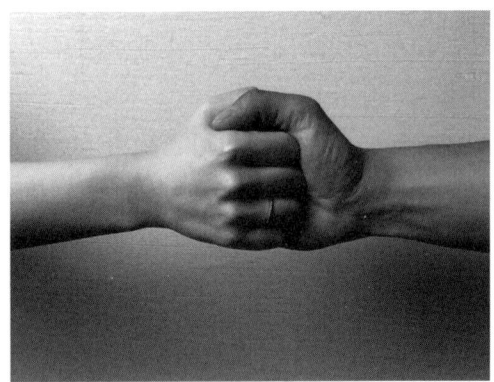

图2-7　错误的抓握方法

而图2-8的抓握方式则可以持续更长的时间，因为这样的方式可以让抓握的两人可以松开活动手指休息一下。

图 2-8　正确的抓握方法

此外，还需掌握一些溺水急救知识。溺水是游泳中常见的意外，心跳停止的称为"溺死"，心跳未停止的则称为"近乎溺死"，急救方法如下：将溺水者抬出水面后，清除口、鼻腔内的水、泥及污物，用纱布或手帕裹着手指将溺水者舌头拉出口外，解开衣扣、领口，以保持呼吸道通畅，抱起溺水者的腰腹部，使其背朝上、头下垂进行倒水，或者抱起溺水者双腿，将其腹部放在急救者肩上，进行颠震使积水倒出，也可急救者取半跪位，将溺水者腹部放在急救者腿上，使其头部下垂，用手平压背部进行倒水。

如若溺水者呼吸停止，应立即进行人工呼吸。急救者位于溺水者一侧，托起下颌，打开呼吸道，捏住鼻孔，深吸气后，往溺水者嘴里缓缓吹气，待其胸廓稍有抬起时，放松其鼻孔，用一手压其胸部以助呼气。反复并有节律地进行，直至溺水者恢复呼吸。

心跳停止者需先进行胸外心脏按压，其方法是：让溺水者仰卧，背部垫一块硬板，头低稍后仰，急救者位于溺水者一侧，面对溺水者，右手掌平放在其胸骨下段，左手放在右手背上，借急救者身体重量缓缓用力，不能用力太猛，以防骨折，将胸骨压下 4 厘米左右，然后松手腕（手不离开胸骨）使胸骨复原，反复有节律地进行（每分钟 60—80 次），直到心跳恢复。

第三节　常见结绳技术

观察我们的生活，有许多地方需要利用绳结固定或者链接，绳子的长度不能满足实际使用的需要，我们就要将两根或更多的绳子连接在一起，使绳子变长，绳结在生活中、火灾、溜水、野外生存等多种情况下都非常需要，绳结的用途极其广泛，分类也比较多，我们在此介绍 12 种常用的绳结。绳结还分为：活结和死结。活结容易解开，死结有些可以解开，有些是解不开的，只能用剪刀或者刀来解决问题。

一、单结（Overhand Knot）

单结是最简单的结，其优点为当绳子穿过滑轮或洞穴时，单结可发挥绳栓的作用。在拉握绳子时，单结可以用来防止滑动，可以用来作为当绳端绽线时，暂时地防止其继续脱线。单结的缺点是，当结打太紧或弄湿时就很难解开。以单个单结为基础，可以变化成结形较大的多重单结、活索、固定单结、双重单结，以及连续单结等（见图 2-9）。

图 2-9　单结

二、多重单结（Multiple Overhand Knot）

增加缠绕次数（2—4 次左右），打成较大的结形。在打结时，须"边打结边整理"避免让结打乱。这种结用在作为绳子的手握处，或是当绳子要抛向远处时加重其力量（见图 2-10）。

图 2-10　多重单结

三、活索（Noose）

一种简单的圈套结。拉紧绳子的前端即可做成一个圆圈，当圆圈中间没有任何东西时，一拉绳子即可将结解开。打结如图 2-11 所示。

图 2-11　活索

四、双重单结（Loop Knot）

将绳子对折后打一个单结即可。即使绳环部分有所损坏，由于其无法产生施力作用，仍可安心使用绳子（见图2-12）。

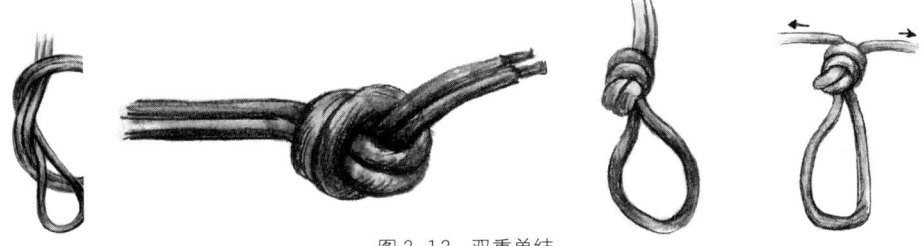

图2-12 双重单结

五、固定单结（Overhand Bend）

固定单结的打法是将两条绳子的末端与末端重叠，然后打一个单结。这个结是用在将两条同样粗细的绳子迅速地连接，或是将一条绳子做成环状使用时（见图2-13）。

图2-13 固定单结

六、连续单结（Series of Overhand Knots）

常用于欲紧急逃脱时使用的结，是在一条绳子上连续打好几个单结。打法如下图所示，尽量结与结做成等间隔（见图2-14）。

图2-14 连续单结

七、水结(Water Knot)

用在连接两条同样粗细的绳子上,一种简单且结实的结。在攀岩的世界里称为环固结,将一条绳子的两端用这种方法相联结,即可做成吊索。这种结主要适用于联结扁平的带子。打法十分简单,在一条绳子的前端打一个单结后,另一条绳子逆着结形穿过前面一条绳子的圆圈即可。绳结可以打得小而漂亮,但是得注意有时会松开,所以在绳子末端一定要留下四五厘米的长度,并且须将结牢牢打紧(见图2-15)。

1. 在一条绳子的末端打一个单结,尾端要留下充分的长度;

2. 将另一条绳子从前一条绳子的末端开始,顺着结形逆向穿过;

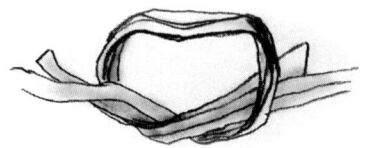

3. 两个绳子末端留下一定长度后,用力打成一个结。

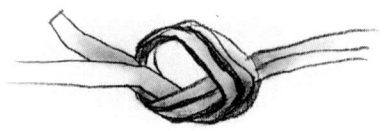

图2-15 水结

八、渔人结(Fisherman's Knot)

用于连接细绳或线的结,方法为两条绳子各自打上一个单结,然后将其连接起来。可以使用在不同粗细的绳子上。这个结不太适用于太粗的绳子,如果用在容易滑动的纤线或绳子上,有时会比较容易就解开了。双渔人结是多一次缠绕后打成的结,这样可以增加其强度,这个结是用在联结两条绳索的,结形大是其缺点,简单牢固是其优点。方法如下(见图2-16):

1. 将两条绳子的前端交互并列，其中一条绳子像卷住另一条绳子般打一个单结；

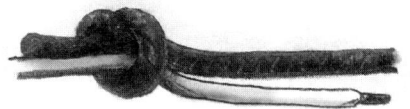

2. 另一条绳子在另一边也同样打上一个结；

3. 将两条绳端用力向两边拉紧。

图 2-16　渔人结

九、双渔人结（Double Fisherman's Knot）

增加渔人结的适用范围。方法如下（见图 2-17）：

1. 将渔人结的卷绕次数多增加一次后打结；

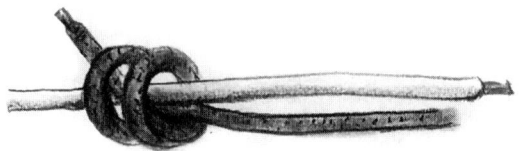

2. 另一边也同样打结；

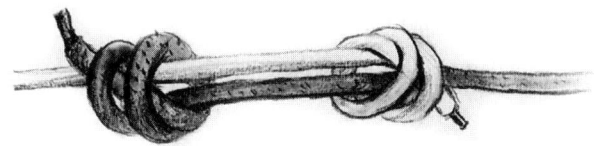

3. 将两条绳端用力向两边拉紧。

37

图 2-17 双渔人结

十、八字结（Figure-eight Knot）

八字结的结比单结大，适合作为固定收束或拉绳索的把手，八字结的打法十分简单、易记。它的特征在于即使两端拉得很紧，依然可以轻松解开。以下介绍两种打法，可以根据绳索的粗细不同分别活用（见图 2-18、图 2-19）。

方法 1，适用于绳索较粗时。

（1）如图将绳端先行交叉；

（2）将一头的绳索绕过主绳；

（3）将绳头穿过绳圈后拉紧完成。

图 2-18 八字结 1

方法 2，适用于绳索较细时。

（1）将绳端对折，并用双手握住；

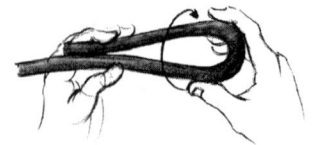

（2）把对折部分朝箭头方向转两圈；

（3）将绳头穿过绳圈；

（4）拉紧两端打好结。

图 2-19　八字结 2

十一、双重八字结（Double Figure-eight Knot）

双重八字结的目的是为了做个固定的绳圈。只要将绳索对折后打个八字结，便形成双重八字结。在绳索中部打个八字结，然后将绳头顺着结目从反方向穿过绳圈；同样也可以完成双重八字结。由于双重八字结具备耐力强、牢固等优点，在安全方面非常值得信赖，经常被登山人士作为救命绳结使用。不过美中不足的是双重八字结的绳圈大小很难调整，而且当负荷过重，结目被拉得很紧，或是绳索沾到水的时候，想要解开绳结必须花费一番工夫。

方法 1，把对抓的绳索直接打个八字结，并且作成绳圈（见图 2-20）。

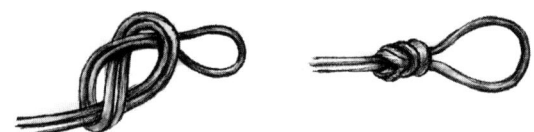

图 2-20　双重八字结 1

方法2，利用双重八字结将绳索联结在其他东西时使用（见图2-21）。

（1）在绳索中部打个八字结；

（2）顺着结目从反方向穿过绳索的末端；

（3）用力拉紧结目。

图2-21 双重八字结2

十二、接绳结（Sheet Bend）

接绳结是连接两条绳索时所用，打法简单，拆解容易，可适用于质材粗细不同的绳索，安全可靠程度相当高。当两条绳索粗细不一时，打的时候必先固定粗绳，然后再与细绳相连。接绳结的打法有两种。

方法1（见图2-22）：

（1）将一条绳索（粗绳）的末端对折，然后把另一条绳索（细绳）从对折绳圈的下方穿过；

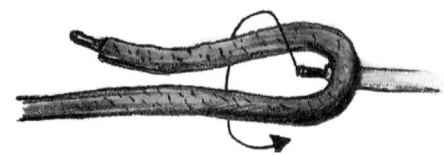

（2）把穿过的绳头绕过对折的绳索一圈；

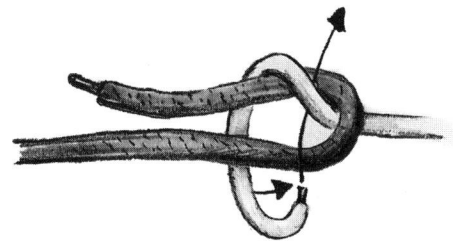

（3）打结；

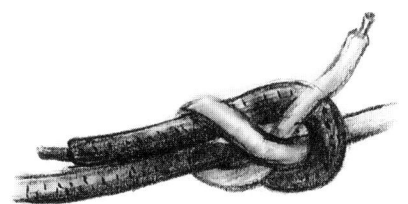

（4）握住两端绳头拉紧结目。

图 2-22　接绳结 1

方法 2，利用指尖，使细绳可以迅速打成接绳结的方法（见图 2-23）。

（1）如图将两条绳索先行交叉；

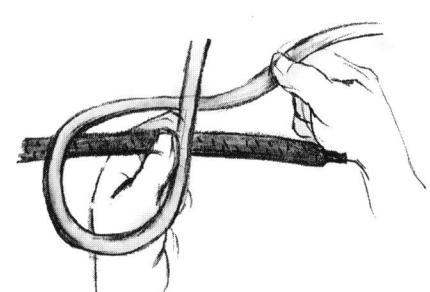

(2)手握着交叉部分,然后把一端绳索绕个圈;

(3)打结。

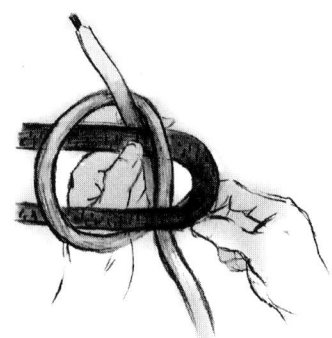

图 2-23 接绳结 2

第3章
运动损伤的急救

第一节　运动损伤概述

体育运动过程中因为机械性和物理性方面因素所造成的伤害，称为运动损伤。

一、运动损伤的分类

（一）按损伤组织的结构分类：皮肤损伤、肌肉肌腱损伤、关节软骨损伤、骨及骨骺损伤、滑囊损伤、神经损伤、血管损伤、内脏器官损伤等。根据北京运动医学研究所的统计，严重的创伤很少，大部分属小创伤，其中以肌肉、筋膜、肌腱腱鞘、韧带和关节囊伤最多，其次是肩袖损伤、半月板撕裂和髌骨软骨病。

（二）按运动创伤的轻重分类：1. 不损失工作能力的轻伤；2. 失掉工作能力24小时以上，并需要在门诊治疗的中等伤；3. 需要长期住院治疗的重伤。这种分类法有助于工矿、农村、机关和学校等单位了解开展群众体育活动中的损伤情况。

（三）按运动能力丧失的程度分类：1. 受伤后能按锻炼计划进行练习的"轻度伤"；2. 受伤后不能按锻炼计划进行练习，需停止患部练习或减少患部活动的"中度伤"；3. 完全不能锻炼的"重度伤"。

（四）按损伤组织是否有创口与外界相通的分类：可分为开放性损伤与闭合性损伤。开放性损伤与外界相通，容易引起出血和感染，常见有组织液渗出和血液自创口流出，在运动中最常见的有擦伤、裂伤、切伤和刺伤，开放性骨折也可以归在此类；闭合性损伤包括挫伤、肌肉筋膜拉伤、关节囊和韧带扭伤、肌腱腱鞘和滑囊损伤等，其特点是皮肤、黏膜完整，损伤无裂口与外界相通。

此外，根据发病的缓急，还可分为急性损伤和慢性损伤；根据病因，又可分为原发性损伤和继发性损伤等（见图3-1）。

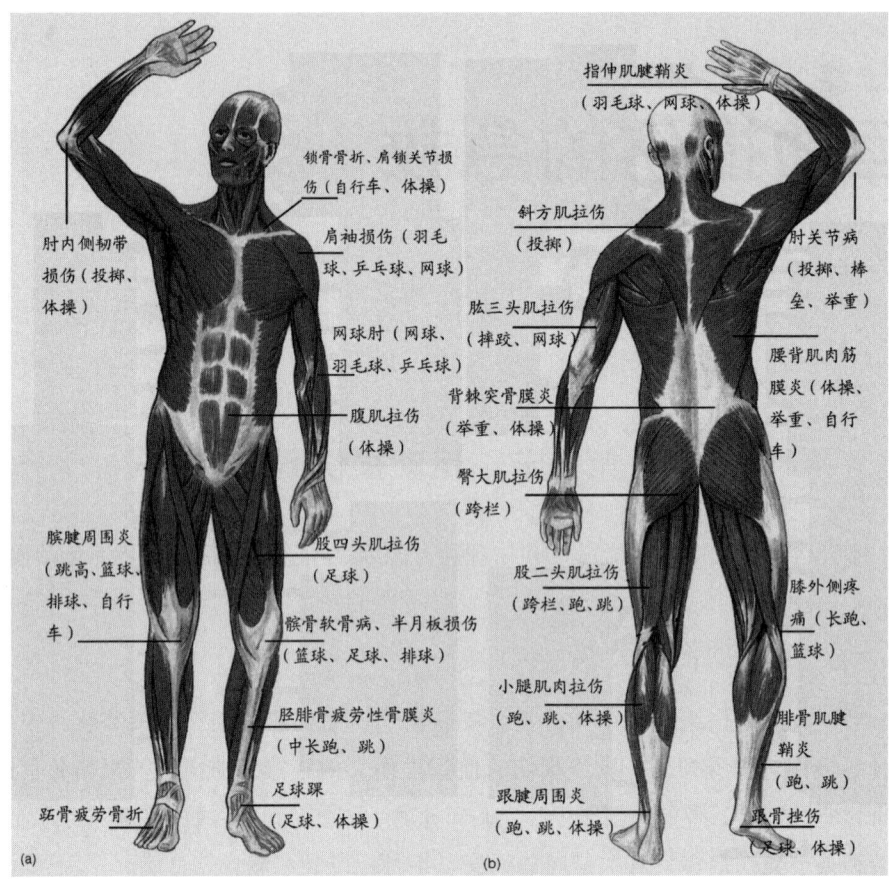

图 3-1　常见运动创伤的部位
（资料来源：卢福泉，赫忠慧，保健体育[M]，人民体育出版社，2006）

二、运动损伤发生的原因

造成运动损伤的原因是多方面的，可分为直接原因和间接原因。直接原因又可分为内部原因和外部原因。

（一）直接原因

1. 身体条件

（1）年龄：青少年期骨骼发育尚未成熟，因此对外力的抵抗防御能力较弱。发育中的骨和软骨与成人相比也显得软弱。骨的长径生长与骨周围肌腱发育相比，前者显得较慢，所以在骨的突起部、肌肉肌腱附着部都容易发生损伤。

青少年运动损伤最多的是骨折，其次是扭挫伤，而高年龄组软组织钝挫伤占首位，骨折占第二位。

（2）性别：黄种男性身体内脂肪含量平均是体重的13%，而女性高达23%。肌肉含量女性相对少于男性，所以膝关节部的运动损伤发生率女性比男性高。此外，女性激素呈周期性分泌，若月经紊乱，会造成雌激素分泌低下，也容易出现骨折现象。

（3）体格、技能：体内脂肪多、体重重的人身体的灵活性、耐久力相应也较差，易造成损伤，尤其在抵御造成创伤的暴力时，体重重的人处于不利地位。技术不熟练的锻炼者也更易发生损伤。

（4）其他：在身体状况不良（慢性疲劳、贫血、感冒、痛经、睡眠不足等）的情况下，对意外事件缺乏敏锐的判断和快速准确的保护反应，也可能导致运动损伤。

2. 心理素质

从事对抗性较强的运动（如足球）时，如果注意力不集中或集中持续时间不长，发生损伤的危险性增加。情绪不稳定、易急躁、急于求成，或在运动中因畏难、恐慌或害羞而犹豫不决的人，容易造成运动损伤。

3. 训练方法的因素

（1）质的因素：体育锻炼者由于忽略了自身身体素质和年龄而选择不适宜的运动项目，结果损伤的发生率提高。例如，年龄偏大的人进行足球运动，或试图采用蛙跳增强腰腿部肌肉力量，就会出现膝关节损伤；柔韧性练习时，韧带肌肉被动训练过度会造成肌肉撕脱。因此体育锻炼要科学，并选择适合于自己身体条件的运动项目。

（2）量的因素：运动时间过长、运动量过大、运动频率过高等极易导致过度训练，过度训练是运动损伤的主要原因之一。过度训练是由于锻炼者接受的负荷量太大，使机体未得到充分恢复所致，其症状表现为：静息心率加快、血压升高、睡眠不佳（失眠、多梦、易惊醒等）、食欲下降、体重减轻、无训练欲望、心情烦躁、易激怒、记忆力下降等。如过度训练不及时纠正，就会使人体免疫机能下降，增加了感染和慢性疲劳的发生率。

4. 环境因素

（1）自然环境：雨后路滑、光线不足、气温过高过低或气候过于潮湿等，也能引起运动损伤。

（2）人工环境：锻炼者使用劣质器械；锻炼服装和鞋子不合适，缺乏必要的防护器具（如护膝、护踝、护腿等）；运动场地不平坦，或有小碎石和杂物；器械安装不牢固，器械的高低、大小与轻重不符合锻炼者的年龄、性别和训练水平的特点等，都能成为受伤的原因。

(二)诱因

诱因即为诱发因素,它必须在直接原因(如局部负担量过大,技术动作发生错误等)的同时作用下,才可成为致伤的因素。

1. 各项运动技术的特点:由于各项运动项目都有自己的技术特点,人体各部位的负担量不尽相同,因此,各运动项目都有会导致人体的易伤部位。例如网球运动易使锻炼者造成"网球肘",长跑运动会导致锻炼者膝外侧疼痛症候群等。

2. 解剖生理学特点:某些组织所处的特殊解剖位置在运动中易与周围组织发生摩擦和挤压,如肩袖。运动中由于相互间力学关系的改变,可导致负荷最大的组织发生损伤,如踝背伸60°—70°发力跖屈时,跟腱处于极度紧张状态,但胫后肌及腓骨肌则比较松弛,若突然用力踏跳,可发生跟腱断裂等。

综上所述,由于各项运动都有其自身特殊的技术要求,加之解剖生理学的特点,在直接原因的作用下,各项运动中所发生的运动损伤都具有一定的特点和规律(图3-1)。了解这些特点和规律,对于预防、诊断和治疗运动损伤有着重要的意义。

第二节 常见运动损伤与处理

一、运动损伤处理的一般原则

运动损伤发生的时候,就会引起疼痛、肿胀、炎性反应等症状。为了防止这些症状的加重,所采取的应急手段即被称为"应急处理"。应急处理原则也被称为"RICE原则",即休息(REST)、冷敷(ICE)、加压(COMPRESSION)和抬高(ELEVATION)。是指运动受伤时,应该尽快停止运动,立刻休息,并对受伤的部位进行冷敷,压迫及抬高受伤部位等措施。RICE的主要目的,是减少患部出血、肿胀、疼痛、止痛松筋,以利复健。

(一)休息(REST)

当伤害发生时,应立即停止运动,经医生诊疗包扎后才可继续活动,千万别逞强以免伤害扩大。发生运动损伤时,休息是最佳的良药,能有效减少因继续活动所引起的疼痛、出血、肿胀,避免伤势恶化。如果过早地活动患部,不仅会出现内出血等症状,还有可能使其机能损伤进一步加重,恢复的时间拖长。

（二）冷敷（ICE）

冰敷冷疗法，就是将冷剂或冰块、冰水袋直接覆盖于受伤部位。受伤后愈早冰敷愈好，勿隔着衣物或绷带冰敷，直接接触皮肤。冰敷时间以 15 分钟为原则，暂停 10 分钟再做一次，严重扭伤或肌肉裂伤时，可重复四次（疼痛消失时即停止冰敷）。冰敷的目的，是避免肿胀、避免微血管继续出血，以及止痛松筋。冷对神经有刺激作用，降低新陈代谢作用，防止发炎，冷敷具有麻醉止痛效果。但对于婴儿、老人，或全身性狼疮者，则应避免冰敷。对冷过敏者，或有心脏血管疾病者要特别小心，以免冰敷造成意外。

（三）加压（COMPRESSION）

可预防患部出血、肿胀、减轻疼痛感。通常以贴布或弹性绷带包扎，略紧压迫即可，压迫固定的目的，是预防微血管继续出血或骨折移位，所以用贴布或弹性绷带包扎压迫固定。若过度紧绷会使血液循环不良，造成组织坏死。皮肤发紫时表示太紧，太松则会使包扎物易脱落，或失去压迫效果。几乎所有的急性损伤都可以采用加压包扎的方法。例如，踝关节损伤时，可用"U"字形的海绵橡胶垫子套在踝关节上，然后用弹力绷带固定。加压包扎可以减轻损伤关节周围的浮肿，还可以促进组织内部体液的吸收。

（四）抬高（ELEVATION）

抬高就是把患部抬到比心脏高的位置。抬高可以减轻通向损伤部位的血液压力及来自体液的压力，以促进静脉的回流，患部的肿胀及淤血也会因此而得到相应的减轻。

二、一般运动损伤处理方法

（一）擦伤

症状： 因运动使皮肤受挫致伤，擦伤后皮肤出血或组织液渗出。

处理方法： 小面积擦伤，可以用红药水涂抹伤口即可；大面积擦伤，先用生理盐水洗净，涂抹红药水，再用消毒布覆盖，最后用纱布包扎。

（二）挫伤

症状： 因撞击器械或练习者之间相互碰撞而造成。单纯挫伤会在损伤处出现红肿，皮下出血，并有疼痛；内脏器官受伤时，则会出现头晕，脸色苍白，四肢发凉等现象，严重者甚至出现休克。

处理方法： 在 24 小时内冷敷或加压包扎，抬高患肢或外涂药膏。24 小时以后，可按摩或理疗，进入恢复期可进行一些功能性锻炼。如果怀疑内脏损伤，则临时处理后，送医院检查和治疗。

（三）肌肉拉伤

症状： 通常在外力直接或间接作用下，肌肉过度主动收缩或被动拉长时引起肌肉拉伤。特别是准备活动不充分，动作不协调以及肌肉弹性、伸展性、肌力差者更易拉伤。

处理方法： 轻者可即刻冷敷，局部加压包扎，抬高患肢。24小时后可施行按摩或理疗。如果肌肉已大部分或完全断裂，在加压包扎急救后，固定患肢，立即送医院进行手术缝合。

（四）关节扭伤

症状： 受外力的冲击或撞击；运动时身体重心不稳向一侧倾斜或踩在他人足上或高低不平的地面上而致伤。伤后局部能力立即丧失，有明显肿胀和疼痛等。

处理方法： 伤后立即抬高患肢冷敷，加压包扎后固定休息。使毛细血管收缩，防止肿胀。24小时后即可拆除包扎，可采用热敷、理疗等措施，使毛细血管扩张，促进血液循环。

（五）关节脱位

症状： 因受外力作用使关节面失去正常的连接关系，叫关节脱位，又称脱臼。关节脱位可分为全脱位和半脱位两种。关节脱位后，常出现畸形，因软组织损伤而出现炎症反应，局部疼痛和关节肿胀，并失去正常活动能力。

处理方法： 用长度和宽度相称的夹板固定伤肢。如没有夹板，可将伤肢固定在自己的躯干或健肢上，防止震动，随后及时送医院治疗。必须指出，如果没有把握做整复处置时，切不可随意做整复手术，以免再度增加伤害。

（六）出血

症状： 血液从损伤的血管流出，称为出血。按出血的部位不同，分为外出血和内出血两种。外出血指血液从皮肤创口向体外流出，是运动损伤中较为常见的一种。内出血指血液从损伤的血管内流出后向皮下组织、肌肉、体腔及胃肠和呼吸器官内注入。

处理方法：

1. 抬高伤肢法：用于四肢出血。使出血部位高于心脏，从而使出血部位的血压降低，减少出血。

2. 加压包扎法：用于小静脉和毛细血管出血。将伤口处涂红药水，洒上消炎粉后，垫盖纱布块，用绷带包扎。

3. 指压止血法：用手指指腹用力压迫血管的出血处将血管压闭塞，断其血流，达到止血的目的。如动脉出血，压在出血口的上端；静脉出血，压在下端，毛细血管出血，直接压在伤口上。

第三节　运动损伤急救方法

发生在体育课或课外体育锻炼的运动损伤的急救处理很重要，处理不当，轻者加重损伤，招致感染，增加病人的痛苦；重者致残甚至影响生命。因此，及时进行合理而有效的急救，采取"分秒必争"的紧急措施能有效地将伤害降至最小。急救人员必须及时准确地把受伤人员从场地救出来，安全地送到有关医疗单位（见图3-2）。

现场急救的任务，主要是维持伤员的生命，稳定伤情，防止继发性损伤，并迅速送至医院，需注意以下几点：

1. 保持呼吸道通畅。如清除伤员口、鼻、咽、喉部位的异物、血块、痰或呕吐物等，解开伤员的衣领和腰带。对呼吸、心跳停止的病人，应立即做口对口吹气式人工呼吸及胸外心脏按压术。

2. 防治休克。让伤员安静平卧，头稍低于下身脚部，但头部受伤、呼吸困难者则不宜采用，而应稍抬高头部。保持伤员身体温暖，天气寒冷时更应注意，但也不能过热，针刺或掐按内关、足三里、合谷、人中等穴位。由于休克是一种严重而危险的病理状态，因此在急救的同时，应迅速请医生来处理。

3. 包扎伤口和止血。一般用厚的消毒棉垫与纱布将伤口包扎，外露的骨折端不要还纳，以免将污染带入深层，可用消毒敷料包扎。止血可采取抬高伤肢、加压包扎、加垫屈肢和间接指压等。

4. 固定伤肢。包扎止血后，有骨折或有严重软组织伤的肢体要用夹板将伤肢固定，固定应超过伤口上下方的关节，以减轻疼痛，防止骨折端活动造成再损伤。

5. 止痛，防止感染。

6. 保存好离断的组织。离断的肢体、指、趾、耳、鼻等用无菌纱布包好，如可能将其放在冰上。注明受伤时间，随同病人送往医院。

常用的急救方法包括止血、包扎、固定等，了解这些方法，有助于在出现突发事件时加以运用。

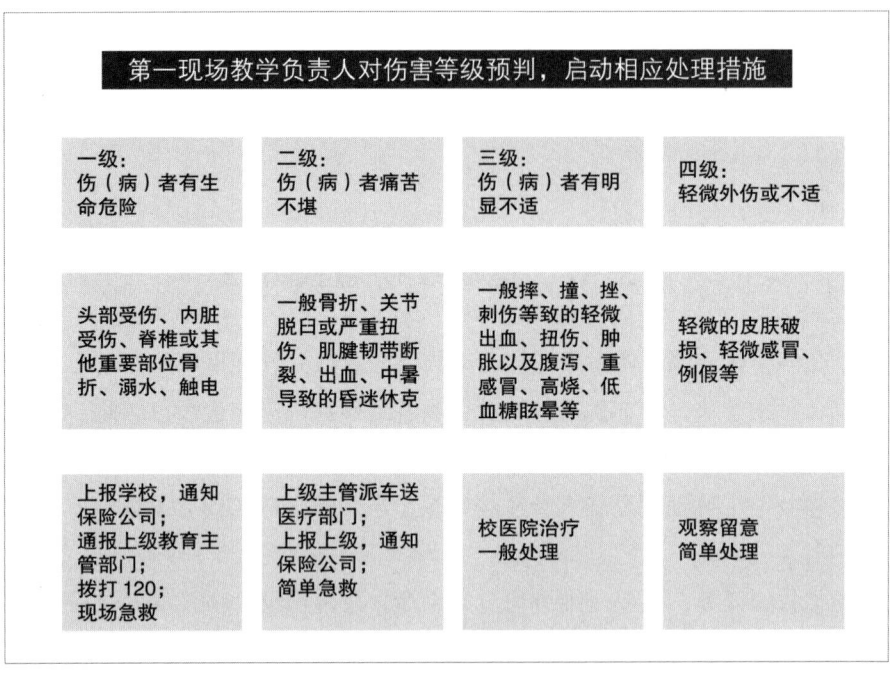

图 3-2　突发伤害事件应急处理流程
（来源：北京大学体育课教学安全知识手册，2006 年 6 月）

一、止血

不只是运动创伤，创伤一般多会有出血，特别是较大的动脉血管损伤，会引起大出血，如果抢救不及时或处理不当，就可能使伤员出血过多危及生命。

因为血液是维持生命的重要物质。成人的血液约占自身体重的 8%，大约每公斤体重有 60—80 毫升血液，骨髓、淋巴是人体造血"工厂"。

失血的速度和数量，是危及伤员健康和生命的重要因素。若抢救不及时，伤员会有生命危险。一般失血达到总血量的 20% 以上，就会出现血压下降、休克等严重症状；失血超过总量的 40%—50% 就有生命危险。所以，遇有创伤出血尤其是大出血的伤员，首先要在现场争分夺秒，准确有效地止血，然后再进行其他有关的急救处理。现场止血方法常用的有五种，根据创伤情况，可以使用一种，也可以将几种止血方法同时应用，以达到快速、有效、安全止血的目的。

（一）外伤出血的种类

人体在受到外伤出血时，依身体血管的种类通常分成 3 种，可根据出血的情况和血液的颜色来判断。

1. 动脉出血

判断方法：呈喷射状，色鲜红。会在短时间内造成大量出血，容易引起生命危险,需经急救才能止血。

2. 静脉出血

判断方法: 血液徐缓均匀外流,呈紫色。如大静脉出血,往往受到呼吸影响而快慢交替,吸气时流出较缓、呼气时流出较快。静脉出血的危险性小于动脉出血。

3. 毛细血管出血

判断方法: 呈点状或片状渗出,色鲜红,可自愈,故危险性小。

另外,根据出血部位的不同,还有皮下出血、外出血和内出血之分。

皮下出血多见于跌、撞、挤、挫伤。造成皮下组织内出血,形成血肿瘀斑,可数日后自愈。

外出血多见外伤引起,血液从伤口流出,能够看见。

内出血是深部组织和内脏损伤,血液流入组织或体腔内,从外表看不见,只能根据伤员的全身或局部症状来判断。内出血对伤员的健康和生命威胁很大,必须密切注意。

(二)失血症状

1. 失血量

失血量和失血速度是威胁健康生命的关键因素。几分钟内急性失血1000毫升,生命即会受到威胁,而十几小时内慢性出血2000毫升,不一定造成死亡。失血总量超过20%,会出现休克等症状。因此,遇到出血时,应立即采取止血措施。当伤(病)员大出血时,应迅速控制,成年人丢失1升或1升以上的血(小孩要比这少得多)就可危及生命。以出血量多少而分为大、中、小出血(见图3-3)。

	出血量	占体内总重量百分比	主要症状
小	<500毫升	10%~15%	症状不明显
中	<1500毫升	15%~30%	头晕,眼花,心慌,面色苍白,呼吸困难,脉细,血压下降
大	>1500毫升	30%以上	严重呼吸困难,心力衰竭,休克,出冷汗,四肢发凉,血压下降

图3-3 出血量与主要症状

2. 脉搏

脉搏的改变是衡量失血程度的重要指标。小血管反射性痉挛,使肝、脾、皮肤血窦内的储血进入循环,增加回心血量,调整体内有效循环量,以保证心、肾、脑等重要器官的供血。一旦失血量过大,机体代偿功能不足以维持有效血容量时,就可能进入休克状态。所以,当大量出血时,脉搏快而弱(或脉细弱),脉搏每分钟增至100—120次以上,失血估计为800—1600毫升;脉搏细微,甚至摸不清时,失血已达1600毫升以上。

有些病人出血后,在平卧时脉搏、血压都可接近正常,但让病人坐或半卧位时,脉搏会马上增快,出现头晕、冷汗,失血量增大。如果经改变体位无上述变化,测中心静脉压又正常,则可以排除有过大出血。

(三)止血方法

1. 加压包扎法

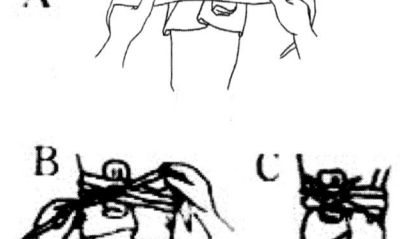

图3-4 加压包扎法

本方法是最常用、有效的止血方法,适用于全身各部的小动脉、静脉、毛细血管出血。此法是用敷料或其他洁净的毛巾、手绢、衣物、三角巾等作软垫,放在伤口上,再加压包扎,通过增强压力达到止血目的(见图3-4)。

2. 指压止血

用手指压在伤口出血之上的主要动脉部位,使得血管被压闭住,以阻断血流。此法适用于出血量大、有血管损伤的伤员。救护人员要熟悉各个部位血管出血的压点,施加力度要适中,压迫10—15分钟,时间不宜过久,是短时急救止血方法,要尽可能保持患处举高,减慢流血速度(见图3-5)。

(1)肱动脉压迫点——上臂出血

肱动脉位于上臂中段内侧,位臂较深,在肘窝位置浅表。前臂及手臂出血时,在肘窝处摸到肱动脉搏动后,用手指压迫止血。伤口在肘部,压迫上臂中段内侧肱动脉(见图3-6)。

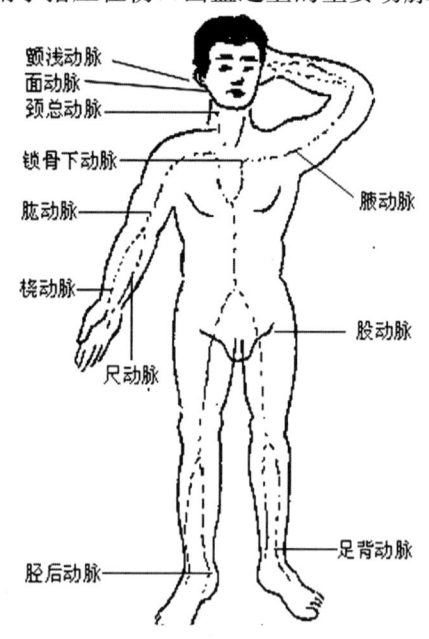

图3-5 人体主要动脉部位

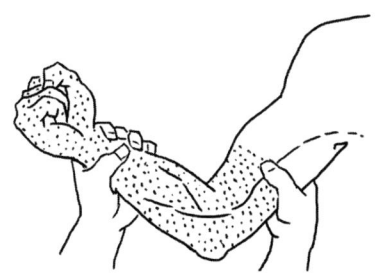

图 3-6 肱动脉压迫止血法

（2）桡、尺动脉压迫点——腕、手掌、手背出血

桡、尺动脉在腕部掌面两侧，腕及手出血时，要同时按桡、尺两条动脉方可止血（见图3-7）。

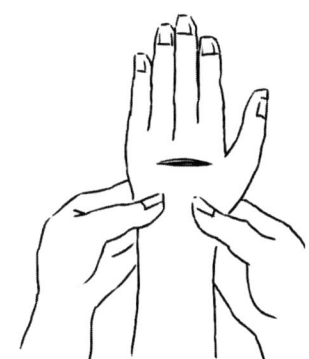

图 3-7 桡、尺动脉压迫止血法

（3）手指动脉压迫点——手指出血

指端出血时，用拇指和食指压迫手指两侧的血管达到止血。

（4）股动脉压迫点——下肢（大腿）出血

股动脉位于腹股沟带中点内侧，搏动性强，大腿出血时找到股动脉，屈起其大腿，使肌肉放松，用大拇指按住股动脉之压点，用力向后压。为增强压力，另一手拇指可重压于上（见图3-8）。

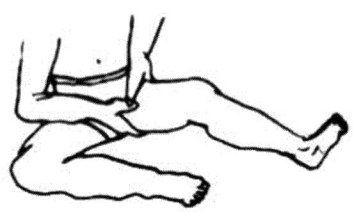

图 3-8 股动脉止血

（5）胫后动脉，足背动脉压迫点——足部出血

在内踝后内侧（踝关节下侧）、足背（第一、二趾间）跳动的地方用手指紧紧压按即可（见图3-9）。

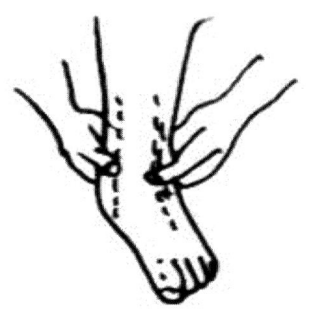

图3-9　足背动脉压迫点

3. 止血带止血

（1）橡皮止血带

在垫好衬垫后，左手拇指、食指、中指拿止血带一头，右手拉紧止血带缠绕肢体两圈，然后将末端交左手食指，中指之间扯回压紧。止血带的松紧要适当，以使出血停止适度。止血带过紧会使皮肤、神经、血管受到损伤，过松则达不到止血的目的。上止血带后要做明显的标记，在转运交接时见到伤员，就知道它在何处用了止血带，标记上要写明用止血带的时间，每隔1小时放松5分钟，以免忘记定时放松造成肢体缺血过久而坏死（见图3-10）。

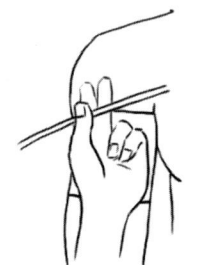  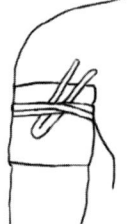

图3-10　橡皮止血带

（2）布料止血带

仅限于没有橡皮止血带紧急情况时，临时使用手边现成的材料，如三角巾、绷带、毛巾、布条等折成带状来止血。在缠绕部位垫好衬垫，将条带缠绕在伤口的上面，用力勒紧打结，在结内穿一短棒（小木条、笔等）旋转此棒使带绞紧，至不流血为止，将棒固定在肢体上，最后记录止血带安放时间（见图3-11）。

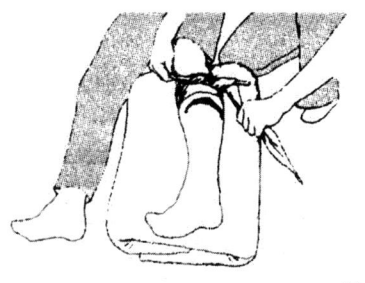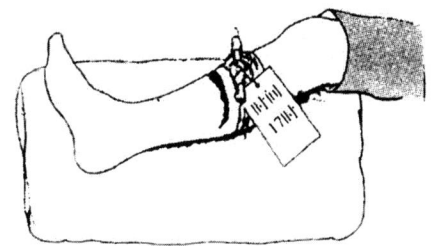

图 3-11 布料止血带

使用止血带注意事项：
- 对受严重挤压的肢体，禁止使用止血带。
- 伤口远端肢体严重缺血时，不能用止血带。
- 用止血带后，远端肢体如发生青紫、苍白或继续出血，应立即压迫住伤口，松开止血带，经过 5 分钟后，重新将止血带结好，并标记时间。
- 每 40—50 分钟放松一次止血带，如果出血停止，就不必再结扎，如仍然出血，可压迫伤口，过 5 分钟再结扎好。
- 如肢体伤重已不能保存，应在伤口近心端紧靠伤口处结止血带，不必放松，直到手术截肢。
- 严禁用电线、铁丝、绳索代替止血带。

4. 填塞止血

用无菌的棉垫、纱布等，紧紧填塞在伤口内，再用绷带或三角巾等进行加压包扎，松紧以达到止血目的为宜。本法用于中等动脉出血，大、中静脉损伤出血，或伤口较深、出血严重时，不能采用指压止血法或止血带止血法的出血部位。

5. 冷敷法

冷敷可使血管收缩，减少局部充血，降低组织温度，抑制神经感觉，因而有止血、镇痛、防肿的作用，常用于闭合性软组织损伤早期。冷敷一般用冰袋或冷水毛巾敷于患处，常与加压包扎技术配合使用，对皮下组织出血治疗效果较好。

二、包扎法

包扎伤口是各种外伤中最常用、最重要、最基本的急救技术之一。包扎得当有压迫止血、保护伤口、防止感染、固定骨折和减少疼痛等效果。包括绷带包扎法和三角巾包扎法等。

运用包扎法的注意事项：动作要柔和，包扎的松紧要适中。包扎结束时，绷带末端要用胶布黏合固定或将绷带末端留下一段敷结固定，但敷结不要在伤口处。

（一）绷带包扎法

1. 环形包扎法

此法常用于身体粗细相等的部位，如：腕部、足踝、腰部、颈部、额部等。将绷带端头折成斜面放置，第二圈压住斜面，第三圈压住下折的斜角以便固定，如此反复环绕，然后将绷带纵向剪开，两个端头反绕打结或用胶布固定，这种方法也用于各种绷带包扎法的始端（见图 3-12）。

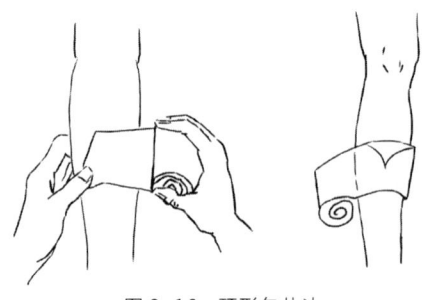

图 3-12　环形包扎法

2. 螺旋包扎法

此法适用于包扎前臂、上臂、大腿下段和手指等肢体粗细差不多的部位。包扎时以环形包扎法开始，然后将卷带向上斜行缠绕，后一圈盖住前一圈的 1/2 到 2/3，将伤处完全包住（见图 3-13）。

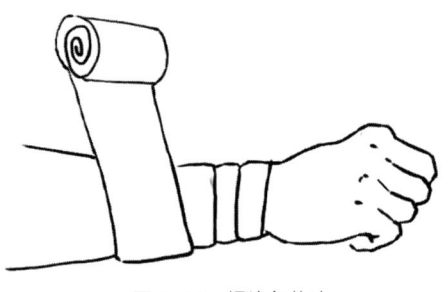

图 3-13　螺旋包扎法

3. 反折螺旋包扎法

此法适用于包扎前臂、大腿和小腿等肢体粗细相差较大的部位。包扎时以环形包扎法开始，然后用一拇指压住卷带上缘，将其上缘反折（注意要避开伤处）并压住前一圈的 1/2 到 2/3，每圈的折线应互相平行（见图 3-14）。

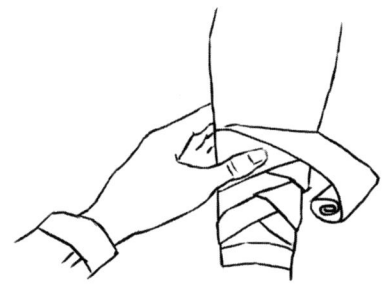

图 3-14　反折螺旋包扎法

4."8"字绷带包扎

此法适用于包扎关节部位，有两种方法。第一种从关节中心开始，先做环形包扎，然后将卷带斜行缠绕一圈绕关节的上方，一圈绕关节的下方，两圈在关节的凹面交叉，反复进行并逐渐远离关节。包扎时每圈压住前一圈的 1/2 到 2/3，最后在关节的上方或下方以环形包扎结束。第二种方法从关节下方开始，先做环形包扎，然后将卷带自下而上、自上而下来回"8"字形缠绕并逐渐靠拢关节，最后以环形包扎结束（见图 3-15）。

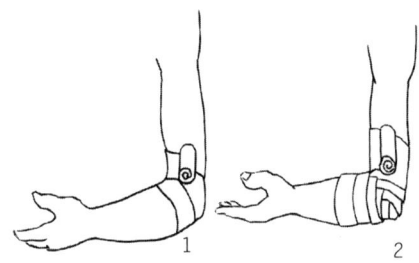

图 3-15　"8"字绷带包扎

（二）三角巾包扎法

三角巾分底边、斜边、顶角与底角。可用一块方布对角剪开，即成两块三角巾。三角巾应用灵活，包扎面积大，各部位都可使用。三角巾包扎的基本要领是：角要拉得紧，结要打得牢，包扎要贴实，松紧要适宜。

1. 头部三角巾包扎法

将三角巾的底边折叠均2指宽，放于额齐眉处，顶角向后盖头上，三角巾的两底角经两耳上方拉向头后部交叉并压顶角再绕回前额相遇时打结，顶角拉紧掖入后头部的交叉处内，或翻到上面用别针别上（见图3-16）。

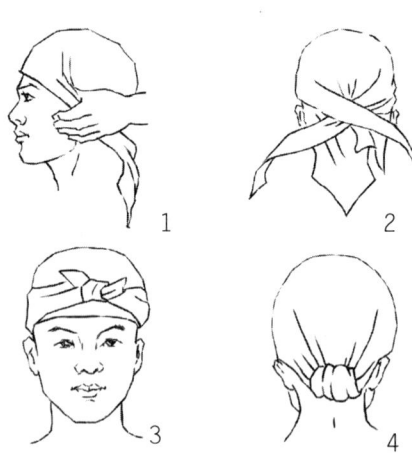

图3-16 头部三角巾包扎法

2. 背部包扎

把三角巾放在胸前，夹角约100°对准胸骨上凹，两燕尾角过肩于背后，再将燕尾底边角系带，围绕在背后相遇时打结。然后将一燕尾角系带，并拉紧绕横带后上提，与另一燕尾角结（见图3-17）。

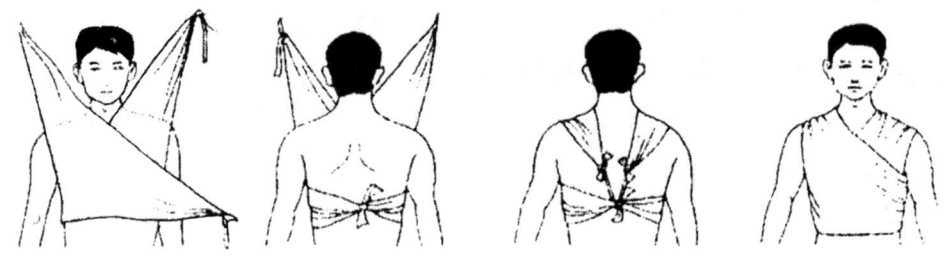

图3-17 背部包扎

3. 手部包扎法

将三角巾平铺，手指指向顶角，将手放在三角巾的中央，底边横放于腕。先将三角巾顶角向上反折，再将三角巾两底角向手交叉围绕一圈，在腕部打结（见图3-18）。

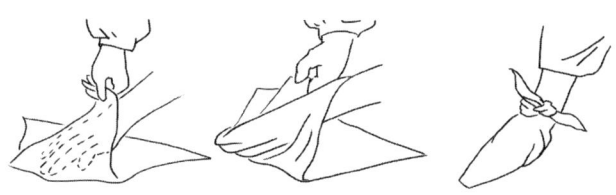

图 3-18　手部包扎法

（图片来源：季建成，《安全教育与正当防卫》，浙江大学出版社，2006 年）

4. 臀部包扎

将三角巾的夹角约 60°朝上，盖伤侧臀部的后片要大于并压着向前的小片，两角分别过腹部到对侧打结，两边角包绕伤侧大腿根打结（见图 3-19）。

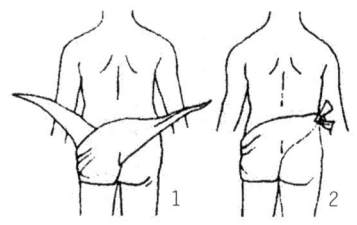

图 3-19　侧臀部包扎

5. 上肢包扎

把三角巾一底打结后套在伤手上，另一底角过伤肩背后拉到对侧肩的后上方，顶角朝上，由外向里依次包绕伤肢，然后再将前臂屈至胸前，两底角相遇打结（见图 3-20）。

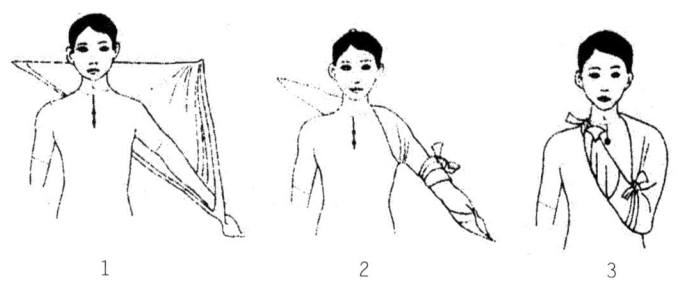

图 3-20　上肢包扎

6. 膝、肘部带式包扎

根据伤情将三角巾折叠成适当宽度的带状，将中段斜放于伤部，两端分别压住上下两边，包绕肢体一同打结（见图 3-21）。

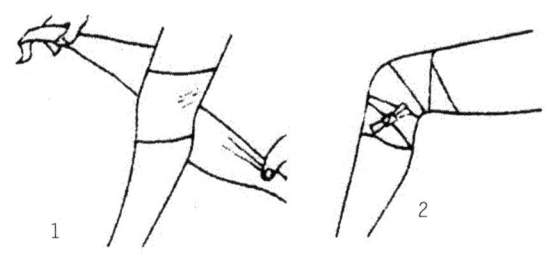

图 3-21 膝肘部包扎

第四节 骨折的急救

人体骨骼由颅骨、脊柱、骨盆、四肢骨构成，共有 206 块。骨骼构成人体的支架，具有保护、支持和运动功能。

骨骼是坚硬的，在通常情况下一般外力不足以引起骨折，但当外力过猛，肌肉拉力受损时易导致骨折。如投掷物体不当易导致肱骨骨折，突然跪倒易发生髌骨骨折等。

一、骨折的种类

按外伤的情况，通常分为闭合性骨折和开放性骨折两类（见图 3-22）。

 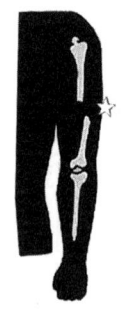

开放性骨折　　闭合性骨折

图 3-22 骨折种类

（一）闭合性骨折

骨折处的皮肤没有损伤，折断的骨头在皮肤组织内不与外界相通，也就是说骨折并不露在外边，通常看不到折断的骨头，局部常可观察到形状改变。

（二）开放性骨折

又称复杂性骨折。骨折局部皮肤破裂损伤，折断的骨头与外界空气接触，也就是说骨折露在外边，能见到折断的骨头。

二、骨折急救要点

（一）处理伤口。对伤口出血或大面积软组织撕裂伤，应立即用急救包、绷带等予以压迫包扎，绝大多数可达到止血的目的。有条件者，在包扎前先用过氧化氢或凉开水清洗伤口，再用酒精消毒，做初期清创处理。

对伤口处外露的骨折断端、肌肉等组织，切忌未经处理把它们送回伤口内，因为伤口已被外界污染，送回时会将细菌和异物带进伤口深部而引起化脓性感染。如有条件，可先用消毒液冲洗伤口，再用无菌敷料或干净布暂时包扎，送到医院后再做进一步处理。

骨折部位随着时间的推移会越来越肿，即使起初包扎得很好，也会产生不适，所以每隔30分钟要重新包扎一次。

（二）固定断骨。及时正确地固定断骨，可减少伤者的疼痛及周围组织的继发损伤，同时也便于伤者的搬运和转送。固定断骨的工具可就地取材，如棍、树枝、木板、拐杖、硬纸板等都可作为固定器材，但其长短要以固定住骨折处上下两个关节或以不使断骨处错动为准。如一时找不到固定的硬物，也可用布带直接将伤肢绑在身上。

（三）适当止痛。骨折会使人疼痛难忍，特别是有多处骨折时，容易导致伤者发生疼痛休克，因此，可以给伤者口服止痛片等，作止痛处理。

（四）安全转运。经过现场紧急处理后，应将伤者迅速、安全地转运到医院进一步救治。转运伤者过程中，要注意动作轻稳，防止震动和碰撞伤处，减少伤者的疼痛。同时还要注意伤者的保暖和运送过程适当的体位，昏迷伤者要保持呼吸道畅通。

在搬运伤者时，不可采取一人抱头、一人抱脚的抬法，也不应让伤者屈身侧卧，以防骨折处错移、摩擦而引起疼痛，损伤周围的血管、神经及重要器官。抬运伤者时，要多人同时缓缓用力平托。运送时，必须用木板或硬材料，不能用布担架或绳床。木板上可垫棉被，但不能用枕头，颈椎骨骨折伤者的头须放正，两旁用沙袋将头固定住，不能让头随意晃动（见图3-23、3-24）。

图3-23 股骨干骨折错误搬运　　图3-24 上下肢或脊柱骨折错误搬运

三、骨折固定法

（一）锁骨骨折

锁骨骨折多由摔伤或车祸引起。如跌倒时手或肘部着地，外力自前臂或肘部沿上肢向近心端冲击；肩部着地多由于撞击锁骨外端造成骨折；间接暴力造成的骨折多为斜形或横行，其部位多见于中外1/3处锁骨变形，有血肿，肩部活动时疼痛加重（见图3-25）。锁骨骨折现场可不做"8"字固定，若不了解骨折类型，尽量减少对骨折的刺激，以免损伤锁骨下血管，只用三角巾悬吊上肢即可。若无三角巾可用围巾代替。

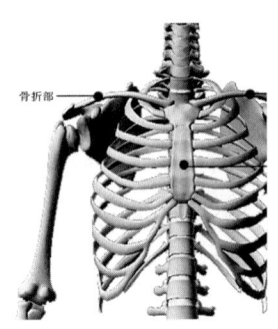

图3-25 锁骨骨折

（二）肱骨骨折

肱骨骨折由摔伤、撞伤和击伤所致。主要症状为上臂肿胀、淤血、疼痛。有移位时易出现畸形，上肢活动受限。桡神经紧贴肱骨干，固定时，骨折处要加厚垫保护以防桡神经损伤（见图3-26）。

图3-26 肱骨骨折固定法

急救方法：用2块长短、宽窄适宜的垫夹板，分别放在伤臂的内外侧，屈肘90°，用3-4条宽带将骨折处上下部缚好，再用小悬臂带把前臂挂在胸前，最后用宽带或三角巾将伤臂固定于体侧。

（三）前臂骨折

固定方法：用2块有垫夹板或硬纸板作为两块木板，一块放前臂上，另一块放背面，但其长度要超过肘关节，然后用布带或三角巾捆绑托起（见图3-27）。

图3-27　前臂骨折固定法

（四）手腕部骨折

固定方法：用一块有垫夹板放在前臂和手的掌侧，手握面团或绷带卷，再用绷带缠绕固定。然后用三角巾把患臂挂于胸前（见图3-28）。

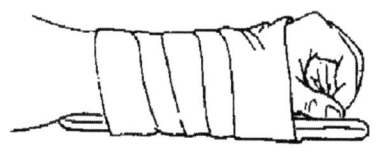

图3-28　手腕部骨折固定法

（五）股骨干骨折

股骨干粗大，骨折常由巨大暴力所致，损伤大，出血多，易出现休克。骨折后大腿肿胀、疼痛、变形或缩短。

固定方法：两块夹板，一块长夹板从伤侧腋窝下到足跟，一块短夹板从大腿根内侧到足跟。在膝关节、踝关节骨突部放棉花护垫，空隙处用柔软物填实。然后将健侧下肢与伤侧下肢并拢。先固定骨折上下两端，然后固定膝、踝和腰部（见图3-29）。

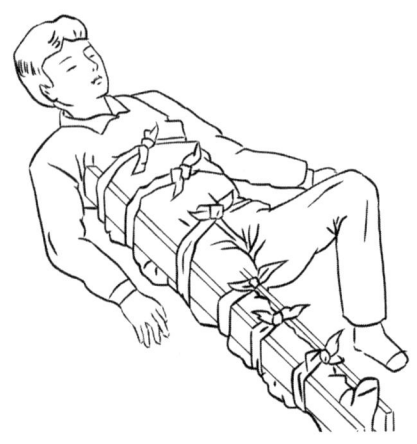

图 3-29 股骨干骨折固定法

> **注意事项**
> 1. 固定应包括上下两关节，以达到制动的目的。
> 2. 有骨突起部分应用棉花、软布垫起，不要使木板与骨突出部直接接触，防止压迫成伤。
> 3. 闭合性骨折有畸形时，应将其拉直，同时固定。
> 4. 开放性骨折时只用净水冲洗伤口，不要把外露骨头复位，止血包扎固定即可。
> 5. 固定肢体的指（趾）头应暴露在外，以便观察血循环情况。固定后如伤者肢体出现剧痛、麻木、发白、发紫时应迅速松绳索，再进行适度固定。

（六）胸腰椎骨折

胸腰椎骨折和脱位是常见伤害之一，常常是骨和脊髓伤情比较严重而复杂，脊柱骨折由各种暴力使胸椎、腰椎、尾椎骨折或错位，以及脊髓损伤，可致残废，危及生命，需要及时、正确地急救。

固定方法：木板固定，并作为搬运工具。木板长、宽与伤员身高、肩宽相仿。不要让伤员坐起或站起，以免引起或加重损伤，不论伤员是仰卧或俯卧，尽可能按照原来的位置。由数人协力轻轻搬至木板上，取仰卧位，并用数条宽带把伤员敷扎在木板上，若腰部悬空，应在腰下垫一小枕头或卷起的衣服（见图 3-30）。

图 3-30　胸腰部脊椎固定

第五节　搬运

搬运转送工作做得正确及时，不但能使伤病员迅速地得到较全面的检查、治疗，同时还能减少在这个过程中病情的加重变化。搬运转送不当，轻者延误了对病人及时的检查治疗，重者在这个过程中造成伤情、病情恶化，甚至死亡，使现场抢救工作前功尽弃。因此，不应低估搬运转送的意义（见图 3-31）。

搬运注意事项

1. 必须先急救，妥善处理后才能搬动。
2. 运送时尽可能不摇动伤（病）者身体。若遇脊椎受伤者，应将其身体固定在担架上，用硬板担架搬送。切忌一人抱胸，一人搬腿的双人搬抬法，因为这样搬动易加重脊髓损伤。
3. 运送患者时，随时观察伤者呼吸、体温、出血、面色变化等情况，注意患者姿势，给患者保暖。
4. 在人员、器材未准备完好时，切忌随意搬动。
5. 搬运转送伤病员之时，要根据伤病人的具体情况，选择合适的搬运方法与搬运工具。

在搀扶病人时，动作要轻、快、齐。如对腰部、骨盆处骨折的伤员就要选择平整的硬担架，在抬送中，尽量减少震动，以免增加伤员痛苦。

由 2—4 人合成一组，将病人移上担架。病人头部向后，足部向前，这样后面抬架的人,可以随时观察病人的变化。抬担架时,行动要一致,平稳前进。向高处抬时,(如过台阶、过桥)前面人的要放低,后面的人要抬高,确保病人保持在水平状态。下台阶时,正好相反。

图 3-31 搬运方法

三人或四人搬运,适用于骨折伤员的搬运,尤其是脊柱骨折的伤者。

搬运法:两个救护者位于伤者一侧,单膝跪在其腰部、膝部,第三名救护者位于伤者另一侧,单膝跪在臂部,两臂伸向伤员臂下,握住对方救护员的手腕,三名救护员分别抱住肩部、背部、臂部、膝部,同时站立抬起伤者。

第六节 心脏复苏法

猝死、溺水、触电、窒息、中毒、失血过多时,常会造成心脏停搏。心跳、呼吸骤停的急救,简称"心肺复苏",主要有人工呼吸法和胸外挤压法。

一、人工呼吸法

(一)要领

1. 保持呼吸道打开的状态。
2. 用拇指、食指捏紧病人鼻孔,吸足一口气后,用嘴严密地包住病人的嘴,以中等力量将气吹入病人口内,不要漏气。当看到病人的胸廓扩张时停止吹气,离开病人的口唇,松开手指,施救者再侧转头吸入新鲜空气。反复进行 2 次,成人每次 2 秒钟,儿童为 1—1.5 秒钟(见图 3-32)。

图 3-32 人工呼吸法

3. 吹气两次后，施救者将食指和中指放到病人的喉结处，再向外滑至同侧气管与颈部肌肉所形成的沟中，按压观察 10 秒钟，感觉颈动脉是否有搏动。如果没有搏动，应开始配合实施胸外按压。

（二）注意事项

1. 松衣扣，解裤带，便于当事者呼吸。
2. 清理呼吸道，将口腔内食物以及可能脱出的假牙去除，若口腔内有异物，可用口吸出。
3. 派人拨打急救电话 120。

二、胸外按压法

（一）要领

1. 施救者以靠近病人的定位手（又叫下肢手）的中指处，沿病人的肋缘自下而上移动至肋缘交会处，伸出食指与中指并排，另一手掌根部置于此两指旁。

2. 再将定位手叠放于这只手的手背上，手指相扣，贴腕跷指，手指跷起不要压到胸肋，以髋关节（大胯）用力，肘关节伸直向下压（垂直用力），手掌下压深度为 3.5—4.5 厘米，每分钟约做 100 次。

3. 连续对病人实施心肺复苏法，尽量不要停止，直到病人恢复呼吸、脉搏，或有专业急救人员到达现场。

（二）注意事项

1. 首先检查患者呼吸道是否阻塞。口腔内如有异物应及时清除（包括假牙），为人工呼吸或气管插管打下基础。因为维持循环与呼吸功能同等重要，两者缺一不可，最好同时进行。

2. 准确、及时判断心跳是否停止，果断有效地进行胸外心脏按压，是保障抢救成功的关键。在胸外按压的同时建立良好的静脉通路，以保障复苏药物及时有效地发挥作用。

3. 操作者操作手法准确、熟练，动作到位。抢救床过高时，将患者放低；抢救床过软可于患者背部垫硬木板，若在现场则可于地上抢救。按压的正确部位应是胸骨下 1/3 处，或将食指、中两指横放在剑突上方，手指上方的胸骨正中部位为按压区。婴幼儿应按压胸骨中部，即两乳头连线与胸骨分界处下移患者的一横指，用力不可过大，深度为 1.5—2.5 厘米，100 次 / 分。或者将手掌根部放在按压区而不是整个手掌，手掌要与病人胸骨长轴方向平行，另一手掌重叠放在前一手背上，并保持平行，手指上翘，速率约 80—100 次 / 分。按压应平稳、均匀、有规律，按压时手掌不得离开胸壁，并配合人工呼吸，以 15：2 的比例进行，按压和放松时间大致相等。

4. 掌握有效按压指征，为复苏打下良好的基础。

（三）挤压有效表现

摸到颈动脉或股动脉搏动，口唇、指甲床的颜色比挤压前红润，有的病人呼吸逐渐恢复，原来已散大的瞳孔也随之缩小而趋于正常。若出现以上表现，说明挤压有效，应坚持做到病人出现自动心跳为止。如果没有出现上述表现，则说明挤压无效，应改进操作方法和寻找其他原因，但不可轻易放弃现场抢救。

第4章
暴力犯罪

第一节 暴力犯罪的基本问题

一、暴力犯罪的概念

作为犯罪学中的概念，暴力犯罪是指以暴力手段来实现犯罪目的的犯罪行为。如凶杀、抢劫、伤害、强奸等以暴力行为为特征的犯罪。由于暴力犯罪是通过对人身实施侵害的方法来达到犯罪目的的，因此对社会的危害和犯罪后果往往比较严重。[1] 其基本特征是具有明显的暴力性质，目前在各国法典和法律体系中，都没有系统集中地把暴力犯罪规定为一类犯罪。我国《刑法》第20条第3款就正当防卫问题规定："对正在进行行凶、杀人、抢劫、强奸、绑架以及其他严重危及人身安全的暴力犯罪，采取防卫行为，造成不法侵害人伤亡的，不属于防卫过当，不负刑事责任。"

从犯罪学角度看，我们认为，暴力犯罪是指非法以强制力量或以强制力量相威胁侵害犯罪对象并危害社会的行为。从外延上，它不仅包含刑法规定的暴力犯罪，而且包括以暴力或者暴力手段相威胁而实施的违法行为，如违反《中华人民共和国治安管理法》的行为，也包括精神病人、幼童等不具备刑事责任能力或达不到刑事责任年龄人实施的暴力行为。

二、暴力犯罪的基本特征

全球经济低迷带来的影响和冲击，在一定程度上加剧了经济、社会发展的不协调，诱发滋生违法犯罪的消极因素有所增多，给社会治安与稳定带来新的压力；同

---

[1] https://baike.baidu.com/item/%E6%9A%B4%E5%8A%9B%E7%8A%AF%E7%BD%AA/5416887?fr=aladdin

时，面临失业人数大幅增长和市场就业需求萎缩的双重困境，部分人失业后容易从事盗窃或冲动型抢劫等暴力犯罪活动。据美国社会学家伯雷纳（M. Brenner）的研究，每增加1%的失业率，就会同时增加4%的杀人发案率，6%的抢劫发案率和近乎9%的药物犯罪被捕率。[1]

近几年来，暴力犯罪呈现出增长迅速、危害加大的趋势。其基本特征如下：

1. 犯罪人具有凶残性、狡诈性和计划性。[2]暴力犯罪分子反社会性强，作案手段残忍，刀砍、枪击、绳勒、毒杀、火烧等无所不为，丧失人性。作案手段及方式日趋智能化、科技化。

2. 暴力性。作案人非法使用武力或以武力相威胁。这是暴力犯罪最本质的特性，是与其他类型犯罪的根本区别。表现形式主要包括使用各种强制手段或工具，如伤害、捆绑、扭打、威胁、胁迫、使用刀械或枪支等，控制被害人的身体或精神，从而造成被害人人身、财产损害。

3. 危险性和损害性大，社会危害严重。暴力犯罪由于其手段的暴力性，往往造成比较大的损失。典型如美国"9·11"事件，造成近3000人死亡，直接经济损失近2000亿美元。具体来说，暴力犯罪造成的损害结果主要表现在物质方面和非物质方面的损害，物质方面包括经济损失和人员伤亡，非物质方面包括引发其他犯罪和影响公共安全等。

4. 暴力犯罪严重影响公众的社会安全感和治安稳定性。美国学者孙丁（Sundeen）和马修（Mathieu）给"安全感"下过一个颇有意思的定义，他们认为，安全感是指"那些正在成为被害人的忧虑和关注的度"。老百姓的安全感下降，表明他们"正在成为被害的人"的概率在上升。抢劫、强奸、爆炸等严重暴力犯罪和盗窃等日常多发性犯罪的数量和危害程度对社会安全感的影响较大，数量多或者危害严重会大大降低公众的安全感，社会违法犯罪数量多的年度，大案要案多发的年度，社会安全感会大大降低。如果现实生活中，大多数人都曾有过被偷、被抢、被非礼、被偷窥、被监视的经历，在遭遇这些"侵犯"后，大多数人选择"自认倒霉"，即使报了案，往往也不了了之。当满大街的警察都在为严重暴力犯罪疲于奔命时，又哪有空闲去打击"小偷小摸"？

5. 流动人口逐渐成为暴力犯罪的主体。当前，外来流动人口已成为各类犯罪的高发人群，也成为暴力犯罪主体的重要来源，在交通便利，人员流动极大，外来人口众多的地区更为严重。

---

[1] [美]伯雷纳（M. Brenner）.国家经济政策之社会代价评价[M].美国政府印刷局，1976: 5.
[2] 李春雷等.犯罪预防理论与实务[M]，北京：北京大学出版社，2006:168.

随着各国社会开放程度的提高，国际交往关系的日益密切，各国犯罪趋同现象突出表现在以下两个方面：

第一方面体现在犯罪率上。尽管各国国情、犯罪控制策略和方式各不相同，但在经济全球化背景下，各国犯罪率不断上升是一个不争的事实，犯罪总量并未因社会生产力发展呈现下降趋势。从逐年的犯罪上升情况，我们可以看出，社会生产力发展使社会个体平均能量增大。犯罪总量增加的一个重要原因，是在市场机制的作用下，在维持社会有序化发展的各种文化、道德和规则没有达到理想程度之前，社会个体的能量得到激发，导致社会内部的摩擦和碰撞增加，社会犯罪总量增加。

第二方面体现在犯罪性质上。在犯罪类型上，由于国际间社会交流频率加快，除传统犯罪样式外，恐怖主义、电脑犯罪、劫持航空器犯罪、国际贩毒、跨国性有组织犯罪、黑社会犯罪等层出不穷，屡禁不绝；在犯罪手段上，罪犯的狡猾性、隐蔽性和智能化程度提高；在犯罪动机上，为解决温饱而实施犯罪的比例小于为牟取经济利益的犯罪；在犯罪主体上，青少年犯罪和发生在学校内的犯罪案件比较突出。

第二节 认识暴力犯罪与罪犯

在人的所有权利当中，"生存权"是第一位的，"生命无价，安全比天大"，没有安全一切都无从谈起。每天经受着恐怖袭击、暴力侵害、地震火灾、交通事故的"媒体轰炸"，"社会治安"在连续几年的调查中一直排在公众最关心问题的前3位。在本节学习前，可先做一项测试，作出自我评价，以便有重点地进行学习。

特殊推荐：暴力犯罪危险自测表

这份量表包括了常发生的九大类暴力犯罪，每一类暴力犯罪又包括"常发性"的具体情况。在每一具体情况都有三个空格，分别代表这一情况在你身上发生的概率，读者根据自己的情况选择一个答案。如果你选择"是"，你遭遇这种暴力犯罪情况的概率很大，选择"是"的具体情况越多，你成为暴力犯罪被害人的危险就越大。若你选择"否"，你就不太可能遭遇这类暴力犯罪；如果你选择"偶尔"，你遭遇暴力犯罪的概率较低，但亦有可能，你也应该着手排除这些危险因素。

自我测试： 第一类 抢 劫

☐是 ☐否 ☐偶尔 1. 我或我家很有钱。
☐是 ☐否 ☐偶尔 2. 别人都知道我或我家很有钱。
☐是 ☐否 ☐偶尔 3. 我经常穿名牌、开名车、戴贵首饰。
☐是 ☐否 ☐偶尔 4. 什么人到我家，我都开门。
☐是 ☐否 ☐偶尔 5. 我家周围环境有"暗角"，坏人可隐藏并趁我开门时冲进来。
☐是 ☐否 ☐偶尔 6. 我的工作经手大量现金、珠宝或值钱物品。
☐是 ☐否 ☐偶尔 7. 我经常在黑天在偏僻的零售店工作。
☐是 ☐否 ☐偶尔 8. 我经常去银行存/取大量现金。
☐是 ☐否 ☐偶尔 9. 我经常带大量现金出门，去或路过不安全的地方。
☐是 ☐否 ☐偶尔 10. 我经常在易发生抢劫的地区乘坐长途公共汽车。
☐是 ☐否 ☐偶尔 11. 我经常晚上自己出门，去酒吧和朋友玩。
☐是 ☐否 ☐偶尔 12. 我经常和恋人去黑暗无人处谈情说爱。
☐是 ☐否 ☐偶尔 13. 我常带大量现金去陌生地区旅游。

自我测试： 第二类 强 暴（适用于女士）

☐是 ☐否 ☐偶尔 1. 我独自居住在不安全的地方。
☐是 ☐否 ☐偶尔 2. 我的住处很易被闯入且没有安全措施。
☐是 ☐否 ☐偶尔 3. 我住的楼道里很黑，坏人很容易藏身。
☐是 ☐否 ☐偶尔 4. 我经常晚上单独上下班或上下学，走路或骑车回家。
☐是 ☐否 ☐偶尔 5. 我经常晚上单独工作。
☐是 ☐否 ☐偶尔 6. 我经常晚上在无人处跑步、走路、骑车。
☐是 ☐否 ☐偶尔 7. 我经常上门推销或上门服务。
☐是 ☐否 ☐偶尔 8. 我经常去参加陌生人聚会并常喝醉。
☐是 ☐否 ☐偶尔 9. 我经常穿着性感、挑逗的服装。
☐是 ☐否 ☐偶尔 10. 我经常自己去陌生私营企业求职。
☐是 ☐否 ☐偶尔 11. 我的工作常常要喝酒并接待男士。
☐是 ☐否 ☐偶尔 12. 我特别轻信别人并从不设防。
☐是 ☐否 ☐偶尔 13. 我常将自己置于危险境地（如下班晚）。
☐是 ☐否 ☐偶尔 14. 我的老板是色狼，而我又不能辞职。

自我测试： 第三类　凶　杀

☐是 ☐否 ☐偶尔 1. 我常常得罪人并招致报复。
☐是 ☐否 ☐偶尔 2. 我常常挡住别人的财路或仕途。
☐是 ☐否 ☐偶尔 3. 我的工作是打击杀人、抢劫、强奸、盗窃犯毒、帮派、黑社会、恐怖、走私等犯罪分子。
☐是 ☐否 ☐偶尔 4. 我给警方在毒品团伙和黑社会帮派卧底当眼线。
☐是 ☐否 ☐偶尔 5. 我常揭发犯罪分子。
☐是 ☐否 ☐偶尔 6. 我很霸道，常常逼得别人无路可走。
☐是 ☐否 ☐偶尔 7. 我或家人亲友参加毒品团伙、帮派或黑社会活动。
☐是 ☐否 ☐偶尔 8. 我与毒犯、黑社会、帮派有利益冲突。
☐是 ☐否 ☐偶尔 9. 我的生活与工作常路过帮派、黑社会、毒贩地盘。
☐是 ☐否 ☐偶尔 10. 我常欺负别人，令人敢怒不敢言。
☐是 ☐否 ☐偶尔 11. 我常常虐待、打骂、威胁配偶。
☐是 ☐否 ☐偶尔 12. 我常经手大量现金、珠宝或去银行存/提大款项。
☐是 ☐否 ☐偶尔 13. 我常常在晚上开出租车。
☐是 ☐否 ☐偶尔 14. 我常常晚上单独在零售店工作。
☐是 ☐否 ☐偶尔 15. 我的工作要早出晚归，并经过不安全地段。
☐是 ☐否 ☐偶尔 16. 我穿名牌，开名车，别人都知道我家有钱。
☐是 ☐否 ☐偶尔 17. 我常带大量现金去陌生或者不安全的地方旅行。
☐是 ☐否 ☐偶尔 18. 我常晚上单独在偏僻地方走路、骑车。
☐是 ☐否 ☐偶尔 19. 我家位于僻静地方，无路灯、摄像头，别人很容易进入。
☐是 ☐否 ☐偶尔 20. 我常让陌生人进我家。
☐是 ☐否 ☐偶尔 21. 我常常勾搭别人的配偶，令对方痛恨。
☐是 ☐否 ☐偶尔 22. 我常陷入"三角恋爱"。
☐是 ☐否 ☐偶尔 23. 陌生人上门推销货我常让他们进入房间（女士）。
☐是 ☐否 ☐偶尔 24. 晚间我常搭乘出租车又不向家人报告车号（女士）。
☐是 ☐否 ☐偶尔 25. 我常很快和陌生人发生感情而随他们走（女士）。

自我测试： 第四类　攻击伤人

☐是 ☐否 ☐偶尔　1. 我常树敌，得罪人并招致报复。
☐是 ☐否 ☐偶尔　2. 我常常利用权势或体态优势欺负别人。
☐是 ☐否 ☐偶尔　3. 我爱与人争吵、打架并从不退缩。
☐是 ☐否 ☐偶尔　4. 我常常止住别人的财路或仕途。
☐是 ☐否 ☐偶尔　5. 我常与帮派、黑社会、毒贩等有关系或有过节。
☐是 ☐否 ☐偶尔　6. 我被别人视为一种威胁。
☐是 ☐否 ☐偶尔　7. 我常常虐待、打骂、欺负我配偶或家人。
☐是 ☐否 ☐偶尔　8. 我常与人发生恶性竞争。
☐是 ☐否 ☐偶尔　9. 我常常要对付神经质的顾客、病人或醉酒者。
☐是 ☐否 ☐偶尔　10. 我晚上开出租车或在偏僻零售店工作。
☐是 ☐否 ☐偶尔　11. 我的同事、朋友、家人常有暴力倾向。
☐是 ☐否 ☐偶尔　12. 我与别人交往总占便宜，从不肯吃一点儿亏。
☐是 ☐否 ☐偶尔　13. 我常常带大量现金出门。
☐是 ☐否 ☐偶尔　14. 我经常去酒吧喝酒，并经常与人发生口角。
☐是 ☐否 ☐偶尔　15. 我走路从不留意个人安全。
☐是 ☐否 ☐偶尔　16. 我穿着性感挑逗，常被人跟踪。
☐是 ☐否 ☐偶尔　17. 我做保安工作，常与人发生肢体冲突。

自我测试： 第五类　入室行窃及相关犯罪

☐是 ☐否 ☐偶尔　1. 我住在帮派、黑社会活跃的地盘。
☐是 ☐否 ☐偶尔　2. 我住在毒品交易活跃地盘。
☐是 ☐否 ☐偶尔　3. 我住在流动人口多又很乱的地方。
☐是 ☐否 ☐偶尔　4. 我家很容易被人破门破窗而入。
☐是 ☐否 ☐偶尔　5. 我家没有任何警报设备。
☐是 ☐否 ☐偶尔　6. 我住处僻静，出了事别人很难发现。
☐是 ☐否 ☐偶尔　7. 我家白天或晚上常常无人，且容易被别人察觉。
☐是 ☐否 ☐偶尔　8. 我很少拉窗帘关窗。
☐是 ☐否 ☐偶尔　9. 我家离公路特别近，歹徒很容易跑掉。

> 自我测试： 第六类　恐怖袭击

☐是 ☐否 ☐偶尔　1. 经常去有战争或恐怖活动的国家出差、工作、旅游。
☐是 ☐否 ☐偶尔　2. 我在远洋轮上工作，经常路过海盗活跃地区。
☐是 ☐否 ☐偶尔　3. 我在显眼且易被恐怖分子选中的建筑物里工作。
☐是 ☐否 ☐偶尔　4. 我经常在安检不严的地方乘飞机。
☐是 ☐否 ☐偶尔　5. 我或我家特有钱，值得恐怖分子绑架。
☐是 ☐否 ☐偶尔　6. 我或我家特有名气，值得恐怖分子冒险。
☐是 ☐否 ☐偶尔　7. 我经常开名车，穿名牌，出入豪华场所。

> 自我测试： 第七类　工作场合犯罪

☐是 ☐否 ☐偶尔　1. 我的工作经常得罪人并招致报复。
☐是 ☐否 ☐偶尔　2. 我的工作或地位常挡了别人的财路或仕途。
☐是 ☐否 ☐偶尔　3. 我在银行或珠宝店工作，天天经手大量现金或珠宝。
☐是 ☐否 ☐偶尔　4. 常经我手出入或提取大量现金，押运现钞。
☐是 ☐否 ☐偶尔　5. 我的工作常要早出晚归。
☐是 ☐否 ☐偶尔　6. 我是记者，常公开报道揭发个人或公司的违法行为。
☐是 ☐否 ☐偶尔　7. 我的工作需要我个人常去与陌生人打交道。
☐是 ☐否 ☐偶尔　8. 我常上门推销或送货上门。
☐是 ☐否 ☐偶尔　9. 我的工作常要应付一些神经质的顾客或病人。
☐是 ☐否 ☐偶尔　10. 我常在晚上开出租车。
☐是 ☐否 ☐偶尔　11. 我常在晚上在零售店单独上班。
☐是 ☐否 ☐偶尔　12. 我的工作与罪犯打交道，要应付杀人犯、抢劫犯、毒犯等。
☐是 ☐否 ☐偶尔　13. 我的工作常应付陌生人并处于交通欠发达地带。
☐是 ☐否 ☐偶尔　14. 我的工作性质、工作地点都不安全，并且无安全措施。
☐是 ☐否 ☐偶尔　15. 我的同事有暴力倾向及犯罪动机。

自我测试： 第八类 帮派或黑社会犯罪

□是 □否 □偶尔 1. 我或我的家庭成员、亲友参与帮派或黑社会活动。
□是 □否 □偶尔 2. 我或我的家庭成员、亲友参与毒品交易活动。
□是 □否 □偶尔 3. 我的生意与帮派或黑社会生意有利益冲突。
□是 □否 □偶尔 4. 我的职务或工作挡住了帮派或黑社会的路。
□是 □否 □偶尔 5. 我生活或工作在帮派、黑社会地盘。
□是 □否 □偶尔 6. 我常路过帮派或黑社会地盘。

自我测试： 第九类 家庭暴力

□是 □否 □偶尔 1. 我的家庭关系紧张，常恶语相向。
□是 □否 □偶尔 2. 我的家庭缺乏沟通，常发生误会并都忍着。
□是 □否 □偶尔 3. 我们常常发生争执并刻意伤害对方。
□是 □否 □偶尔 4. 我们常常吵架并动手。
□是 □否 □偶尔 5. 我家人威胁过要伤害我、报复我。
□是 □否 □偶尔 6. 我对家人态度恶劣、蛮横，常欺负家人。
□是 □否 □偶尔 7. 我酗酒、吸毒并威胁家人资助，把家人逼向绝路。
□是 □否 □偶尔 8. 我家有人酗酒、吸毒、赌博或参加帮派黑社会。
□是 □否 □偶尔 9. 我配偶性格孤僻，报复心特强。
□是 □否 □偶尔 10. 我配偶占有欲强，常打骂我又不准我离开。
□是 □否 □偶尔 11. 我配偶给我买了大量人寿保险，我出事他会受益。
□是 □否 □偶尔 12. 我配偶出轨要离婚，而我坚持不离。
□是 □否 □偶尔 13. 我抓住配偶"小辫"并常威胁去告他。

通过回答上述量表中的问题，你会明白你遇到暴力犯罪的危险程度，做到心中有数，有所警觉。下一步，应做的是将你回答为"是"的具体条目认真检查一遍，一项一项地找出具体解决办法并付诸行动。

由此可见，人类所面临的危险源形形色色，层出不穷。在市场经济条件下，公民自身安全防卫、抵御犯罪的能力，特别是防范和抵御有组织犯罪的能力相对弱化。当今世界泛滥的恐怖主义犯罪、组织体系严密的黑社会犯罪、跨国毒品犯罪等令人防不胜防，犯罪主体的形态从单一罪犯向犯罪团伙演变，犯罪手段变得异常隐秘和狡诈，智能化水平很高，破坏性巨大，这一切对人类赖以生产、生活和工作的社会公共安全构成了极大的威胁，而打击和控制这些严重危害公共安全的犯罪行为的重任必须由政府公安机关来完成，同时个人也要承担起保护个人安全的主要责任。大学生的个体安全同样需要自我保护，因此，大学开设"安全教育与自卫防身"课程是应时之需。

一、自卫防身的防范重点

虽然所有犯罪都会给受害者造成不同程度的损失，但自卫防身主要的防范重点是那些最危险、后果最严重、给受害者造成身体和精神伤害最大的犯罪。这些严重犯罪包括杀人、强奸、恐怖攻击及帮派犯罪。因为这些犯罪的目标就是造成人体伤害，因此防范这些犯罪理所当然成为自卫防身的重点。拦路抢劫、盗窃虽直接目的是钱财而非人身伤害，但常常与其他犯罪如杀人、强奸、攻击伤害伴随发生，因而也属自卫防身的主要防范范围。而其他白领型犯罪和无受害者型犯罪则不会造成受害者严重的身心伤害，因此不是本书讨论的重点。

二、犯罪的主要原因

犯罪作为一种社会现象，严重地威胁到社会安定和民众安全，引起犯罪发生的原因，既不是单一的因素，又不是不分层次的多元性因素的简单集合，而是由多种犯罪因素有机组成的原因系统，是一个有序的结构，其构成因素呈若干层次或等级。这些层次或等级可以划分为犯罪的社会因素、心理因素、生理因素以及自然环境因素等层次。同时，它还是一个动态结构。在不同的时期、不同的范围和不同的犯罪人那里，犯罪原因系统的内容和结构也各不相同，这表现了它的复杂性和多样性。一类是决定犯罪发生和变化的因素系统，即诱发、促成和影响犯罪及其过程的因素，包括社会因素、心理因素、生理因素、自然环境因素以及文化因素等；另一类是影响犯罪存在和变化的因素，即有利于犯罪产生和发展的各种因素，是犯罪变化的第二位原因，它们本身并不产生犯罪，但对犯罪的产生起促进、加强、保证和提供便利等作用。

造成犯罪的主要原因是社会因素和个人因素的交互作用，有几项研究表明，犯罪的社会因素除各国犯罪趋同现象突出的两个方面外，还包括（不限于）下列因素：

（一）社会分配不公、失业、贫富差别、贫穷所迫及社会福利的欠缺；

（二）教育不良、缺乏管教、家庭破碎、道德沦丧、信仰危机；

（三）毒品、枪支、酒精及帮派的泛滥；

（四）媒体对暴力的渲染及影响。

犯罪的个人因素则包括对金钱的贪婪、为生活所迫、被毒品、赌博等戕害。另外，还有仇恨、嫉妒、报复、歧视、失望、无助的心理作用及自控能力的缺乏。

三、对犯罪过程的分析

犯罪行为一般都有规律，有基本的犯罪过程，罪犯、受害者、犯罪时间、犯罪地点这一过程像一条车链，环环相扣，层层递进，抽出任何一个环节犯罪活动都不会发生。从预防角度出发，自卫者应对犯罪的基本过程和环节有所了解，以便在防范的过程中更具有主动性和明确性，罪犯对有准备和有防范能力的人实施犯罪是比较困难的。

特别提示 犯罪过程＝罪犯＋受害者＋犯罪时间＋犯罪地点

（一）罪犯（歹徒）

罪犯是每一桩暴力犯罪事件的执行者，整个犯罪环节一般都由此开始。如果能够辨别出谁是歹徒，避免成为受害者就会相对容易一些。但歹徒"素面朝天"，与我们正常人一样，很难轻易辨认出他们的"真实身份"。

不过，罪犯总体特征有一定规律可循，如大多数暴力犯罪歹徒都是男性，经济地位较低，在西方国家尤其无收入或低收入男性犯罪率较高；歹徒多数为16—34岁；有犯罪记录者、失学或长期失业，脾气暴戾者易变成罪犯。

（二）罪犯的动机及触发因素

罪犯的动机

1. 钱财；

2. 色相；

3. 仇恨；

4. 缺乏安全感或受到威胁（女士杀人多源于此）；

5. 除去障碍；

6. 满足自己的支配欲及权力欲等。

抢劫和入室行窃的主要动机是钱财，强奸的主要动机是色相及满足支配欲及权力欲，攻击伤害则大多源于仇恨。杀人的原因则较复杂，有财杀、仇杀、情杀及受到威胁为自保而杀人等。

【案例1】 长沙一女大学生因恋爱纠纷遭割喉身亡引嘘唏。2011年5月8日，湖南长沙某大学，一男子持刀杀害该校外国语学院一名大二女生后自杀。女生被割喉当场死亡，男子被送往医院进行抢救。警察初步查明，嫌疑人王某，因恋爱纠纷将该女生杀害。

【案例2】 马某故意杀人导致四名学生丧命。2004年2月23日下午1时20分，昆明市公安局接报云南某大学学生公寓一宿舍发现一具男性尸体。经公安机关现场勘查，在该宿舍共发现4具被钝器击打致死的男性尸体。这就是震撼全国的马加爵杀人案。马因自认为个人失败，无法承受家庭的贫穷及同学的歧视嘲笑，残忍杀害了自己的同学。

【案例3】 某大学一副教授在家门口遇害，罪犯称有钱人太张狂。2005年12月26日晚9点，某大学某副教授在回家途中遭遇抢劫，惨遭杀害。据罪犯庞某说，他开始"没想杀人，就想抢点钱。"庞某曾在法庭上说，当时受害人说给钱的，后来她去求救的时候，他害怕了，于是就扎了下去。

【案例4】 北京灭门案疑犯落网称杀妻灭子源于家庭积怨。2010年11月23日16时许，北京某郊区发生一起震惊全国的灭门惨案，一家六口在家中被害，最小的年龄不到2岁。疑犯张某潜逃到海南省三亚市不足10个小时即落入法网。据罪犯张某交代，从小父母对他的管教非常严厉，结婚后妻子在家里又过于争强好胜，加上自身性格内向，长期的家庭恩怨在他心中累积，最终在11月23日晚上爆发出来。代价是整个家庭的毁灭。

【案例5】 女生做家教惹来杀身之祸。2010年暑假，某高校20岁大三学生依依（化名）在某书店门口举着家教求职牌等待机会。一男子称自己即将上高三，需补习英语。求职心切的她没有多加考虑，跟着男子来到他的家中。男子一进门就将门反锁，提出非分要求，遭拒绝后，双方发生激烈争斗。争斗中，依依打了男子一记耳光，更激怒了该男子。他将依依按在床上刺了148刀，还用菜刀在依依面部砍了5刀。

触发歹徒犯罪动机进而采取犯罪行动的因素错综复杂,从作者所收集的千宗案件来看,有常见的触发因素,也有令人想象不到的触发因素。

特别提示 常见的几种触发因素

1. 受害者露财而招致歹徒袭击;
2. 受害者疏于戒备而被歹徒钻了空子;
3. 歹徒自寻机会,如在僻静处撞见单身女士;
4. 日常生活纠纷与冲突;
5. 与帮派、黑社会、毒品等犯罪组织有瓜葛或有冲突;
6. 受害者仗势欺人引起报复。

(三)歹徒的作案目标——受害者

人们一般以为暴力犯罪的受害者多是女性、小孩或老人,其实并非如此。诚然,绝大部分被抢包和被强奸的受害者是女性,但多数凶杀、攻击伤害和有组织犯罪的受害者却是男性。小孩和老人受害的比例远低于16—44岁的成年人。富人被抢被盗的机会比较多,穷人被杀被打的概率更高。

那么受害者是怎样被歹徒选中的呢?

特别提示 歹徒选择作案目标的几个标准

1. 受害者有歹徒所需要的东西,如钱、财、色、权等。案例证明,大部分抢劫、入室行窃、抢车、偷盗等案件及大部分强奸案件均始于物质财富;
2. 歹徒对受害者心怀仇恨,欲除之而后快。大部分的凶杀、攻击伤害、纵火、部分强奸案件都始于仇恨。而有些犯罪案件则是由受害者引起的,一项研究表明:25%的凶杀由受害者自己引起,另有38%的凶杀,受害者负有一定责任;
3. 受害者的软弱性。攻击一个软弱无力的受害者很少会遇到反抗,从这个角度上讲,女性、身材矮小的人、体弱的人容易上歹徒的"榜";
4. 受害者成了歹徒尤其是帮派黑社会团伙的"绊脚石",如挡了他们的财路或升迁之路,生意抢了他们的"生财之道";
5. 运气不佳,如不巧路过而成为帮派分子成员试验胆量的"靶子"。
6. 受害者的生活方式不安全,如常走夜路或常路过危险地段、上班早出晚归、爱与人争执、从事危险行业等。

(四)歹徒作案地点

在常规犯罪中,绝大多数歹徒都会精心挑选作案地点,一般为好隐藏、易脱身、容易接近受害者，无人援救等地。恐怖犯罪则相反，专挑人多的地方下手，因为他们的目的就是造成大范围的社会影响，且恐怖分子多是"亡命之徒"，将生死置之度外。

从理论上讲，每个地方都有可能发生犯罪，如受害者的家中、路上、工作场所等，但要视情况而定，如在国外住在富人区就比住在穷人区的危险小得多，在没有帮派的地区走路比在有帮派地区走路更安全。有时对歹徒来说，在受害者家中犯罪反而更安全，因为没人看见且无人打扰。作案地点这一因素常常与作案时间相辅相成，有时即使地点安全但时间不好也可能会遇上歹徒，如抢劫案件。王大伟教授曾经提到抢劫的高危地区如下：[1]

菜场医院旅游点，
庙会车站银行前，
地下通道过街桥，
大的超市金柜前。

（五）歹徒作案时间

犯罪行为都是在一定时间、空间内发生，犯罪行为具有较明显的时间选择性，既涉及社会相关因素，也与一定的自然因素相关联。

从全年角度来讲，夏天犯罪率略高于冬天。但近年来，我国在春节前后犯罪率也会比较高。在一天之中，歹徒在晚间作案的概率要远远高于白天作案，歹徒偏爱晚间，因为黑暗使他们容易藏身，又不易被别人发现或认出，容易接近受害者而不被发觉，因而易下手易脱身。中国有一句老话，"月黑风高夜，杀人放火天"。在光天化日之下行凶也并非绝无可能，如恐怖主义攻击多发生于白天。

王大伟教授曾经提到，一年通常有三次犯罪高峰。[2]

较为平安三月三，
四月五月往上蹿。
夏季多发强奸案，
冬季侵财到峰巅。

---

[1] 王大伟. 青少年安全自救手册[M]，厦门：鹭江出版社，2008.
[2] 同上。

图 4-1 犯罪时钟

每日的"犯罪时钟",一般每日的凌晨 1：00—6：00 为案件总体低发期,此时段易发生入室盗窃、恶性案件；6：00—18：00 是次高发时期,盗窃、抢劫、诈骗是这段时间的主要作案类型；一天当中所有类型的案件高发期集中在 18：00 至次日凌晨之间（见图 4-1）。

（六）歹徒作案的方式及手段

歹徒作案时有时徒手,有时则会使用各种武器,如刀、枪、棍、棒等。有的单独作案,有的团伙作案。一般来讲,歹徒在使用武器和团伙作案时较难对付。下面所列的是从上千个实际案例中总结出来的歹徒常用的"作案手段"及"作案方式"。

特别提示 歹徒选择作案的方式及手段

1. 突然袭击

歹徒常常在受害者毫无戒备的情况下采用突然袭击得手,这在抢劫、抢包及强暴等案件中常常见到。这种袭击方式在中国尤为盛行。

2. 以强对弱

为减少受害者反抗的可能性及可能遇到的风险,歹徒常常会以绝对优势来对付受害者,如强壮歹徒对付弱小受害者,以刀枪之利对手无寸铁的受害者,同时国内外犯罪案件中,使用武器的犯罪也是屡见不鲜。

3. 以多打少

以多打少更是歹徒作案时常用的手法之一。以多对少把受害者置于绝对的劣势之下,使受害者不敢反抗或反抗无用。同时也震慑周围的人不敢伸出援手。此种手法在中国的抢劫案、抢包案及偷盗案中特别盛行。

4. 兵不厌诈——欺骗

歹徒常常会用一些欺骗手段来使受害者上当,进而作案得手。其常用的伎俩包括但并不局限于下面这些方式:

（1）装成病人,请求帮忙,然后突然袭击;

（2）装成正经生意人以骗取信任;

（3）装成警察以使受害人不敢反抗;

（4）打电话称家人遇到车祸,骗你出去,抢劫或直接骗取钱财;

（5）装成社会工作者来访贫问苦;

（6）一个人向你问路,另一人偷包或袭击;

（7）在你遇到困难时,装成好人来帮你。

【案例6】2004年10月9日下午,某高校04级一新生与另两名同学去市区超市买东西,后来与其他两人走散,走到一货架前,看见有一个钱包在地上,就去捡。这时有三个陌生人叫住他,说是同时看见的钱包,要求四人平分,就将这个同学带到一僻静处,要求把四人身上的钱和手机以及银行卡全拿出来放到一个大包里,并要求大家把自己的银行卡密码说出来。后让这位同学看着大包（在此期间装钱和手机以及银行卡的大包已被另三人用相同的包调换）,另三人分别找借口前后离开。李等了一个多小时不见人遂打开包,自己的800元钱与手机以及银行卡均不见,后经查,卡里的19000元钱被人取走。

5. 制造事端

歹徒先制造一些事端以迫使受害者牵连进去,以此展开袭击。譬如在受害者前面开车突然停下倒退撞上受害者的车,或直接从后面撞上以迫使受害者下来交涉,进而袭击。另外歹徒常常会在路上挖坑、放石头、树干等,以迫使受害者停车进而袭击。

6. 解除武装

歹徒常常先在受害者水中或食物中放上迷药而使受害者丧失反抗能力,进而犯罪,这在强奸及抢劫中尤其普遍。

【案例7】女子被下"迷魂药"晕倒两小时。2008年6月24日上午,陈某出门办事,走到某商场外,碰上了两男一女,年纪都在30岁左右。这三个人跟其攀谈,探听到陈某的一些情况,然后装神弄鬼地骗她说:

"你儿子在老家XX有事，你得给我们5000元钱，我们帮您作法辟邪。不然三日内，你儿子肯定死无葬身之地。"来自农村、牵挂儿子安危的陈某听了他们的话非常担心，就和他们说了情况。后来渐渐失去了意识，乖乖地从银行卡中取出5000元钱交给骗子，之后，陈某昏迷不醒。附近的群众打电话报警，民警赶到现场后将其送往医院。

7. 威胁利诱

歹徒常常会以威胁或利诱的方式来消除受害者的反抗能力与意识，这在黑社会团伙敲诈商家索取保护费及实施强暴时使用较多。

四、歹徒作案的辅助因素

前面介绍了歹徒作案过程的几个基本环节。还有一些因素常常与犯罪有密切关系，值得我们注意，这些因素通常称为犯罪的辅助因素。

特别提示 歹徒选择作案的辅助因素

1. 酒精

大约有1/3—2/3的凶杀案和40%的性侵犯案涉及歹徒或受害者使用酒精。酒精增加歹徒犯罪的勇气，减少歹徒的自控能力，并常使歹徒感觉无所不能。同样酒精也能使受害者放松警惕，失去知觉、自控能力及反抗能力。

2. 毒品

毒品对罪犯及受害者的作用与酒精相似，但对歹徒影响更大。一项研究发现，75%的抢劫犯都因吸毒铤而走险，通过抢劫以支撑他们继续吸毒。

3. 武器

武器是催生犯罪的重要辅助因素，对受害者来说，持枪歹徒最危险也最可怕。由于美国法律允许私人拥有枪支，因而全美已拥有两亿多支枪，按人口比例接近每人一支，40%的美国家庭，30%的高中学生及86%的男性少年劳改犯均拥有枪支。泛滥的枪支及法律对枪支管制的不力，使美国成为世界上最常发生枪支凶杀案的国家，每年约有一万多人死于枪下。

第三节　预防暴力犯罪的原则与方法

一、预防暴力犯罪

预防暴力犯罪需要动员社会各界力量，采用各种手段，防止犯罪的发生，或降低正在进行中的犯罪侵害。它可分为三个阶段：一是犯罪前的预防（防患于未然），二是犯罪进行中的自救（降低犯罪侵害的程度），三是犯罪后的预防（防止重新犯罪）。本节主要阐述犯罪前的预防。

防范的主要目的是在歹徒行凶之前防患于未然，最大限度地减少受害者遭到攻击的可能性。"未雨绸缪，防范在先"是自卫防身行动的第一步，也是最有效的自卫防身战略。预防犯罪的发生远比临场脱逃或格斗防身要容易和安全得多。美国医学界有一句谚语："一盎司的防范胜于一磅的治疗"，王大伟教授在《中小学生被害人研究》一书中提道："西方预防犯罪与预防犯罪侵害的有效途径是软技术预防，即简单的技术预防＋观念预防＋科学的评估。"此言对大学生安全教育与自卫防身也是至理名言。

在 *How to Be Safe* 一书中，作者罗伯特·库伯认为："安全的获得 90% 靠的是安全防范的意识、自尊自爱的立场、应付变化的知识、当机立断的选择，而 10% 靠的是缓解恐惧的语言、应付不测的策略、防身的战术技巧、防身的工具和技术。"

如前所讨论过的，歹徒作案过程一般都有几个环节，只要减少其中的一环，作案机会就会消失，"悲剧"就不可能在你身上发生。一旦思想上有了预防的观念，那么犯罪分子就会束手无策。

（一）预防暴力犯罪的主要原则

特殊推荐 防范暴力犯罪的"9条模式"

1. "信徒模式"

牢固树立自卫防身的安全意识性与警觉性，形成一种"自卫防身，人人必备"的"信徒观念"。有了这种观念，人们才能够对自己成为受害者的可能性有清醒的认识和警觉，从而处处留心，并积极着手去学习防范与自卫的本领，随时应对。

2. "保镖模式"

学会培养注重安全的生活方式和习惯，像保镖一样密切注意周围的一举一动。很多人成为受害者都与他们的不安全生活方式有关，尽管他们也知道防范犯罪的重要性，但现实生活中常常让习惯支配了他们的生活，直到成为受害者才后悔莫及。

不安全的生活方式和习惯多种多样，如晚上不关窗、与帮派有瓜葛、喜欢与人争执吵架等。

3."好人模式"

树敌极易引发仇恨，而仇恨是诱发歹徒犯罪的两大主要因素之一。树敌常常会将受害者置于危险的境地，因为一旦歹徒铁了心要攻击，受害者极难逃脱，即使受害者尚未遭到攻击，也会常常生活在恐惧之中。在日常生活中，我们时常因一些细小之事与人树敌，且不易察觉，例如常与人发生争执冲突而不顾后果，欺人太甚，骗人整人，虐待亲属、下属等等。虽然树敌并非每次都引发暴力犯罪，但终究是危险之举。因此我们应学会"好人模式"，记住"多行不义必自毙"。

4."变色龙模式"

变色龙会把自己隐藏在周围环境之中而不让对手发现，自卫者也应把自己"伪装"成没有任何特殊或吸引之处的人，因而使歹徒没有理由选择自己作为攻击目标。例如，不炫耀你的财富，歹徒便不会起贪婪之心；不佩戴昂贵首饰，或将自己的钱包保管好，歹徒便无处下手。

5."刺猬模式"

受害者的软弱好欺和胆小怕事是引发歹徒作案的主要因素之一。"捏软柿子"是歹徒的惯用手法。歹徒选择弱者是因为他们有信心让受害者任其摆布，歹徒不仅可以在最短时间内作案溜走，且感到放心，因为弱者不会反抗。而学会像刺猬般"武装到牙齿"的自卫者则不然，他们首先给歹徒一个下马威——"别来碰我，否则没你们好果子吃。"歹徒一般习惯了对付弱者，突然一见强者便容易心虚三分，信心动摇。东北人常说："愣的怕横的，横的怕不要命的。"学会"刺猬模式"有好多落实方法，如在家里安装警铃，出门带电击枪或养大狗，穿一件印有"武术散打俱乐部"的衣服等。

6."河狸模式"

河狸都把自己的巢建在安全的水上，远离是非之地。歹徒作案总是要挑选"最佳作案地点"，即无人看见，地点隐蔽，容易接近受害者且容易逃脱的地点。同时，帮派、毒贩在自己的地盘总是肆无忌惮。人们一旦远离这些是非之地，成为受害者的概率就会大大减少。一般来说，危险地带包括僻静无人之处、帮派毒贩活跃地区、存有大量现金的地方等。

7."小鸡模式"

天黑后，小鸡便进入鸡窝。作为人来说，如果在天黑后减少外出，避开歹徒作案的最佳时机将会大大减少受害的可能性。歹徒通常选择黑夜、受害者独自一人在家或在外的时机作案。

8. "君子模式"

不沾毒、酒便会远离由此引发的犯罪，而且又能使自己时刻保持清醒的头脑和自卫能力，因此，做个不沾毒品、不酗酒的"正人君子"将会大大降低暴力犯罪发生的可能性。

9. "武士模式"

有些人知道防范犯罪的重要性，但就是不付诸行动。任何防范方法，不管多么好，多么有效，不实践实施，便毫无用处。在树立了自卫防身的警觉性之后，要马上行动起来，去学习和应用各种防范措施，学会格斗，做一名应战的"武士"。

（二）防范的主要策略与措施

以下提出的防范策略与措施，有经研究证实的，有日常生活中成功实践的，也有专家基于经验和理论而创立的。由于犯罪类型大相径庭，这些策略与措施的效果不尽相同，也不可能屡试不爽，但可以极大地减少受害的概率。读者应仔细研读这些策略与措施，挑出对自己切实可行的方法付诸实践。另外，亦可在这些措施的基础上，探寻更适合自己的办法或借鉴他人更好的办法。

特殊推荐 防范的主要策略

有两条策略可帮助读者把下面的防范措施落实到行动中：第一，把所要做的列一张清单，并定好每个措施的具体落实时间。第二，将下列适合自己的措施写在小纸条上，贴在房门、车子、办公桌、电脑等处或放在钱包里，随时随处提醒自己注意安全。

特殊推荐 防范的主要措施

本节所提供的防范措施，是按自卫者常出现的地点来划分的。这些措施可用于降低在这些主要地点发生各种犯罪的概率，易于操作，方便记忆。如何防范各种具体犯罪则在下一节讨论。

1. 住所（家、公寓、宿舍、旅馆等）

特别提示 住所防范措施

家是避风港，只有在家里，人们才会感到舒适、安全、自由、无拘无束。但你的住处往往是歹徒犯罪的主要场所之一，因为家里有他们想要的东西（钱或人），并且家中作案不易被人发现。因此，住所的防范需注意以下几点：

(1)择安而居

选址首先考虑的是安全问题,选择治安好的小区,其次再考虑价格或交通便捷因素。

(2)铜墙铁壁

在家中安装报警系统、电视监控系统,安防盗门窗,加装围栏,增加照明,剪除小树等,都是"御敌于家门之外"的好办法。

(3)低调行事

不要显露财富,女性不要把自己的全名写在电话簿上,长期出门不归时应用定时器打开灯和电视,并请求别人每天帮助取信。这些都会帮助个体避免成为歹徒下手的目标。

(4)和平共处

与邻里和睦相处,不要为一点儿小事就争吵闹别扭,"千金买屋,万金买邻",新搬住宅先拜访邻居,了解邻居情况,好邻居相互扶持,守望相助,而恶邻会使你整日不得安宁。

(5)小心行事

女士若归家过晚,应请人相送。若发现有门窗被撬,歹徒可能还在,切勿匆忙进入,应进邻居家打电话报警。

(6)切勿"引狼入室"

不要告诉陌生人家庭地址,不要请上门推销员入内,记住"天下没有免费的午餐"。若有修理工来家,要先打电话核实,再找熟人和你一起在家。若有人要借用电话,勿让其入内,可以替他拨打。

(7)家庭和睦

处理好家庭成员之间的关系,以免家中成为"战场"。住宿舍亦应找好室友,切记"请神容易送神难"。

2. 校园防范措施

校园安全与学校的开放程度有关,与校园周围的人员和环境有关。一般来说,周围充满帮派活动和贩毒活动的校园容易被入侵,尤其是校园处于开放时,鱼龙混杂,歹徒常趁机混入作案。外面歹徒在校园作案的手法一般包括行窃、抢劫、强暴、伤害等,校园内部发生的问题则多是强暴、打架、斗殴。一般说来,校园围墙与校园保安对犯罪分子起的是威慑作用,但现实中,仍无法杜绝各种校园犯罪。所以作为个体,我们必须注意下面几点:

（1）心中有数

进入大学后首先要对自己校园的地形地貌有个透彻的了解，如哪些地方僻静容易出事，哪些地方可能常有外来人进入，哪些地方易藏匿歹徒等。心中有数比较容易避开那些危险的地方。

（2）小心夜贼

大学生每天都在校园里早出晚归，刻苦读书。要注意晚上上课或自习时与人结伴而行，不要冒险独自回寝室。长期独行，易被坏人跟踪。

（3）平等待人，低调行事

大学生可谓"天之骄子"，尤其是重点大学的学生更是栋梁英才，有时行事不免趾高气扬，遭人非议。遇事不要急占上风，应该懂得"进一步悬崖峭壁，退一步海阔天空"的忍让道理，该抽身时就抽身，不要为面子而不顾死活。大学生年轻气盛，很容易与人发生冲突。但是要谨记尤其是不要与帮派分子有冲突，"秀才遇上兵，有理说不清"。国内外发生大学生在校园内外的冲突案数不胜数。

（4）谨慎交友

这条尤其适用于女大学生。进入大学，交友、恋爱这些大事就已提上议事日程，所带来的喜悦自不言说，但随之而来的危险亦应注意。与社会上的人交往尤其要小心，不知根底的人不要去交往，年轻英俊常是歹徒装扮自己的手段。跟同学交往也要小心，离得越近摩擦越多，正所谓"爱之深，责之切"。尤其是不要与权力欲高、霸占欲强的人交朋友，因为一旦关系破裂，进退两难。好多大学生的恋爱过程都不会很长，分手是常见的事，女生们要特别注意处理好分手事宜，好聚好散，不要树敌。遇到对方对分手反应特别强烈时，千万不要与其单独见面或去外面吃一顿"最后的晚餐"。应找人去劝解，这样更容易解决问题。

（5）谨防"疯狂歹徒"

恐怖活动全球盛行，不仅危害社会，还将"魔爪"伸向了校园。美国发生的多起校园枪击案正是疏于安全自己造成"血淋淋"的教训。校园常常静谧幽静，人们欠缺警觉性，加之手无寸铁，人员聚集，是恐怖分子攻击的潜在目标。作为在校园中生活的个体，平常应多留心周围状况，以防万一。

【案例8】2011年3月3日晚上7时许，珠海某学院一对情侣带着两台电脑在一偏僻的荔枝园谈恋爱，遭三名歹徒抢劫。男生叫女生拿着电脑快逃，自己留下来和歹徒进行激烈搏斗，被歹徒捅伤腹部，经抢救无效死亡。

3. 校外

> **特别提示** 校外防范措施

随着时代的发展和社会的进步，大学生与社会的联系日益密切，拥有更多参加社会实践的机会，这对大学生的个人成长及职业发展都有很大帮助。但不要忘记，社会比校园更为复杂，危险性也更高，因此应特别注意校外的安全教育与自卫防身。

（1）乘车安全

乘火车、公共汽车、地铁时主要注意几个方面：

① 保管好财物。不给歹徒下手的机会，并避免与他们正面冲突；

② 少惹事，多忍耐。不要为了一点小事就与人争吵，虽然争吵不会每次都惹祸上身，但难免遇到一个脾气暴躁且报复心强的"危险分子"；

③ 尽量不要夜间单独坐车，且避免在治安环境差的站点上下车。乘出租车时，尤其是夜间，要当司机的面通知亲友出租车的车牌号，避免不安全的事情发生。

【案例9】浙大女大学生乘出租车遭司机杀害案。2005年1月8日晚7时许，浙江某大学生吴某搭乘勾某驾驶的出租汽车回家，途中，双方因服务态度、车费等问题发生口角。而后，勾某将吴某杀害，并抛尸于一窨井内。同时，勾某还将吴某随身携带的手提电脑、移动电话、U盘、MP3和300元人民币据为己有。

（2）打工安全

大学生打工补贴生活费并积累社会经验值得鼓励，但绝不可以以自己的安全为代价。打工时应注意以下几个方面：

① 找正当的有信用的单位或个人打工。尤其是选择做家教时，一定要寻找可靠的雇主；

② 避免与帮派、毒品、走私有瓜葛，帮派之间的冲突引发杀人灭口是常见的事；

③ 注意打工的地点与时间，夜间打工不太安全，在充斥帮派、毒品的地点打工也难免受其害；

④ 要看打工的工作性质，如挨门挨户推销绝不是一个女大学生的安全工作，除非有人同行保护；晚间在零售店工作也不是很安全；而在别人家里打工，则要看这家周围环境的安全状况和家人的好坏；

⑤ 要留心打工时服务的对象及同事，尽量少起冲突。

（3）旅游安全

旅游安全主要有几个方面：

① 不去危险的地方，如帮派、毒品走私地区或黑社会分子活跃的地区。

② 不乘坐不安全的交通工具。到达一个地方，学会观察当地的出租车和公交车的特点，避免搭黑车。找正规的旅游公司，避免发生冲突或被骗。

③ 对旅游目的地要有所了解，辨明目的地安全范围，一旦有事如何寻求救护等；

④ 要有防范意识，外出时不宜过度松懈给歹徒"可趁之机"；

⑤ 要携带必要的防身工具。

（4）街头安全

抢劫是街头常见的暴力犯罪。歹徒喜欢街头作案，因为无处躲藏，可以很轻易地接近受害者，并在毫无迹象的情况下突然袭击，作案后，快速溜走或混入人群之中。街头安全主要注意几点：

① 选择安全的地点和时间，尽量减少黑夜出门或路过危险地带；

② 要警觉并有所准备，少带贵重首饰，把包夹好，把钱包藏好，留下少量零花钱在手边，一来方便，二来在歹徒行抢时作为买路钱以免他抢不到东西而拿你出气；

③ 不要随便与陌生人搭讪。有人接近你问路时，要特别小心是否是歹徒借故接近你。对街头流氓的讥讽谩骂，不要理睬，迅速离开。另外不要随便搭陌生人的车；

④ 有人尾随时，快步走向人流多的地区或走进商店以寻求帮助。在街头遇抢匪时不要为钱而反抗；

⑤ 在街头打电话时说话要短，且随时留心身前身后的情况；

⑥ 在使用公共厕所时，留心是否有歹徒装成女士躲在里面。最好与人结伴，没同伴时要留心里面的情况，觉察危险马上脱身走出；

⑦ 在乘坐电梯时要观察情况，不要单独与陌生人进电梯，如见其可疑，应马上离开等下一班。进了电梯要站在控制盘前，一旦有事按下所有楼层按钮，但不要按紧急钮。

二、防范各种不同犯罪的措施与方法

预防犯罪应针对所列出的危险信号或危险行为来对照自己，看看自己是否和所列危险信号对上号。如果有一条或几条对上，则说明遭到这种犯罪攻击的可能性增加，因此在察觉自己可能遇到的危险行为后，应立即采取措施，消除隐患。如果自己的行为与危险清单都对不上号，则可按第二种方法，即一般防范原则与措施来加以预防。

临场对付歹徒攻击的最大困难是不知道歹徒作案目的。这时，大学生常常使用妥协、逃跑、格斗等方法来本能地保护自己，因为这几种措施对付什么样的攻击都有用。但如果知道了歹徒想干什么，也就是说了解了歹徒作案动机及犯罪事实，大学生可以更有针对性地选择一些具体防范措施。

（一）防范凶杀与攻击伤害

特别提示

1. 危险行为：检查与消除

（1）家人或朋友有人加入帮派，参与毒品交易；

（2）住在或经常路过帮派地盘或城乡低收入群体地带；

（3）经常去酒吧酗酒，喜欢与人争执并从不退让；

（4）经常激怒他人，喜欢欺侮别人；

（5）参与"三角恋情"，与他人有重大利益冲突；

（6）物质财富充裕且喜欢露财，工作时涉及大量过手钱财。

2. 防范凶杀与攻击伤害的一般原则

（1）远离帮派及毒品；

（2）与人为善，不要经常卷入争执与冲突；

（3）防范其他犯罪，如因抢劫、强暴、仇恨引起的凶杀等。

实践应用 对付凶杀及攻击伤人

1. 一旦形成冲突并有暴力倾向，应马上退出以避免武斗；

2. 如歹徒继续攻击，选择向人求助；

3. 受害者感觉危险，唯一选择就是逃命，所谓"三十六计，走为上计"；

4. 当发现歹徒不会放过自己时，应抓住一切时机，格斗反抗，不能任人欺负。

（二）防范抢劫

特别提示

1. 危险行为：检查与消除

（1）夜间常独自出门，一人在僻静街上行走，出入不安全场合；

（2）工作经手大量现金，或随身携带大量现金；

（3）喜欢露财，如穿戴华贵，出入不安全场所；

（4）夜间在零售店工作；

（5）家中被生人闯入。

2. 防范抢劫的一般原则

（1）不露财，不显富，行事低调，尽量减少经手大量现金的机会；

（2）夜间不在僻静无人处或在帮派及贩卖毒品地区行走、工作、娱乐；

（3）留心周围环境，藏好贵重钱物。

实践应用 对付抢劫

对付抢劫虽然危险，但做决定却不难，因为歹徒一般"要钱不要人"，但有歹徒也会在抢劫后杀人灭口或强奸。专家们提出下面几个对付抢劫的办法：

1. 马上交钱，决不为保钱财而冒险（尤其在不能逃跑的紧急状况下）。扔了钱就跑，以免歹徒得钱后继续施暴；

2. 不要试图去记住歹徒模样，以免招致"杀身之祸"；

3. 歹徒得钱后如果还想带走或杀害受害者，受害者则应立即出逃或拼命格斗。

（三）防范强暴

特别提示

1. 危险行为：检查与消除

（1）年轻、靓丽的女性，疏于防范且常常单独行动的学生；

（2）常独自走夜路或去不安全地方，夜间工作或独自在家而被人盯上；

（3）在约会时酗酒或吸毒；

（4）喜欢与陌生人交往、喝酒、约会；

（5）独自开出租车或乘坐出租车；

（6）穿着挑逗；

（7）过于相信他人，没有防范意识或准备。

2. 防范强暴的一般原则

（1）建立"防强暴"的意识，牢记所有的男人都可能是潜在的强暴者；

（2）不要轻信陌生人和搭他们的车，不要接受邀请去不熟悉的地方；不要轻易告诉地址和电话；告诉家人你都与谁交往，让对方知道你的家人了解你目前的处境；

（3）不要单独在黑暗和僻静地区走路或工作，如必须去可找男士陪同；

（4）单独在家要格外小心，不要给陌生人开门，不要让别人看到房间内的情况，认识对方但不确定该人是否安全可靠，应通知亲友并让来访者知道你的亲友知道他来访；

（5）如果是约会，首先要了解其人，坦白交流，设定规矩底线，不要轻易喝酒并留心自己的饮料，切勿挑逗或刺激对方。

实践应用 对付强暴

1. 对付熟人强暴

（1）态度坚决，冷酷无情，严词拒绝并警告对方要负法律责任；

（2）警告对方会以牙还牙，拼死反抗，两败俱伤；

（3）找个借口如月经期给对方一个台阶下，不失面子地收场。

2. 对付陌生人强暴

（1）跑向有人的地方，如无生命危险，喊叫求援吓退歹徒；

（2）拉开格斗架势，使用各种正规与非正规反击方式，殊死一搏；警告威慑对方，自己并非好欺负的对象；

（3）如不服从便有生命危险时，妥协求全，让对方找个舒适地方，清理干净，同时寻找逃跑或格斗机会。

（四）防范帮派犯罪

特别提示

1. 危险行为：检查与消除

（1）（2）（3）点与防范凶杀相同。

（4）与帮派或毒品团伙发生生意上的商业竞争或商业纠纷。

（5）工作性质或工作内容挡了帮派或毒品团伙的财路或对他们产生威胁。

（6）物质富有，被帮派视为抢劫或绑架的目标。

2. 防范帮派犯罪的一般原则

（1）知彼在先。在选房、找工作、开公司或休闲娱乐时，先去派出所了解一下该地区的帮派情况以便取舍；

（2）远离帮派。不加入、不打交道、不竞争、不路过帮派地盘；

（3）不为小事争执。控制自己的脾气，少与人争执或发生冲突，不要仗势欺人，因为不知道歹徒的真实身份或是否为帮派成员。

实践应用 对付绑架

1. 如有生命危险，切不可妄动，应妥协服从，寻找机会。

2. 留心环境，丢下证物便于警察寻找线索。

3. 切勿透露底细，少说话避免歹徒"先下手为强"。

4. 发现歹徒有松懈之机或打算杀人灭口时，应奋力逃走或殊死反抗。

5. 如遇警察围捕，要远离门窗，隐藏好自己。

（五）防范恐怖犯罪

|特别提示|

1. 危险行为：检查与消除

（1）你本人或亲友是政治人物或明星，值得恐怖分子谋杀及绑架以引起轰动，尤其仇杀；

（2）你常去大型集会、观赛场、商场等公共场所，家庭富有，值得绑架勒索；

（3）你常乘飞机、轮船或去恐怖分子活跃的国家；

（4）你在恐怖分子所蓄谋攻击的重要建筑物内工作或生活。

2. 防范恐怖犯罪的一般原则

（1）低姿态。无论你是明星还是富人，都要采取低姿态，少曝光，牢记生命比虚荣心重要百倍。

（2）少乘飞机、轮船等交通工具。不去恐怖分子活跃的地区，如中东、南美等地区。

（3）少去容易成为攻击目标的大型集会及人数众多的地方。

|实践应用| 对付劫机

1. 若劫机者只是利用"劫机"来达到自己目的而无意伤害乘客时，一般不要反抗，尤其是歹徒有炸药时，耐心等待谈判结果；

2. 当歹徒只是持刀挟持一两个乘客而无炸药或汽油等可燃性爆炸物或武器时，大家应齐心将其制服；

3. "9·11"劫机事件后，人们对付劫机的办法已逐渐由过去的妥协趋向于反抗，与其坐以待毙成为"人体炸弹"，不如趁早反抗争取生存机会，因此目前对付劫机者犯罪行为的措施较多。

（六）防范入室行窃

|特别提示|

1. 危险行为：检查与消除

（1）房子远离邻居，周围有障碍物利贼藏身；

（2）房子离交通干线较近，利贼逃脱；

（3）房屋的门窗易被打破，房主疏忽，常忘关门关窗；

（4）房屋内无狗、警报器、监控器、街邻联防等防盗装置；

（5）晚上不见灯光，信箱、报纸无人接收，让人感觉无人居住。

2. 防入室行窃的一般原则与措施

这部分的详细内容都在前一节防范住宅犯罪中已讨论，可参考。

实践应用 对付入室行窃

1. 发现家门被撬，不要急于进入检查损失状况，应马上报警；
2. 如主人在家时歹徒撬门破窗，可调大电视音量；高喊男士名字，以吓退歹徒；
3. 持刀持棍先向歹徒发起攻击，趁其立足未稳将其打退；
4. 如与入室行窃歹徒打上照面，可假意打声招呼，请坐喝茶，并说去邻居家叫歹徒要找的人回来，趁机溜走；
5. 如面对歹徒刀枪，则交出钱物；若歹徒进而灭口杀人，则应尽全力反抗。

（七）防抢包、抢首饰及掏包

歹徒抢包、抢首饰及掏包的目的在钱，如得手则不会再伤害受害者。但在抢劫过程中，受害者也可能会受伤，或与歹徒发生冲突而遭歹徒群起攻击。同时记住两个"80%原则"：第一，80%的犯罪分子不是"惯偷"而是青少年；第二，80%的盗窃案，不是主观意愿偷窃，而是"顺手牵羊"。

特别提示与应用实战

1. 危险行为：检查与消除

（1）携带较多现金或露财，佩戴贵重首饰、手表；

（2）单独行动，缺乏警觉。为他事分神，忘保护钱财。

2. 防范抢包、抢首饰及掏包的一般原则

（1）不要佩戴贵重而引人注目的首饰去不安全场所；

（2）少带现金，不要在他人注目之下打开钱包掏钱；

（3）在人多地方买东西时，管理好自己的财物；

（4）走路时提高警觉，留心环境，提防歹徒的突然袭击。

（八）防范家庭暴力犯罪

特别提示与应用实战

1. 危险行为：检查与消除

（1）家中气氛紧张，家庭成员间缺乏爱心、尊重、交流与忍耐；

（2）缺少宣泄渠道，争执冲突不断并有升级趋势；

（3）一人独断专横，口头攻击与侮辱。

（4）家庭成员收入低，总对家庭经济状况担忧，又无力改变现状。

（5）教育程度低，工作层次低，经济无保障。

（6）酗酒吸毒或赌博。家中缺乏健康有益的体育活动。

（7）家庭问题复杂，纠缠不清，工作压力太大。年幼时受家庭暴力影响。

2. 防范家庭暴力犯罪的一般原则与措施

（1）建立密切的家庭关系。培养爱心、关心、仁慈、尊重、信任、鼓励、理解、忍耐等美德。

（2）建立良好沟通渠道。经常交流与讨论困难的问题及解决办法。每个家庭成员各尽其责，少指责别人，了解体恤家中困难并互相帮助，同心协力。

（3）和平解决家庭矛盾，避免为小事而争执，要懂得退让，善于道歉，不要记仇。

（4）建立家庭奋斗目标及成员责任，齐心协力将所有家庭成员"拧成一股绳"。

（5）家庭成员多在一起做些有益活动，如运动、休闲、看电影、郊游，既增强感情，又舒解压力。

（6）视家庭成员为"上司"，多加尊重，而非随心所欲，胡搅蛮缠，随口乱说。

（7）不要把家庭问题带到工作或学习中。

（8）如有问题多忍让，沟通或请专家帮助。宣泄渠道可找朋友述说，以便将愤怒及早排解。或先睡一觉，平心静气之后再沟通协调。

（9）如发现有暴力倾向，则应先避开危险，同时寻求其他家人、警察、单位或妇联的支持。

（10）注意即便是分手，也别过于极端，留给对方台阶和余地以体面地结束。

（九）防范工作场所犯罪

特别提示与应用实战

1. 危险行为：检查与消除

（1）你的工作需要经手大量现金；

（2）你从事与罪犯或执法有关的工作，如警察、检察官等；

（3）上司同事之间有过节，又常发生裁员情况；

（4）你的工作易得罪人并树敌，如常解雇人等；

（5）你的工作要对付蛮横顾客；

（6）你常晚上单独工作；

（7）你脾气不好，常与人发生争执或树敌。

2. 防范工作场所犯罪的一般原则与措施

（1）选择一份比较安全的工作，远离帮派、毒品、走私、黑社会等不安全因素，同时选择比较安全的工作时间。

（2）熟悉工作环境中的安全措施，了解工作场所的危险因素，并尽快着手解决。

（3）向上司提出增加环境安全的要求并协助落实。

（4）与人为善。与同事、上司或顾客保持良好关系，与人为善，少争执，勿树敌，随时留心周围发生的情况，如裁员及可能引发的后果。

（十）防范劫车

 特别提示与应用实战

1. 危险行为：检查与消除

（1）在什么地方都有可能发生劫车案件，犯罪分子一般是流窜作案，多数的犯罪动机是钱财；

（2）劫车案最容易发生在大型停车场、红绿灯路口、住宅小区、超市的地下停车场、路边等；

（3）早晚一个人上下车前，注意附近可疑情况，进车后立即锁车，保持警觉，注意问路或发传单的人；

（4）夜间避免单独驾车出行，夜间路上如遇到有人车子坏了，不要停车帮忙，夜间停车等待时，要牢记锁上车门与车窗；

（5）注意下车安全，尽量不要停在大垃圾桶、树林或大型车辆旁，车上不要放置贵重财物，最好将车子停在出入口有人看守的停车场；

（6）遭遇持枪、刀劫车时，不要争执或试图反抗，服从劫匪指令，放弃财物；

（7）遭遇"撞后抢"时，最好确定旁边有其他车辆或行人后再下车查看，也可直接开到附近警察局或大的公共区再下车，下车时注意将车熄火，拔下钥匙，拿好钱包等重要物品。

2. 防范劫车的一般原则与措施

（1）如果歹徒尚在车外，马上加油开走；

（2）如果歹徒扒吊在车上，突然刹车将其甩掉或开到树旁逼其离开；

（3）如果歹徒已进入车内并握有刀或枪，不要在车内格斗，地方狭小会限制格斗，要等待机会，伺机反抗；

（4）当歹徒的劫车杀人意图十分明显或猜不透歹徒的意图但觉得危险时，开车撞向其他车或到有人的地方撞上电线杆、邮筒等，出现事故会引人相救，从而吓退歹徒，也有可能致使歹徒受伤。撞上后马上下车逃走并呼救。

第5章
智斗

第一节　急智脱身

急智脱身是指在紧急情况下，能够足智多谋，机智脱身，而不是通过格斗脱身的一种能力。本节将介绍如何识别危险环境，在遭到歹徒攻击前或攻击时，如何使用"急智不战"措施脱身，分析这些急智脱身措施的优缺点及运用时机。另外，介绍在犯罪现场如何应付各种不同的犯罪类型。

一、识别危险因素

> 特别提示

（一）识别危险环境：如果具备自卫防身的意识，人们就容易保持警觉并随时留心各种"危险信号"，以便在歹徒动手前急智脱身，或选择先保全生命安全，后想"脱身之计"。识别危险环境主要看所处场所，如身处僻静无人之地，处于黑暗之中的地方，治安比较差地区，帮派及贩毒地区，周围有游手好闲之人比较多、在闲逛或盯着你等，一旦发现自己身处这些环境之中，应当机立断，立即撤出，不要有侥幸心理，以免把自己送进虎口。

（二）留心危险信号：歹徒在作案前或作案时可能会表现出以下言行：轻者紧盯、尾随接近受害者，重者会冲撞、抓住或拖走受害者；将受害者摔倒在地，卡喉捆绑或用刀枪逼住受害者。歹徒亦很有可能使用一些简短语句来表示他的目的，如："不要动，动就捅了你""把钱拿来""脱掉衣服""进去""别出声"等。

二、理智应对歹徒的攻击

在遭到歹徒攻击时，想要做出一个正确决定并非易事。一是对歹徒的底细、动机、目的都不了解，二是没有思考时间。有时一两秒钟之内做出决定，具有一定难度，要根据当时情况和经验，随机应变做出判断。

（一）遭受攻击时的决策模式

特殊推荐 美国专家伯汝沃 1994 年提出一套在遭受攻击时的决策模式

1. 避开，强于现场退让；
2. 现场退让，强于受伤；
3. 受伤，强于变成残疾；
4. 变成残疾，强于杀人；
5. 杀人，强于被人杀。

笔者认为伯汝沃的模式列出了决策的轻重缓急，建议人们选伤害轻者而为之，这对人们在遭受攻击时作决策很有帮助。

（二）对付歹徒攻击的七步模式

特殊推荐 伯汝沃又提出了应付歹徒攻击时的"七步模式"

1. 能谈则谈；
2. 道歉撤出；
3. 引旁人注意以求帮助；
4. 尖声喊叫或逃走；
5. 如被困住，只有在歹徒真正攻击时才可以反抗；
6. 在面对抢劫时，不要反抗，因为生命第一，财产第二；
7. 如感到不管怎么做都会被严重伤害时，则立即攻击歹徒。

笔者认为这七步虽不系统，但尚可作为现场应付歹徒的一些指导原则。但笔者对第5步则持不同观点，因为如让歹徒先动手，则自卫者必败无疑，所以，此时自卫者应出其不意、攻其不备、先下手为强，牢记速度优于力量，并且要"狠、快、稳、准"，一招制胜，有机会快速逃离现场。伯汝沃是从法律方面考虑而不是从实战方面考虑，所以我们提醒受害者在确认歹徒即将给自己造成人身伤害时，要找准时机先下手为强。

（三）攻击模式效果统计

伯汝沃列举了人们在现实中是如何对付暴力犯罪的，但他并未说明人们所用的这些办法效果如何。

1. 对付强奸

① 用武力还手者占 16%；

② 用器械反抗者占 13%；

③ 吓唬警告者占 10%；

④ 求情者占 14%；

⑤ 逃走藏起者占 11%；

⑥ 大声喊叫者占 10%；

⑦ 求救者占 9%；

其中用武力对付的占 39%，而靠非武力脱身的占 54%。

2. 对付攻击伤人

① 还手者和用武器还击者占 27%；

② 吓唬歹徒者占 8%；

③ 逃走藏起者占 21%；

④ 求情者占 13%；

⑤ 求助者占 12%；

使用急智脱身来对付歹徒攻击的人数比例占 54%，用武力还击的占 27%，由此看来，急智性的非武力对付歹徒攻击的措施为人们所常用，因而有必要加以重视。

（四）对付歹徒攻击措施的依据

在对付歹徒攻击时采用何种措施应对，主要基于对下面几个主要因素的考虑：

1. 歹徒的目的：杀人，抢劫，强奸或攻击伤人？
2. 自卫者什么最重要：保命，保身体，保尊严，保钱财？
3. 敌我力量对比：身材、技术、武器及意志？
4. 胜负概率：胜、负、平手？
5. 自卫者所熟悉的措施：跑、打、求情、合作？

当这些因素都确定后，自卫者就知道自己应该如何去对付歹徒了。一般来说，确定第二因素比较容易，保命在先应是人人皆知，但也有糊涂之人，把钱想得比命还重要。较难判断的是第 1 条，不了解歹徒的目的——不知彼，这是自卫防身结果不可预料的最主要影响因素。

一般来说，自卫者所采取的措施大多是他们所相信、所熟悉，或所操练过的。因为紧急情况下，这类措施更容易自动出现。因此，人们应熟练掌握应急技巧和自卫措施，在遭到突然攻击时，就可以不加思索，驾轻就熟地运用。

三、临场对付歹徒的急智措施与技巧

下面讨论的一些急智措施（与格斗相对应），旨在帮助读者在遭到歹徒攻击时不战而胜，保全生命。读者可从中选择一二。这些措施来自一些真实案例，被一些自卫者成功地使用过，也受到一些自卫防身学教师推荐。但这些措施亦有不少失败的案例，且没有研究证明采取措施后成功率是多少。如同后面的格斗技术一样，没有一项急智措施能百分之百地保证自卫者安全脱身，因为每位自卫者所遇到的情况不尽相同，应根据实际情况灵活运用。

急智脱身措施优点：避免因格斗而受伤，由于自卫者不用武力反抗，歹徒也可能因此而降低其攻击的暴力程度。

急智脱身措施的局限性：自卫者几乎没有控制权。即不管自卫者采取何种措施，如妥协、舌战等，最后都是由歹徒来做决定，因此，在采用这些措施的同时，自卫者必须作好随时格斗的准备。

在下面的讨论中，不同的急智措施都用不同的模式来代表，以帮助理解和记住这些措施。

（一）走为上策——"兔子模式"

"三十六计，走为上策"。这一军事原则亦适用于自卫防身。遭遇歹徒攻击时，转身逃走有很多好处：

1. 不需任何技术，操作容易，只需反应迅速；
2. 安全。避免了采用格斗可能造成的伤害，避免了留在现场而受歹徒摆布的危险局面；
3. 逃跑时可以尽快将歹徒甩掉，因为歹徒一般不愿在容易被人看见的情况下追杀自卫者。

这一模式的安全性、实用性较高，因此被广为推崇。但该模式也存在一定的局限性：

1. 在很多情况下自卫者被堵在屋内或被捆绑囚禁而无路可逃；
2. 着装或者鞋不适合逃跑，行动缓慢，或缺乏耐力而不易脱逃；
3. 受害者由于过度惊吓，失去反抗能力。

特殊推荐 自卫者在遇到下面的一些情况可考虑采用"兔子模式"

1. 当歹徒身材力量占明显优势或持刀枪及团伙攻击时，自卫者应毫不犹豫地跑掉；
2. 当歹徒威逼自卫者去僻静之处，自卫者应以走为上策或准备格斗；

3. 在歹徒还未下手之际，或在格斗中采用急智措施且发现逃跑机会时；

4. 自卫者对其他急智措施或格斗没有信心和把握，奔跑能力较强。

"兔子模式"在实际应用中可以有很多变化。如一见歹徒转身就跑，什么都不要了，歹徒往往会因措手不及而慌神，进而失去攻击机会。自卫者还可以先喊一声"李强，我在这儿！"同时疾跑而去，这样歹徒会感到自卫者有同伴而不敢尾随。

专家们还推荐在遭遇抢劫时，不要把钱交到歹徒手里面，而是"掉"在地上或一边，同时向反方向逃走，并高声呼救，歹徒一般都会捡钱跑掉。

另一种更富有攻击性的逃跑方式是，先冲歹徒背后大喊一声"警察快来"，趁歹徒心虚而转身看个究竟时，踢打其裆部等人体弱处，转身逃走。这一招是模仿章鱼放烟雾而逃生的手段，亦称"章鱼模式"。

（二）妥协服从——"病人模式"

这一计是指自卫者完全听命于歹徒而不做任何反抗，以求歹徒不会用更严重的暴力，进而在达到其目的时放过自卫者，或希望歹徒因此而松懈下来，从而造成自卫者使用其他策略的良机。所有的病人在医生面前都言听计从，此计因此得名。

特殊推荐 应用妥协和服从对付歹徒时在两种情况下使用

1. 受害者没有机会反抗或逃脱，如不服从受害者马上就有生命危险时，受害者不得不使用这一办法。如受害者被抓住捆牢，或刀枪顶腹，或歹徒已经杀害不服从的其他受害人。这是被动性的应用。

2. 自卫者主动应用此计，以平稳歹徒情绪和一触即发的生命危险，然后伺机逃走或格斗。有很多受害者使用过这一措施，但没有研究表明此办法的应用效果如何。案例研究发现，有的受害者安全无事，而有的则仍被杀害。由于歹徒的动机及案件的具体情况不同，受害者使用此计安全脱身的概率是无法预料的。

使用此计的最重要原则是建立妥协服从的底线，即在什么程度上可以妥协服从，而在什么情况下不能继续再妥协服从下去，必须逃走或反抗。如果受害者认为继续妥协听命会使他们丧失最后的反抗机会，如被捆绑起来或被带到僻静无人之处时，则应当机立断，改变策略，即使是有即刻的危险也必须反抗或逃走。

（三）舌战——"推销员模式"

推销员一般都会花言巧语引顾客上钩。人们在面对强壮歹徒，或面对枪口刀尖而无法逃跑时，或身体较弱又无技术、无信心去格斗反抗时，往往会试图采用这一办法。其目的是使歹徒改变初衷，不忍下手从而不加害受害者，以拖延时间寻找其他机会。

1. "推销员模式"的优点

（1）不会像格斗或逃跑那样易激怒歹徒，可减少歹徒"下毒手"的概率；

（2）在一些情况下，比如歹徒不是穷凶极恶、丧心病狂或良心未泯，能使歹徒心生同情而不使用暴力；

（3）在与歹徒交谈时发现可利用的信息以想出对策，寻找机会脱身。

【案例1】吴若甫绑架案。2004年2月3日，吴若甫遭人绑架。吴若甫透露，在与绑匪僵持的过程中，他竟一直在讲"义"的故事，力图转移绑匪的注意力，夺枪自救。到最后，绑匪也聊起他们的经历，说他们什么时候开始走上犯罪道路，心态是如何发生转变的……双方聊到兴起时，还互相调侃。吴若甫称此举是想趁他们放松时，从对方手中夺枪自救。

2. "推销员模式"的局限性

（1）受害者有可能根本就没有机会开口。

（2）由于惊吓，受害者头脑一片空白，原先想好的说辞一概忘却，难以言说。

（3）受害者没有一点主动权。受害者不管用什么花言巧语，命运还是要由歹徒决定，因此此计效果难料。不过常理看，多数歹徒都不会怜香惜玉，常常对受害者的乞求不屑一顾。

3. "推销员模式"具体运用的方式

（1）谈判式：如受害者同意交出更多钱财换取生命安全，或以未曾相识且不报警等方式承诺，以免歹徒杀人灭口，把事做绝；

（2）规劝式：自卫者试图以规劝来唤起歹徒的良知，停止因一时冲动而引起的犯罪行动；

（3）欺骗式：受害者利用各种借口骗歹徒以求新的脱身机会。如骗歹徒去取钱而在路上逃跑，或以感染性病为名吓退欲行强奸之歹徒。

4. "推销员模式"运用时机

（1）受害者没机会逃走或没有机会格斗时；

（2）歹徒不那么凶恶蛮横时；

（3）自卫者需要拖延时间以等待援救或环境改变时。

（四）吓唬——"吠犬模式"

此计是用来警告和威胁歹徒，他们所选择的受害者并不像他们想象的那样是个"软柿子"。相反，如果歹徒硬要攻击的话，不会轻易得手，甚至可能自己吃亏。

歹徒一般都愿意选择软弱、无备及容易得手的目标，这样得手容易，又无对方反抗危险，且容易溜之大吉。而当自卫者摆出一副正规格斗的姿势及拼命的精神时，歹徒极有可能望而生畏，知难而退，而转身去找更容易得手的受害者。此计模仿龇牙咧嘴的狗，虽不见得咬人，但却十分吓人。

1. "吠犬模式"应用时机的选择

（1）歹徒在身材力量或武器上不占优势时；

（2）歹徒并非志在必得或信心不足露怯时；

（3）自卫者有信心对付歹徒，没有即刻的生命危险时，可考虑应用此计。

2. "吠犬模式"应用的各种方式

（1）有时稍加使用语言便可奏效。如自卫者摆出架势并喝叫："住手，免得伤了你！"等。

（2）有时摆出一副正规格斗架势，飞踢横脚，同时模仿空手道喝叫。当歹徒不了解底细时，这一招经常很有效。歹徒认为碰上硬敌了，便可能手软放弃。

3. "吠犬模式"应用的几个作用

（1）在吓唬歹徒时，自卫者亦会增加勇气以抗敌；

（2）吓唬会出乎歹徒意料，使歹徒在心理上缺乏攻击一个强硬的自卫者的信心；

（3）吓唬可能使歹徒退缩，因为无法预料自卫者实力；

（4）歹徒会担心短时间内无法得手而被人发现。

4. "吠犬模式"应用的局限性

（1）歹徒了解自卫者底细时；

（2）歹徒占有优势时；

（3）歹徒志在必得时，此计不会奏效；

（4）吓唬会激怒歹徒而促使他们使用更危险的暴力来对抗一个"厉害"的受害者。

（五）弄脏自己——"黄鼠狼模式"

此计用来使受害者变得脏乱不堪，从而使歹徒失去兴趣甚至感到厌恶而罢手。此计来源于黄鼠狼的御敌模式，主要用来对付强奸和性骚扰。当受到认识的人攻击时效果更好，因为认识的人一般不会被激怒而使用更严重的暴力。在受到陌生人攻击时，此计亦可以拖延歹徒进攻时间，从而寻找脱身机会。

1. 弄脏自己的方法

（1）呕吐、故意尿裤子；

（2）把各种酱类洒得满身都是，在泥里打个滚，都可以达到上述目的。

把自己弄脏的作用是改变受害者的形象，由一位漂亮姑娘变成肮脏流浪汉，从而引发歹徒的厌恶感并降低歹徒欲望。歹徒一般也缺乏心理准备或经验对付这样的自卫者，因而罢手或犹豫。

2. 弄脏自己的局限性

（1）不管自卫者把自己搞得多么肮脏不堪，最后还是要看歹徒怎么做，自卫者自己没有控制局势的能力；

（2）受害者不一定有机会、有条件实施此计；

（3）歹徒可能会因为达不到目的而使用更强的暴力；

（4）此计只对强奸歹徒有效，对其他犯罪基本上没有作用。

（六）装疯卖傻——"小丑模式"

此计使自卫者表现出歹徒所未预料到的怪异行为，从而造成歹徒心理上的迷惑及因缺乏对付这类受害者的经验与信心而退缩。这种办法的实用形式多种多样。

1. "小丑模式"实例

【案例2】当一歹徒欲行抢劫一位等待汽车的老妇人时，老妇人突然语惊四座："喂，我认识你妈。"歹徒愣住了，他没料到对方居然认识他妈，他当然不愿攻击一位认识他妈的人，以防被告。

【案例3】一位北京某高校女教授在遭遇一伙晚间游荡的流氓团伙时，伪装精神病患者而逃过一劫。歹徒当时全部愣住，呆呆地看她离去，谁也不知道怎么办才好。

【案例4】一位前去参加聚会的人在遭遇攻击时，扬起手中的酒瓶装成醉汉，使歹徒感到攻击醉汉太有失身份而脱身。

【案例5】一位女士在遭遇性攻击时主动装作脱衣服，同时声明自己感染艾滋病而不在乎，结果歹徒先害怕了。

2. "小丑模式"的局限性

（1）自卫者在遭受攻击时可能没有时间去实施此计；

（2）用此计亦需一定的胆量在歹徒的威胁下演戏，并且最后还是听由歹徒说了算。

纵观以上各种急智脱身措施，并非招招有用，作用亦有限。专家推荐最多的是"兔子模式""病人模式"及"吠犬模式"，但也因人而异。

第二节　对付因争执、摩擦、冲突引发的犯罪

在日常生活中，因一些小事所引发的争吵、摩擦与冲突司空见惯。多数争吵与冲突都不会引起自卫防身所提及的严重后果，但有些直接导致打架、强暴、谋杀等，上述案例在新闻里亦常见到。

巧妙地应付这些日常生活中的争吵、摩擦、冲突以避免严重后果，是自卫防身的一个重要组成部分。这一部分有两个作用：一是避免与各种罪犯或帮派分子发生冲突，这样他们亦不会挑你作为攻击对象；二是避免因争吵、摩擦、冲突而把争吵的另一方变成危险的犯罪分子，并把你当成攻击的目标。

一、争吵、摩擦、冲突的心理与现实

（一）争吵、摩擦、冲突会引发什么心理反应

争吵、摩擦、冲突对当事双方都会产生负面影响，有些会使人们感到生气、恼火、丢脸，有些则会使人们产生仇恨与报复的欲望，其后果因人因时不同。低等危险程度的冲突一般不会引起严重后果。原因如下：1. 双方均能克制情绪以避免事态扩大；2. 双方体格力量悬殊，弱的一方退却自认倒霉；3. 旁人较多而不敢加码，或因有人劝架而停止。而高等危险程度的冲突则会引起严重的心理伤害而使双方互不退让，从而使冲突进一步升温，发展到不动手不足以解恨的程度。此时很有可能大打出手，拼个你死我活。有时即使一方因势弱而退却，但心头之恨仍不减弱，那极可能进行报复，如找黑社会或用刀用枪搞突然袭击。

（二）争吵、摩擦、冲突的危险性

1. 如对方是帮派分子或犯罪分子，那极有可能实施报复。如果帮派或犯罪分子对你恨之入骨，那你逃脱的机会微乎其微。当卷入争吵冲突，尤其是与陌生人发生冲突时，如果知道对方是危险且心狠手毒的帮派或犯罪分子，绝不惹祸上身。也许本没打算伤害你，但当你卷入争吵冲突时，他们会毫不犹豫采取措施。

2. 因争吵冲突而树敌。争吵一般由小事开始，由于双方互不相让而导致暴力行为的出现。

【案例6】2005 年，北京某医院发生一起凶杀案。北京某大学医学部一名在此实习的大二学生，被发现死在宿舍楼的楼梯口，脖子上被开了一个大口子，胸前被扎了好几刀。4楼与3楼之间的楼梯上，

到处都是死者的血迹。凶杀原因为犯罪嫌疑人因与死者争女友而发生矛盾，发生过激行为。

二、争执与冲突是引发犯罪的主导因素

（一）社会因素

在每个国家每种文化中都有争执、摩擦与冲突，由于传统、道德与教育的水平不同，冲突发生的概率和人们处理冲突的方式也不同。在一个充满爱心与和平意识的社会里，冲突鲜有发生，且人们愿意用和平的方式来处理。相反，在一个充满强权与暴力的社会中，人们往往会用暴力解决问题，成长在一个充满暴力的家庭中的孩子也往往有暴力倾向。

（二）心理因素

1. 生活哲学

每个人都有自己的生活哲学来指导行为。一个坚信与人为善、与世无争的人很少挑起或参与争执和冲突。一个坚信和平至上者会处处用和平手段解决问题。而一个自私自利、贪图便宜而不惜损害他人利益的人，则更有可能挑起争端，而最终成为暴力犯罪的害人者或受害者。

2. 生活目标与思维方式

不同的生活目标由不同的思维方式决定。具有远大理想抱负的人一般不会为了小事与人争斗，因为这些小事很可能会影响他的长远目标，即使在小事上与人发生摩擦他们也容易退出，而不会为了一时的面子争执不休，酿成大祸，"小不忍则乱大谋"是他们行事的主导思想。这些人成为冲突受害者的概率就会小得多。

3. 个性

人的个性有善良与邪恶之分。据统计，约有20%的人个性友好，有20%的人生就一副坏脾气，其他60%的人则有时友好有时邪恶。生性友好的人很少会为了一些小事去与他人发生争执与冲突。而脾气暴躁者则常常会为一些小事争执打架，这样个性的人容易树敌惹祸而招致报复。

4. 对潜在危险的认识

只有对引起或卷入争执与冲突的潜在危险及严重后果有深刻认识，才会使人对这类冲突有所警觉，从而在头脑中设立一道关卡：遇到争执或冲突时，会以和平理智的方法去处理。只有毫无警觉的人才会遇事不管不顾地蛮干，卷入争执与冲突，暴躁、疯狂过后又懊悔不已。

5. 自控能力

自控能力是预防与处理争执冲突的一个关键因素。人们在面对各种不公平、挑衅、争执、摩擦或冲突时会自发地表现出不同反应，有的平和，有的激烈。健康的人有控制自己行为的能力，随时调节自己心理冲突，必要时能遏制自己非理性的冲动，有效地调动自己的身心力量，在有关领域实现较高水平的自控目标。较强的自控能力会让你控制脾气，而有更多的思考时间减少卷入或参与使冲突升级的可能事件，也可使你顾全大局，主动退出冲突。对脾气个性不好的人这种自控能力更需磨炼。

6. 对情况的判断力

争执与冲突在日常生活中无处不在，人们不可能永远避免卷入争执与冲突，而且多数冲突也不会直接导致暴力。重要的是要明白与谁发生冲突、冲突的情况和激烈程度如何、冲突是否向暴力方向发展，一旦发现情况不妙要立即退出。但如果冲突情况不明，则判断能力及决策能力都会受到影响。

（三）辅助因素

争执与冲突亦有很多辅助因素的影响。酗酒与吸毒者往往会神志不清，性格扭曲，对什么事都漠不关心，且不易控制自己的行为，对争执与冲突的解决都倾向于暴力解决。双方身材力量的对比、武器和技术都对解除冲突的方式有影响。所处环境也是因素之一，人们在自己所熟悉的环境里比在陌生环境中更容易把冲突坚持下去并且升级，因为他们对自己的胜利更有信心。

三、主要的冲突与触发因素

特别提示 冲突触发的场合及因素

（一）家庭

家庭成员住在一起的时间较多，因而争执、摩擦、冲突发生的概率大。虽然多数冲突不会产生暴力结局，但也有很多家庭暴力的例子。

1. 主要冲突之一是夫妻之间。冲突原因表现在财务问题、子女管教问题、赡养老人问题、缺乏互相尊重、专横、脾气不合、欺骗、抽烟、酗酒、吸毒、不正当男女关系等。

2. 第二类冲突是父母与子女之间。主要触发因素包括价值观不同、财务管理、沟通不良、期望不同、管束不当及反叛行为等。

3. 第三类是兄弟姐妹之间。主要涉及不公平对待、嫉妒、意见相左、遗产争执及霸道作风等。

（二）朋友之间

朋友之间的冲突主要来自意见相左、误解、沟通不良、利益冲突、竞争、欺骗等。

（三）邻里之间

邻里之间的冲突通常包括侵犯对方领地，噪音骚扰，损坏双方共用设施，乱扔垃圾，孩子矛盾，宠物分歧等。还有因宗教信仰、种族等引起的矛盾冲突。

（四）工作

工作上的冲突包括上司与下属之间、同事之间、雇员与顾客之间。

1. 上司与下属之间常见的矛盾有不公正待遇、工作负担过重、压力过大、沟通不畅、误解、种族冲突、反抗及裁员等。

2. 同事之间的常见问题有不公正待遇、嫉妒、竞争、种族矛盾、欺骗剽窃他人成果、暗地使坏、不尊重对方等。

3. 与顾客之间的冲突包括不友好态度、各持己见互不退让、期望值不同、沟通不畅、误解与欺骗等。

（五）学校

学校的冲突主要发生在校方、老师及学生之间。

常见的是师生之间及学生之间。师生之间主要是老师的不公平对待、态度恶劣、霸道行为、学生反叛、缺乏沟通、受到不公平待遇等情况。

（六）陌生人

与陌生人之间的冲突几乎来自任何方面，但主要有几种：

1. 利益之间的冲突，如抢道抢座、不排队等。

2. 双方文化教育背景的异同，或对对方行为方式不了解而产生的误解及不良沟通。这些误解常常会造成嫉妒、竞争、不公平待遇、报复心理、憎恨情绪。这种情况在美国尤其严重，由于美国是一个多民族的移民国家，人们的文化教育背景、生活方式多元化差异，不易沟通。

3. 交往方式不合适及对陌生人不信任、不友善的态度。

四、预防争执与冲突的原则

从安全教育与自卫防身角度来看，应遵循以下预防争执与冲突的原则，避免在处理即将发生的冲突时苦思冥想，而马上见机行事，安全处理。

（一）建立安全的思维方式

在即将引发或卷入争执冲突时，要"三思而后行"。不卷入无谓的冲突，并不能说明胆小怕事，而是展示自己不为小事而偏废大局，高瞻远瞩的胸怀与气量。另外，在自身观点与他人意见相左时，即便是参与争执，也要"对事不对人"。说话亦不应偏激，不应带有攻击毁谤别人的意图。通过犯罪往往只能进一步证明自己观点是错误的。

（二）树立远大目标并培养忍耐力

处理冲突时要时时记住自己的长远目标，不要为一时的痛快而遗憾终身。在人一生中，小事冲突无数，无法预料。为了大局要培养忍耐力，牢记住"小不忍则乱大谋"。

（三）改变你的个性脾气

如果你属于那20%的坏脾气一类，记住坏脾气乃"惹祸之道"。要学会尊重别人，不要总想独占上风。记住一句老话："己所不欲，勿施于人。"

（四）学会理解与沟通

与人交往要与人为善，要相互理解，关爱他人；语气和善，言词友好，避免侮辱和伤害别人；要学会原谅，包容海涵，批评时对事不对人。

（五）让潜在后果意识指导行为

记住引发及卷入争执冲突的危险后果，牢记经验教训，切勿盲目行动。还要记住的一点是，永远无"常胜将军"，冲突常常是两败俱伤。

（六）牢记法律

中国文化忌讳"惹是生非"。美国也有一句老话："Let the sleeping dog lie." 一旦发生冲突，双方都应尽量避免火上浇油。

（七）铭记古训

中国有两句古话可作为预防与解决冲突的指导原则："好汉不吃眼前亏"和"进一步悬崖峭壁，退一步海阔天空"。两句古训可谓自卫防身的至理名言。

五、如何安全解决冲突

一旦把上述原则牢记在心，并能将这些原则成为自己行动指导，在遇到冲突时，就会有备而来，慌而不乱，从容应对。

一般解决冲突：要软硬兼施，采取"软硬两手"的措施：

"硬的一手"是据理力争，毫不退让，让对手生畏而退；但容易惹怒对方，火上浇油，一般情况下不为自卫防身所推荐；

"软的一手"是借用太极拳的原理，以软对硬，四两拨千斤，化解冲突，以和平方式收场。以软对硬一般可采用下列方法：

（一）退后一步走开

既然冲突都必须有双方，找个借口撤出冲突，矛盾迎刃而解。

（二）让对手感觉良好

在冲突升温而预见到潜在危险时，说声道歉然后走开。即使错不在己，但说声道歉也无伤尊严，这样会使对手感到胜利，因而也就没必要再得寸进尺。

（三）一笑解千仇

中国有句老话："伸手不打笑脸人。"在冲突紧张时，一笑常会消除紧张气氛，使对手松弛下来。这样对手也不必再把你当成敌人。

（四）说话态度和蔼

不管对手怎么发疯，你在处理冲突时要保持冷静，说话声音不要高，不要想用粗声大嗓压倒对方。语气、语调常常是冲突升温的一个重要因素。

（五）开个玩笑

有时开玩笑或自嘲会使冲突出现意想不到的转机。开心一笑常有助于化解矛盾，缓和气氛。

（六）与人为善

得饶人处且饶人，不要把对方逼到背水一战的地步，避免把对手当成敌人。

（七）控制情绪

要学会控制自己的情绪，避免因一时冲动造成终身遗憾。

第6章 正当防卫

第一节 正当防卫基本理论

人和动物一样，具有一定的先天或遗传因素控制着的生物本能。食欲、性欲和防卫能力，是生物学家和人类学家公认的一切生物所具有的"三大本能"。所以，防卫是人类社会维持个体和种族生存、延续的必要条件之一。[1]作为暴力犯罪的受害者，防卫能力至关重要。如何提高防卫技能，有效应对和防范暴力犯罪引人深思。在法制社会的今天，当个人的人身、财产安全受到侵害时，如何成功进行自我保护及防卫，掌握和了解正当防卫的相关法律知识乃当务之急。

一、正当防卫的概念

《中华人民共和国刑法》（以下简称《刑法》）第二十条明确规定："为了使国家、公共利益、本人或他人的人身、财产和其他权利免受正在进行的不法侵害，而采取的制止不法侵害的行为，对不法侵害人造成损害的，属于正当防卫，不负刑事责任。正当防卫明显超过必要限度造成重大损害的，应当负刑事责任，但是应当减轻或者免除处罚。对正在进行行凶、杀人、抢劫、强奸、绑架以及其他严重危及人身安全的暴力犯罪，采取防卫行为，造成不法侵害人伤亡的，不属于防卫过当，不负刑事责任。"因此，正当防卫是指为了使国家、公共利益、本人或者他人的人身、财产和其他权利免受正在进行的不法侵害，采取的制止不法侵害并对不法侵害人实施未明显超过必要限度的损害行为。

---

[1] 陈兴良. 正当防卫论【M】，北京：中国人民大学出版社，2006；p.1.

二、正当防卫的成立条件

（一）起因条件。防卫起因是正当防卫构成的客观条件之一。防卫起因，即"不法侵害"，是指具有不合法侵犯性并且可能造成危害的行为，具体包括一般违法行为。正当防卫行为只有在国家公共利益、本人或他人的合法权利受到不法侵害时才能实施，其起因条件即存在着具有社会危害和侵害紧迫性的不法侵害行为，条件包括：1. 必须有不法侵害存在。包括违法行为和犯罪行为。2. 不法侵害必须是现实存在的。至于不法侵害的程度，通常限于具有暴力性、破坏性、紧迫性等不法侵害行为。3. 不法侵害通常应是侵害人所实施的。

（二）时间条件。正当防卫的时间条件，是指正当防卫只能在不法侵害正在进行时实行，不能实行事前防卫或事后防卫。应当准确理解正当防卫的时间条件，即不法侵害"正在进行"的起始时间。所谓不法侵害正在进行，是指侵害处于实施阶段，这个实施阶段可以表述为"已经发生并且尚未结束"。因此，防卫时间可以从以下两个方面进行认定：

1. 开始时间。关键是要正确认定不法侵害行为的起始点。在确定不法侵害行为的开始时，不能苛求防卫人，而是应该根据当时的主观和客观的因素进行全面分析。

2. 终止时间。在不法侵害终止以后，正当防卫的前提条件已经不复存在，正当防卫权利已经消失。不法侵害的终止应以不法侵害的危险是否排除为其客观标准。

（三）对象条件。正当防卫的对象条件必须是对不法侵害者本人实施防卫，而不能对无关的第三者实施；至于不法侵害者是否达到法定刑事责任年龄，是否具有刑事责任能力，并不影响正当防卫的成立。对于未成年人以及精神病人实施的不法侵害，出于事件紧迫性，不管事前是否知道其未达法定刑事责任年龄或为无刑事责任能力人，都可以对其进行防卫反击，但在防卫手段上应有所节制。

（四）主观条件。正当防卫的主观条件，是指防卫人主观的目的必须是出于正当防卫，即具有"防卫意图"，是为了阻止正在发生的不法行为，是为了国家、公共利益、本人或者他人的人身、财产和其他权利免受不法侵害。不是出于上述目的，不属于正当防卫。

防卫意图包括两个方面的内容：

1. 认识因素。是指防卫人意识到国家、社会公共利益、本人或者他人的人身、财产等合法权利受到正在进行的不法侵害。

2. 意志因素。是指防卫行为防卫人在自觉支配下，实施防卫行为，并且积极地追求保护国家、社会公共利益和其他合法权利的正当防卫的目的。

（五）限度条件。正当防卫不能超过必要的限度（即能阻止对方对自己的侵害），造成不应有的损害。是否明显超过必要限度并造成重大损害，是区别防卫合法与非法、正当与过当的一个标志。为了防止防卫权的滥用，新《刑法》也相应地作了有关防卫过当的规定："正当防卫明显超过必要限度造成重大损害的，应当负刑事责任，但是应当减轻或者免除处罚。""必要限度"指的是能够制止不法侵害发生或继续所必需的能力或范围，要求防卫行为必须与侵害行为相适应。

正确把握正当防卫的限度，可以从以下三个方面进行考察。

1. 不法侵害的强度。所谓不法侵害的强度，是指防卫行为的性质、对客体已经造成损害结果的轻重以及造成这种损害结果的手段、工具和打击部位等因素的统一。

2. 不法侵害的缓急。是指侵害的紧迫性，即不法侵害所形成的对国家、社会公共利益、本人或者他人的人身、财产等合法权利的危险程度。

3. 不法侵害的权益。不法侵害的权益，即正当防卫保护的权益，它是决定必要限度的因素之一。

三、无限防卫权

所谓无限防卫权，是指公民在某些特定情况下所实施的正当防卫行为，没有必要限度的限制，对其防卫行为的任何后果均不负刑事责任。《刑法》第二十条第三款规定："对正在进行行凶、杀人、抢劫、强奸、绑架以及其他严重危及人身安全的暴力犯罪，采取防卫行为，造成不法侵害人伤亡的，不属于防卫过当，不负刑事责任。"根据该款规定，实施无过当防卫，首先，必须具备正当防卫成立的上述相关条件。其次，必须是针对正在行凶、杀人、抢劫、强奸、绑架等严重危及人身安全的暴力犯罪。该条在揭示特定的暴力犯罪的范围时，并非以定义的方式加以规定，而是采用了列举归纳的方式。这里所列举行凶、杀人、抢劫、强奸、绑架以及其他严重危及人身安全的暴力犯罪行为，由于防卫人的生命安全受到威胁，因此需要采取较为激烈的防卫手段，造成不法侵害人伤亡的后果，新《刑法》明文规定不负刑事责任。

四、防卫过当及其刑事责任

防卫过当，是指防卫行为明显超过必要限度，对不法侵害人造成重大损害。其特征是：1. 在客观上实施明显超过必要限度的行为，并对不法侵害人造成了重大的损害。2. 在主观上对过当行为及其防卫结果具有罪过，但其罪过形式，可能是间接故意或者过失。

防卫过当行为的罪名，应当根据防卫人实施的具体行为的性质，以及行为人的罪过形式，并依据刑法分则有关条款予以确定。对于防卫过当行为的量刑，我国《刑法》第二十条第二款规定"应当减轻或者免除处罚"。这是因为：从主观上来看，防卫人具有保护国家、社会公共利益和其他合法权利的防卫动机。虽然造成重大损害的防卫过当行为具有过错，但是和一般其他犯罪相比，其主观恶性要小，社会危害性较小。从客观上来看，在防卫过当的全部损害结果中，由于存在正当防卫的前提，所以防卫过当应当仅对超出限度的损害结果承担刑事责任。具体应当从以下因素考虑：

（一）防卫目的。在过当程度相同的情况下，其防卫行为属于何种动机影响防卫过当的量刑。为保护国家、公共利益、他人合法权益而防卫过当的，较之为保护自己合法利益而防卫过当的处罚应更轻。

（二）过当程度。即所造成重大的损害后果与必要限度的差距，过当程度的大小体现了社会危害性程度，从而影响到防卫过当的量刑。轻微过当，则罪行轻微，处罚亦应轻微；严重过当，则罪行严重，处罚相对要重。

（三）罪过形式。疏忽大意的过失、过于自信的过失、间接故意导致过失等行为，从前到后，减轻处罚乃至免除处罚的幅度与可能性应当依次递减的。

（四）权益性质。正当防卫所保护的权益的性质，在对防卫过当量刑时，应该加以充分考虑。为保护重大权益而防卫过当，较之为保护较小权益而防卫过当的处罚应当更轻。

（五）社会舆论。在对防卫过当量刑时，还要考虑社会影响，既保持公民正当防卫的积极性，又要维护社会主义法制的严肃性。

五、非正当防卫行为

（一）防卫过当。指行为人在实施正当防卫时，超过了正当防卫所需要的必要限度，并造成了不应有的危害行为。

（二）防卫挑拨。是指行为人出于侵害的目的，以故意挑衅、引诱等方法促使对方进行不法侵害，而后借口防卫加害对方的行为。其行为虽然存在着一定的不法侵害，形式上符合正当防卫的客观条件。但由于该不法侵害是在挑拨人的挑逗下故意诱发的，其主观上具有犯罪意图而没有防卫意图，客观上实施了犯罪行为，因应当承担刑事责任。

（三）防卫第三者，也叫局外防卫。它是指防卫者对正在进行不法侵害以外的人实施了所谓正当防卫,即加害于没有进行不法侵害的其他人,使其遭受损害。对于防卫第三者应当根据以下三种情况处理:1. 符合紧急避险条件的,应以紧急避险论,不负刑事责任。2. 出于侵害之故意的,应以故意犯罪论。3. 出于对事实上的认识错误,但主观上具有过失的,应以过失犯罪论。

(四)假想防卫。它是指不法侵害行为根本不存在,由于行为人猜想、估计、推断不法侵害行为存在,而对其实施侵袭的一种不法侵害行为。事实上不存在不法侵害,行为人误认为存在不法侵害而对臆想中的侵害进行防卫,属于假想防卫。对于假想防卫,应视行为主观上有无过失而予以不同的处理。对于假想防卫应当按照对事实认识错误的一般原则来解决其刑事责任问题,即:1. 假想防卫不可能构成故意犯罪。2. 如果行为人主观上存在过失,应以过失犯罪论处理。3. 如果行为人主观上没有过错,其危害结果是由于行为人当时不可能预见到的原因引起的,行为人不负刑事责任。

(五)事前防卫,也叫提前防卫。它是指行为人在不法侵害尚未发生或者还未到来的时候,对准备进行不法侵害的人采取了所谓的防卫行为。由于在这种情况下,不法侵害没有现实地发生,因此,其行为不得视为正当防卫。

(六)事后防卫。它是指不法侵害终止后,对不法侵害者进行的所谓防卫行为。公民实施防卫行为,已使不法侵害人丧失了侵害能力,有效地制止了不法侵害的继续,在这种情况下对不法侵害人实施侵害,属于违法行为,这种违法侵害行为构成犯罪的,应当负刑事责任。

(七)互相斗殴。是指双方均出于侵害对方的非法意图而发生的相互侵害行为。参与者在主观上都是由不法侵害故意支配,客观上实施了互相侵害。在互相斗殴的情况下,由于行为人主观上没有防卫意图,其行为也不得视为正当防卫。

(八)为保护非法利益而实行的防卫。正当防卫是以保护合法利益而实施的,而为非法利益实施的所谓防卫行为,缺乏防卫的前提条件,不能构成正当防卫。如为保护毒品而实施的行为等。

正当防卫是将本来应由法律保护的利益在法律所不能及的紧急情况下,赋予公民奋起自卫的一项正当权利,它本身意味着对国家刑罚权的一种补充。正当防卫不负刑事责任,但这是有条件的。防卫目的是为了排除和制止不法侵害,保护公共财产和公民的人身财产安全,是需要有相应限度和限制的。对于正当防卫的界定有利于鼓励广大人民群众同违法犯罪做斗争,及时消除制止不法侵害行为,有效地惩治犯罪,维护社会公平正义,维护社会稳定和繁荣。

第二节 正当防卫案例评析

【案例1】某日深夜,男青年杨某尾随下夜班的青年女工王某,途经至无人处时,拦住王某,拔出尖刀,逼迫王某与其发生性关系。王某开始假装顺从,趁杨某思想放松,忙于解衣时,从他身上拔出尖刀,将杨某刺死。

王某的行为是正当防卫还是防卫过当?当然是正当防卫。正当防卫有一个限度条件,即防卫行为不能明显超过必要的限度且造成重大损害,否则,就是防卫过当。本案王某的行为属正当防卫,是因为王的行为属于《刑法》规定的无过当防卫。《刑法》第二十条第三款规定:"对正在进行行凶、杀人、抢劫、强奸、绑架以及其他严重危及人身安全的暴力犯罪,采取防卫行为,造成不法侵害人伤亡的,不属于防卫过当,不负刑事责任。"实施无过当这一特殊防卫,首先必须具备正当防卫的成立条件,同时还必须针对正在进行的行凶、杀人、抢劫、强奸、绑架等严重暴力性犯罪,而且这些罪行还必须严重危及了人身安全。否则,造成不法侵害人伤亡后果的,仍然属于防卫过当,应依法负刑事责任。

【案例2】赖某,男,25岁。某日晚,赖某见两男青年正在侮辱他的女朋友,上前制止,被其中一男青年殴打被迫还手。对打时,便衣警察黄某路过,见状抓住赖的左肩,但未表明公安人员的身份。赖某误以为黄是帮凶,便拔刀刺黄左臂一刀逃走。

对赖某的行为应如何认定?

赖某的行为构成犯罪,应当以故意伤害罪论处。

理由是:1.赖某打击便衣警察的行为属于假想防卫,应当负刑事责任。2.赖某对便衣警察的伤害行为是故意的。在本案中,赖某对便衣警察是否为侵害人同伙,在认识上有过失,但对便衣警察的伤害行为却是故意的,不是过失。3.赖某没有认识到便衣警察的身份,主观上没有伤害警察执行公务的意图,因而不能以妨害公务罪定罪处罚。

【案例3】一天晚上,田某从同学家归来,路过一条偏僻的胡同时,从胡同口跳出一个持刀青年黄某。黄某把刀逼向田某并让他交出钱和手表。田某扭头就跑,结果跑进了死胡同,而黄某持刀紧随其后,慌乱害怕中，田某拿起墙角的一根木棒向黄某挥去，黄某应声倒下。

田某立即向派出所投案，后经查验，黄某已死亡。

田华的行为是正当防卫还是防卫过当？

田华的行为是正当防卫。根据《刑法》第二十条第三款规定："对正在进行的行凶、杀人、抢劫、强奸、绑架以及其他严重危及人身安全的暴力犯罪，采取防卫行为、造成不法侵害人伤亡的，不属于防卫过当，不负刑事责任。"本案中，田华对正在进行持刀抢劫的黄某采取防卫行为，将之打死，属于正当防卫。

安全教育与自卫防身

技术篇

第7章
自卫防身基本进攻技术

进攻技术的作用有三个：一是用来阻挡歹徒靠近自己，二是击伤歹徒使其失去或削弱攻击能力，三是阻吓歹徒使其知难而退。自卫防身必须做到攻守兼备，进退自如，永远不使自己处于被动挨打的局面。主动进攻可以扭转局势，转守为攻，使防卫更加有效，所谓最好的防守是进攻。进攻技术包括拳法和腿法，其中又包括单个技术及组合技术。自卫者在每次出拳或出腿后，如未能如愿打击到目标，则应马上回到基本姿势以防歹徒趁机还击，并准备再次进攻；若成功打击到目标，则应趁对方慌乱时连续进攻，使其失去攻击能力或逼迫其后退逃走。所有的技术示范都从基本姿势开始，所有的技术也都有后续动作要领，或退回原姿势防守，或连续进攻，在此不一一列出。

第一节 格斗姿势与移动

一、格斗基本姿势

（一）远战

远战指的是自卫者与歹徒之间保持两臂以上的距离，主要的格斗方式是运用移动、躲闪、格挡、长拳及踢、踹等技术动作进行攻防，类似于空手道或跆拳道比赛。远战的主要目的是使自卫者能在格斗中与歹徒保持一定的安全距离，使歹徒不能有效进攻自卫者。因此采用这种格斗方式对自卫者相对安全，自卫者有一定的时间和距离对歹徒的攻击意图或动作要领做出及时反应。进可攻，退可守，攻守分明。远战格斗对自卫者来说危险系数较小,因而在选择格斗方式时,尤其是在歹徒靠近或抓住自卫者之前,解脱搂抱之后,歹徒持刀时,应尽可能采用这种格斗方式。

自卫者远战格斗的主要"武器"是拳脚,当然也可以兼用其他武器。攻击目标是歹徒的软弱和致命部位,最主要的打击目标是头、裆及膝,攻击这三个部位可严重击伤歹徒以削弱其进攻能力;次要打击的目标是肋与下腹,同样可给歹徒造成一定程度的伤害。同时,自卫者在远战格斗时对自己的这些致命部位也应严加防护,因为这也是歹徒的主要攻击目标。

合理的远战姿势便于自卫者快速移动、快速进攻、快速退防。各种拳术均有自己的基本姿势,最常用和最实用的自卫防身远战姿势有些类似于拳击的基本姿势(见图 7-1)。

图 7-1 远战姿势

动作要领:
与歹徒保持两臂距离,两脚如肩宽,重心在前脚掌上,屈膝曲髋,身体半右转,两肩向内拢,微收下颌,双目注视歹徒,左拳于下颌平行高度,置敌我之间,主要护头与肋,右拳在胸前或稍高,护肋及裆。
易犯错误:没有掌握重心,不是立拳,肘关节外展。
纠正方法:讲解示范,要求肘关节自然下垂,拳眼正对学员鼻子。
重点提示:掌握好重心,屈膝曲髋,收腹含胸,双目逼视歹徒。

(二)近战

这种格斗方式主要用于自卫者与歹徒距离较近(一臂之内)时。主要技术包括用肘、膝、短踢及短拳来打击歹徒,同时防备歹徒使用这些招数进攻。对自卫者来说,近战格斗容易被抓被打,危险性和受伤概率也大大增加。由于双方距离较近,自卫者时间紧迫,必须果断应战,攻守亦不十分分明,双方常常是"混战"成一团。

近战格斗的基本姿势类似于远战,但身体姿势缩得更紧,两臂更靠近身体,两手护头,两臂肘护肋,前腿内合护裆。攻守均由这个姿势开始(见图 7-2)。

动作要领：
头和胸内缩，两臂回缩护头护肋，前腿内合护裆。
近战的移动方式基本上是跳步移动和碎步移动，加上身体的向后、向侧的躲闪动作要领。
易犯错误：没有把身体团紧。
纠正方法：集体练习，个别纠正。
重点提示：保护身体的重要部位。

图 7-2 近战姿势

二、移动

在格斗中移动技术比较多，本文简介一下几个简单实用动作，前、后、左、右的移动及上步、垫步。

快速的脚步移动可使自卫者保持安全距离，以便进可进攻对方空当，退可避开歹徒拳、打、踢。移动技术包括前、后、左、右四个方向：前移用来出拳、出腿攻击歹徒；后移用来躲避对方拳打脚踢；左右侧移用来避开对方前冲。移动的基本方法是，向哪个方向移动，哪只脚就先动，即"人随脚动"，另一只脚快速跟随，以保持同样的格斗姿势。有时移动不止一两步，但基本方法触类旁通（见图 7-3、7-4、7-5、7-6）。

图 7-3 前移动

图 7-4 后移动

图 7-5 左移动

图 7-6 右移动

动作要领：
- 前移动：重心在两脚之间，前脚向前移动，重心前移，后脚随上。
- 后移动：重心在两脚之间，后脚向后移动，重心后移，前脚随上。
- 左移动：重心在两脚之间，左脚向左移动，重心左移，右脚随上。
- 右移动：重心在两脚之间，右脚向右移动，重心右移，左脚随上。

易犯错误：双脚跳步前进；重心上下浮动。
纠正方法：先体验前后移动重心，将重心保持在一个水平面上，不要跳动。
重点提示：移重心和蹬地的配合，双眼观察四周环境，注视歹徒。

第二节　基本手形（拳、掌、指）

一、拳

平拳姿势为四指并拢向掌心卷握，拇指屈扣于食指和中指第二指节上。平拳实用于冲、打、砸、架等技法。多在长拳类拳术中出现，适用于我们的远近战格斗（见图 7-7）。

图 7-7 拳

二、掌

立掌方式为四指并拢，第一指关节微曲，拇指关节弯曲，放于掌侧。第一指节弯曲扣虎口处（见图7-8）。

图7-8 掌

掌尖：指关节不要伸得太直，防止被反折，造成指关节骨折，出击时要像猛蛇吐信，迅捷快速，出其不意，用于插眼、戳喉、击肋、拂眼。

掌根：五指弯曲紧扣，掌竖直，突出掌根手腕，在击中时要保持掌劲，用于推撞下巴，撞击心窝，撞肋。

掌侧：攻击部位在掌缘后端，切记不要用小指攻击，因其无法承受反作用力冲击。劈击时作用于脖颈、后脑、锁骨、手臂。横扫时击于太阳穴，肋部。

三、指

食指、中指前伸，微分开3厘米左右，其余手指弯握于掌心，食中指不要伸成反弯曲状，防止攻击到人体坚硬部位折伤，手腕要保持一定硬度。主要用于插眼（食、中指距与双眼同宽）、戳肋（见图7-9）。

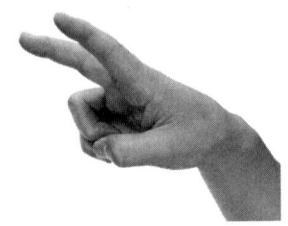

图7-9 指

> 易犯错误：拳的握法不正确，把拇指握在拳心里，没有压在第二指节上。
> 　　　　　手指没有并拢。出指时，伸展太直。对于手指力量比较差的学生应该如图7-9所示进行练习。
> 纠正方法：讲解示范正确动作，多作模拟练习。
> 重点提示：讲解示范应用方法和应用时机。

第三节　基本拳法

一、直拳

（一）左直拳（前手）

优势为靠近歹徒且出拳又快，主要用来打击歹徒脸部，诱惑歹徒护脸，趁机用后手拳打其肋腹（见图7-10）。

（二）右直拳（后重拳）

此拳力量大，主要用来打击歹徒肋部或下腹。若歹徒个子不高，亦可用来打击歹徒头部（见图 7-11）。

图 7-10　左直拳　　　　　　　　　　图 7-11　右直拳

动作要领：
· 左直拳：迅速右转体，脚蹬地，左肩前送发力，左拳击歹徒鼻梁脸部。
· 右直拳：迅速左转身，右脚蹬地，同时腰部发力，右肩前送发力，以拳面击歹徒胸腹。
易犯错误：立拳出手，甩小臂，未协调全身用力。
纠正方法：双人对练，慢动作互相纠正。
重点提示：蹬地，转体，出拳。

二、摆拳

用于自卫者与歹徒距离较近（一臂之内）时，主要攻击歹徒的太阳穴、耳鼻等部位，对于没有训练素质和力量稍差的自卫者，可以利用全身的协调用力。转体、蹬、摆、力点直打歹徒头部要害部位（见图7-12、7-13）。

图 7-12　右摆拳

图 7-13 左摆拳

动作要领：
- 右摆拳：身体稍向左转体带动右臂，转体挥臂用右拳面打击歹徒耳、太阳穴。
- 左摆拳：身体稍向右转体带动左臂，转体挥臂用左拳面打击歹徒耳、太阳穴。

易犯错误：挥臂不转体，没有蹬地转体的全身协调力量。
纠正方法：提出问题，集体徒手练习。
重点提示：利用器材，双人对练，寻找重点打击目标，体验实战。

三、勾拳

用于近战，主要攻击歹徒的胸、腹、肋、下颌、鼻等部位，对于没有训练素质和力量稍差的自卫者，最好利用屈膝蹬地的全身的协调用力，快速攻击歹徒身体重要部位（见图 7-14、7-15）。

7-14 上勾拳　　　　　　　　　　7-15 下勾拳

动作要领：
- 上勾拳：屈膝降重心引右臂，蹬地出拳，打击歹徒下颌、鼻脸部。
- 下勾拳：屈膝降重心引右臂，蹬地出拳，打击歹徒腹、胸部。

易犯错误：没有屈膝和重心升降的协调配合，勾拳力量较小。
纠正方法：分解放慢动作速度，体会"脚踩弹簧"的感受。
重点提示：身体素质较差的自卫者，在攻击歹徒时必须借助全身的协调用力。

四、短拳（近体短拳）

短拳在近体时使用，能出其不意快速攻击歹徒的重要部位。

（一）上手短拳

主要用于绕过歹徒双手而打其脸或耳后部（见图 7-16）。

（二）下手短拳

主要用于打击歹徒肋或腹（见图 7-17）。

（三）冲天炮

主要用于从歹徒双手之间空档进拳打歹徒下颌（见图 7-18）。

图 7-16　上手短拳

图 7-17　下手短拳

图 7-18　冲天炮

动作要领：
- 上手短拳：上体快速侧转，以腰肩带动手臂，拳心向下，击歹徒脸、鼻、耳后部。
- 下手短拳：身体快转，后腿前蹬，以腰肩带动，拳向前上，打歹徒肋或腹部。
- 冲天炮：身体快转，后腿上蹬，以腰肩带动，拳面向上、打歹徒下颌。

易犯错误：出拳速度慢，动作不协调。
纠正方法：多作徒手练习。
重点提示：短拳在近战使用，所以速度优于力量。

五、拳法组合

根据个人动作特点以及与歹徒之间的位置和距离进行动作组合。

要求：声东击西，先下手为强，牢记速度优于力量。

第四节　基本肘法

肘法是以肘部为着力点，在近距离对头、颈、胸、腹、肘部进行攻击。肘也是近战中威力强大的"武器"，武林中有"宁挨十拳不挨一肘"之说。肘击主要用来打击歹徒头、肋及下腹。肘击可前后突击，高低各异。下面是几种基本肘击技术。

一、横肘

（一）前横肘——左横肘、右横肘

这项技术主要用来打击歹徒头、颈、胸、腹部，尤其是适用于应对身体矮小的歹徒，击打时应注意转体挥肘迅速、猛烈、发力短促（见图7-19）。

图7-19　前横肘

（二）后横肘——左横肘、右横肘

这项技术主要用来打击背后的歹徒，可根据歹徒和自卫者的身高比例不同，确立重点打击的目标位置（见图7-20）。

图7-20　后横肘

动作要领：
- 左前横肘击：在格斗站立姿势的基础上，身体稍向左转，随即身体向右转髋转体，左臂上抬与肩平，挥肘向右摆击，着力点在肘部。右横肘击与左横肘击动作相同，方向相反。
- 左右横肘击：在格斗站立姿势的基础上，身体稍向右转，随即身体向左右转加速转体，左臂上抬与肩平，挥肘向左右摆击，着力点在肘部。右后横肘击与左后横肘击动作相同，方向相反。

易犯错误：没有上步，没有后撤步，转体动作不迅速，左右横肘动作不连贯。
纠正方法：先徒手后击移动手靶，计时练习。
重点提示：上步转体横肘动作连贯，近战动作必须打出组合。

二、顶肘（刺肘）

（一）侧（前）顶肘

这项技术主要用来打击歹徒肋及腹部，尤其适用于应对身材高大的歹徒（见图 7-21）。

图 7-21　侧顶肘

（二）后顶肘（左右）

这项技术主要用来打击背后歹徒，尤其当歹徒个子很高时，打击部位是肋与下腹部（见图 7-22、7-23）。

图 7-22　右后顶肘　　　　　　　图 7-23　左后顶肘

动作要领：
・侧顶肘：重心下降，后腿前蹬，肘击其胸、腹。
・后顶肘：双脚左右开立，屈膝曲髋，身体快速侧转，以肩带肘向后击歹徒胃、肋、腹部。
易犯错误：重心不稳，顶刺肘时没有转体动作。
纠正方法：利用手靶、沙袋体验全力进攻。
重点提示：弱者反击必须利用全身的协调用力。

三、摆肘

这项技术主要用来打击近体的歹徒，由于距离较近，自卫者的危险性增加，一旦出手，就准备和歹徒殊死搏斗，争取生还的机会，尤其是面对个子不高的歹徒对自卫者前后抱腰时，该技术适时有效。

（一）前摆肘

左、右前摆肘主要用于击打歹徒的头、耳、脸、鼻，前摆肘是近体技术，容易打击歹徒（见图7-24）。

图 7-24　前摆肘

（二）后摆肘

左、右后摆肘适用于歹徒后抱腰时，先踩其脚转移注意力，然后快速转体打击其头部要害位置（见7-25）。

图 7-25　后摆肘

动作要领：
- 左右前摆肘：屈膝曲髋，左右手相握加力，前摆肘的瞬间身体快速侧转重心，以肩带肘打击要害部位。
- 左右后摆肘：屈膝曲髋，左右手相握加力，后摆肘的瞬间身体快速向后侧转体，以肩带肘打击歹徒的头、耳、脸、鼻。

易犯错误：上步或后撤速度慢，动作不连贯，打不中要害部位。
纠正方法：利用手靶双人移动练习，不断更换练习同伴。
重点提示：掌握动作要领，提高实战经验。

四、下砸肘

这项技术主要用来打击近体的歹徒，在歹徒曲体正面抱腰不锁臂时，自卫者可抓住时机利用下砸肘攻击歹徒的背部（见图 7-26）。

图 7-26　下砸肘

动作要领：
- 屈膝曲髋，迅速降低重心下砸肘，肘尖用力下砸歹徒背部。

易犯错误：动作速度慢。
纠正方法：多次重复，徒手练习。
重点提示：踢裆踩脚，使歹徒后撤低头，抓住时机下砸其背部。

五、肘法组合要求

根据个人特点和歹徒身高情况进行实用动作组合。
要求：动作熟练，快速有力，动作要领"稳、准、狠"。

第五节　近体进攻技术

近体进攻技术种类较多，这里主要介绍一些简单易学，实用受益的非正规进攻动作。在我们处于绝对弱势时，使用计谋，出其不意，攻其不备，则有可能以弱胜强，以小制大。如采用插眼、封喉、头撞、肩顶、口咬、击裆、顶膝等动作。

一、插眼

这项技术主要用来打击距离一臂的歹徒，出手时应出其不意，突然袭击。用食指、中指直插歹徒眼睛（见图 7-27）。

图 7-27　插眼

二、封喉

这项技术主要用来对付距离比较近的歹徒，在突然袭击插眼后连续出击，用拳或手指直插歹徒咽喉部（见图 7-28）。

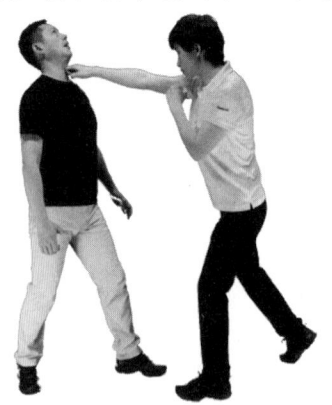 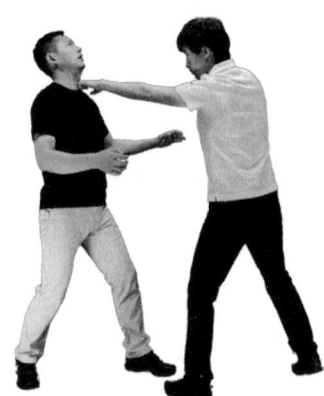

图 7-28　封喉

三、头撞

此技术主要用来打击近体歹徒,在歹徒正面抱腰锁臂时,自卫者抓住时机返抱歹徒,利用头撞击歹徒鼻梁或下巴(见图7-29)。

图 7-29 头撞

四、肩顶

这项技术主要用于在混战中将歹徒撞出有效攻击距离之外,以便保持安全距离并准备下一步攻守策略(见图7-30)。

图 7-30 肩顶

动作要领:
- 插眼:食指、中指前伸,指距与双眼同宽,不要伸成反弯曲状,防止攻击到人体坚硬部位折伤,手腕要保持一定紧张度。
- 封喉:五指并拢或握拳,自下而上身体协调用力,直接攻击歹徒咽喉部。
- 头撞:先屈膝曲髋,站稳重心,以腰腹带动上体前移,以头撞歹徒鼻梁或下巴。
- 肩顶:收紧肌肉,后腿前蹬,以肩撞击歹徒胸腹,迫其后退。

易犯错误:动作不准确,出手速度慢。
纠正方法:熟练掌握,熟能生巧。
重点提示:近体动作,速度优于力量。

五、口咬

这个动作主要用于对付近体歹徒,当歹徒抱住或抓住自卫者时,对于弱者,"咬"是一个非常好的武器。世界重量级拳王争霸赛的经典之战中,霍利菲尔德对泰森,当拳台上的泰森已不可能取胜时,他咬了霍利菲尔德的耳朵。纵使拳击手们抗击打能力非常强,但"咬"对于他们的抗击打能力还是个全新的挑战,霍利菲尔德被咬后在拳台上疼痛不止。因此,利用口咬使歹徒松手可作为进攻"武器",也是在困难情况下的"解脱之计"(见图7-31)。

图7-31 口咬

六、击裆

该技术主要用于打击近体歹徒,在歹徒后抱腰锁臂时,自卫者向侧移动重心,用臂和拳攻击歹徒裆部(见图7-32)。

图7-32 击裆

动作要领：
- 口咬：抓住机会，稳、准、狠地咬歹徒的手臂、肩部和任何可撕咬的部位。
- 击裆：自卫者保持好重心，踩歹徒脚使其后退，侧移重心用臂拳攻击歹徒的裆部。

易犯错误：没有抓住机会，不敢下口，重心侧移不够无法击裆。
纠正方法：案例讲解，模拟实战。
重点提示：训练心理素质。

七、顶膝

膝是近战格斗中力量最大、最有威胁的武器。主要用于击裆及下腹。若打击到这些有效部位则可能使歹徒失去攻击能力，击中腿部也会大大削弱歹徒的进攻能力（见图7-33）。

图 7-33　顶膝

动作要领：
- 抓住歹徒肩或手臂，快速提膝前顶歹徒裆、腹、肋骨部。

易犯错误：没有抓住战机，动作力度小，击不中要害。
纠正方法：个人徒手熟练掌握动作，双人练习提高质量。
重点提示：抓住歹徒作支撑。

八、近体动作组合要求

根据歹徒与自卫者情况进行实用动作编排组合。

提示：每一个初学自卫防身格斗技术的同学，在初步掌握一些进攻技术后，可以根据自己的格斗能力和特点进行动作编排组合。

要求：动作熟练，符合实战。

九、近体动作综合运用

由于歹徒一般会比自卫者身型强壮一些,近体动作歹徒容易抓到或打倒自卫者,混战中双方都有可能受伤,对自卫者很不利。因而在近战中自卫者要勇猛凶狠,以攻为守,使用膝、肘、拳、脚、头、肩、咬等动作连续不断地攻击歹徒,力求速战速决,瓦解或解除歹徒的攻击力以吓退歹徒,绝不能给歹徒一点喘息时间,伺机全身而退。

第六节　基本腿法

腿法技术有三大特点:
一是打击力量大;二是打击范围广;三是隐蔽性强。

一、正面腿

(一)蹬腿(前踹)

前踹特点为力量较大,主要用来攻击对方裆、腹或膝以使其丧失攻击能力或迫使对方后退躲避。前踹时两脚都可使用(见图7-34)。

图7-34　蹬腿(前踹)

(二)正踢

相对于前踹动作而言,正踢对初学者更难掌握一些,其主要差异在于发力点不同,正踢的力点在脚背和脚尖(见图7-35)。

图 7-35 正踢

动作要领：
· 前踹：向左转体正面对歹徒，前提右膝，脚尖冲上，发力点在脚跟上。
· 正踢：前腿提膝，脚尖绷紧，大腿带动小腿，用脚尖或脚背发力，前踢歹徒裆部。
易犯错误：发力点不正确，重心不稳。
纠正方法：集体辅助练习，双手搬膝，脚跟发力蹬出或脚尖发力弹出。
重点提示：熟练掌握发力点。

二、侧面腿

（一）侧踹腿

侧踹与前踹技术相近，但脚尖向侧，用脚跟及脚外侧攻击歹徒的膝或下腹。侧踹腿左右腿可交替使用（见图7-36）。

图 7-36 侧踹腿

（二）侧面短腿踹

该技术是利用歹徒保护上体时，以后腿隐蔽地攻击其膝或胫骨的一种侧踹法。击中歹徒可使其失去或减弱进攻能力（见图7-37）。

图 7-37 侧面短腿踹

动作要领：
· 右脚支撑，提左膝侧踹歹徒腹、胸、颈、头、膝等重要部位。
易犯错误：重心不稳，速度慢，没有攻击到歹徒的身体弱点。
纠正方法：徒手练习，熟练掌握动作。
重点提示：寻找机会，合理应用技术。

三、后蹬

后蹬一般用于腹背受敌时，用来攻击背后歹徒膝、裆、腹部，或者用在一组进攻得手后，转身脱离格斗现场前。两腿可交替使用（见图 7-38）。

图 7-38 后蹬

动作要领：
· 收腿后蹬，大腿发力，发力点在脚跟和脚前掌上，重心微微前倾，脚尖向下。
易犯错误：掌握不好与歹徒之间的距离。
纠正方法：转头用余光观察敌我距离。
重点提示：应用在腹背受敌或是战略撤退前。

四、上蹬（"兔子蹬鹰"）

当歹徒向自卫者猛扑过来，重心向前时，自卫者顺势后倒，变被动为主动（见图 7-39）。

图 7-39　上蹬

动作要领：
· 当歹徒冲击力比较大地抓住自卫者双肩时，自卫者重心后移，双手抓住歹徒大臂，身体后倒，同时脚蹬其腹部重心，将其从体上蹬过。
易犯错误：不会保护性倒地，没有蹬在歹徒重心上。
纠正方法：徒手练习保护性倒地，讲解人体重心位置。
重点提示：此动作比较危险，不能熟练掌握保护性倒地动作的同学，不宜参加双人对练。

五、截腿

自卫者发现歹徒企图踹、踢自己时，提前出腿拦截歹徒（见图 7-40）。

图 7-40 截腿

动作要领：
· 歹徒提膝踹、踢自卫者时，自卫者提膝拦截歹徒，大腿发力，力点在脚掌脚跟。
易犯错误：反应慢，截击不及时。
纠正方法：利用"双人脚腿跟我学"动作游戏，提高反应速度。
重点提示：应用该动作时掌握好重心。

六、腿法组合练习要求

腿法组合练习可根据个人学习掌握动作的能力进行编排。

要求：多学多练，在练习时加大动作难度，练习时要动作标准，应用时要注重实用。

七、拳法和腿法组合练习

在实际自卫防身格斗时，很难靠一招一式就把歹徒击倒，尤其是敌我双方进入格斗状态，这时运用组合拳就事半功倍，因为组合拳的功能在于使歹徒防不胜防，被动挨打。其原理是歹徒对自卫者的每个进攻动作都要作出反应，但防守速度永远跟不上进攻速度，且"明枪易躲，暗箭难防"，防一个部位往往会露出另一个部位。组合拳一般是两三个动作组合运用，常用的套路有：前手直拳接后手重拳打肋；侧踹膝接转身踢腹；侧踹膝接前手打脸接后手打腹；前勾拳打脸接转身踢。

组合拳腿套路简单，应用方便，可根据个人特点，选择组合动作，这样应用起来没有定式，可根据临场情况和个人习惯进行编排组合。下面是两组简单的组合动作，希望达到"抛砖引玉"的效果（见图 7-41、7-42）。

（一）组合拳腿套路 1

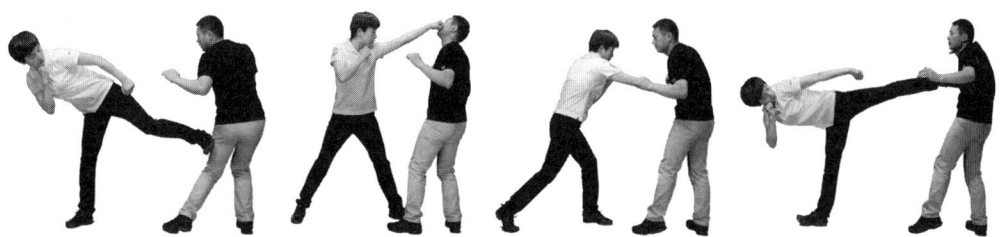

图 7-41

动作要领：
· 前脚侧踹歹徒膝。
· 前手直拳打歹徒脸。
· 后手重拳击歹徒腹肋。
· 转身后踹歹徒腹裆。

易犯错误：进攻速度慢，动作不连贯，没有力度。

纠正方法：熟练掌握动作，充分运用全身的协调力量。

重点提示：进攻后，快速撤出有效打击区，脱离格斗现场。

（二）组合拳腿套路 2

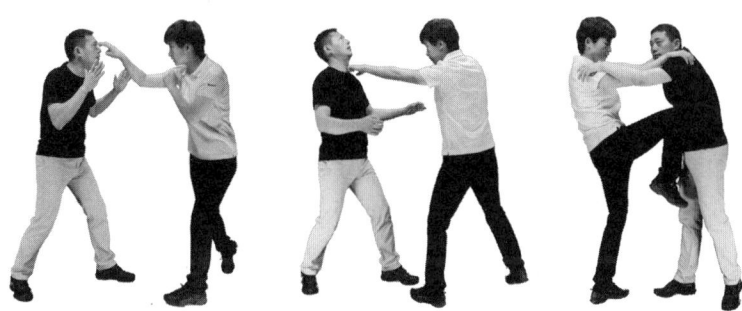

图 7-42

动作要领：
· 上步右手插眼、封喉，动作快速有力。
· 上步肘击胃、双手抓肩顶膝。
· 后移重心，在歹徒侧步提膝踹时截腿踹其膝。

易犯错误：进攻速度慢，动作不连贯，没有力度。

纠正方法：熟练掌握动作，充分运用全身的协调力量，稳、准、狠打击歹徒要害部位。

重点提示：全力进攻后，快速撤出有效打击区，脱离格斗现场，让歹徒没有反攻机会。

第七节 基本摔法

摔技主要用于在格斗中伺机摔倒对方以求解脱。摔法多种多样，有中国式、西方式、柔道式，本节介绍两种简单易学的摔技，即：面对面摔法和面对背摔法。

在格斗中摔法格斗对自卫者不如远战、近战安全。歹徒对自己的攻击目标具有选择性，一般歹徒都比受害者强壮一些，所以在歹徒抓住自卫者时往往会占据力量上的优势。另外在抓摔滚打的"混战"中，自卫者也没有时间和机会深思熟虑，这种格斗方式非常消耗体力，一般在几分钟之内就精疲力竭。因而如果自卫者不得不使用这种格斗方式时，不宜久战，最好在较短的时间里击退歹徒从而退出对方的有效打击区。

一、面对面的摔法

在歹徒面对面地抓住受害者时，受害者要立即抓住歹徒维持自己的身体平衡，随时寻找战机解脱，或在破坏歹徒重心的情况下，迅速利用各种机会摔倒歹徒。

（一）绊腿摔

这种技术是在歹徒面对面地抓住受害者，重心不稳时，自卫者抓住时机快速上步，利用绊腿、推拉、转体摔倒歹徒（见图7-43）。

图7-43 绊腿摔

> 动作要领：
> · 歹徒抓住自卫者双肩时，自卫者立即抓住歹徒以降低重心维持身体平衡。
> · 一手推一手拉，使其脚前后开立。
> · 寻找机会上步绊歹徒腿，用髋顶住其重心。
> · 快速转体摔倒歹徒。
> 易犯错误：没有顶髋转体动作。
> 纠正方法：在改进动作时，用形象化的语言强调"螺丝钉"和"螺丝帽"的关系。
> 重点提示：不靠力量，靠技巧，破坏其重心，靠动作熟练。

（二）勾腿摔

这种技术是在推拉过程中歹徒把重心压在前脚上时，自卫者抓住时机，上步从内侧或者外侧勾歹徒的腿，推其上体，破坏其重心，使其倒地（见图7-44）。

图7-44　勾腿摔

动作要领：
- 抓住歹徒，保持平衡。
- 一手推一手拉使歹徒上步，造成其脚前后开立，上步跨近歹徒脚外或内侧，同时提腿勾踢歹徒脚跟部，另一种是从歹徒两腿内侧勾其腿，推其上体，使其失去平衡。
- 勾摔歹徒。

易犯错误：自卫者上步慢，歹徒重心不在前脚，勾踢推动作不协调。
纠正方法：掌握好勾摔的应用时机，多做单个徒手练习。
重点提示：格斗中勾摔时机转瞬即逝，应用此动作必须在推拉中寻找机会。

（三）抱腿摔

这种技术适用于歹徒抓住受害者来回推拉，自卫者应掌握好重心，平行步站立随其移动，伺机寻找机会，缩身降重心，上架臂，打开被抓手臂，上步进身抱膝，顶肩拉腿摔倒歹徒（见图7-45）。

图7-45　抱腿摔

动作要领：
- 抓住歹徒，保持平衡。
- 向上架臂，解脱被抓肩。
- 快速上步，双手抱住歹徒膝，拉腿肩顶其腹破坏重心。
- 摔倒歹徒。

易犯错误：抱腿时重心较高，不在膝关节处；双手合力较小，顶肩时不在重心位置。

纠正方法：讲解人体结构，多次重复练习。

重点提示：拉腿、肩顶、上步、破坏重心。

二、面对背的摔法

面对背的摔技种类较多，我们在此学习三种比较容易掌握和有实际应用价值的动作——跪摔、卷摔、扛摔。

（一）跪摔

被歹徒抓住的时候，受害者利用上步、转体快速降重心摔倒歹徒。（根据自卫者和歹徒的身体比例，决定抱腰或抱颈摔）（见图7-46）。

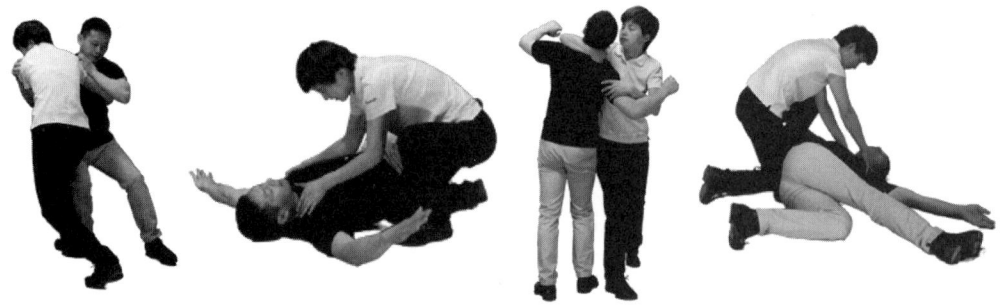

图7-46 跪摔

动作要领：
- 歹徒抓住自卫者双肩时，自卫者抓住歹徒，上右脚至其右脚前。
- 如果歹徒比自己高就抱住其腰部，如果歹徒比较矮就抱住其颈，快速撤脚，转身、跪膝、降重心。
- 摔倒歹徒（注意整个脚背触地）。

易犯错误：上步在歹徒两脚之间，没卡住歹徒，使其撤步移动。

纠正方法：讲解、体验、实战练习。

重点提示：顶髋破坏歹徒重心。

（二）卷摔

这种摔技一般在歹徒身高比自卫者矮或是相当的时候，自卫者可使用卷摔放倒歹徒（见图7-47）。

图 7-47 卷摔

动作要领：
- 歹徒抓住自卫者或后抱腰时，自卫者反抓歹徒，降低重心，维持平衡。
- 一手抓住歹徒大臂，一手抓住肘关节以上处，用腋窝处夹紧歹徒肩关节，右脚上步，左脚撤步，用髋或臀顶住歹徒重心。
- 快速转体降重心，将歹徒摔倒在地。

易犯错误：抓臂比较远，没有破坏歹徒重心，想靠力量解决歹徒。

纠正方法：双人实战练习，体验破坏重心摔倒对手的正确动作的感觉。

重点提示：抓住歹徒作支撑，维持平衡，寻找机会。

（三）扛摔

扛摔适用于对抗身体高大的歹徒（见图 7-48）。

图 7-48 扛摔

动作要领：
- 歹徒抓住自卫者时，自卫者反抓歹徒，降低重心，维持平衡。
- 上步降重心进入歹徒腋下，一手腋下抓臂，另一手肩上抓臂，用肩关节顶在歹徒腋下，髋关节顶住歹徒重心，破坏其平衡，转体跪膝降重心，摔倒歹徒。

易犯错误：上步撤脚不协调，没有跪膝转体收腹低头动作。

纠正方法：徒手分解动作练习，体验快速转体，产生离心力。

重点提示：破坏歹徒重心，利用快速转体降重心带倒歹徒。

三、摔法格斗运用策略

摔法格斗方式在自卫防身的应用中,其安全性不如远、近战,因为双方扭打在一起混战,对自卫者尤其是初学者来说比较危险,因此除非情况危急,万不得已,尽量少用或不用。在格斗中尽量不让对方抓住肩或手臂,避免歹徒轻易扛摔。在手、肩被歹徒抓住,且试图摔倒自卫者时,可用抓其脸、别其肘、以膝撞裆、口咬、踢打等方式迫使其松手。受害者无法解脱时,首先要保持平衡,伺机使用各种近体动作,稳、准、狠地打击歹徒的人身弱点,迫其松手。在近体格斗中不要考虑后果,不要限制自己,因为自卫防身不是参加摔跤或柔道比赛,没有规律和规则可循。

四、如何提高摔技

提高技术质量及应用能力是提高摔技的首要环节;与其他格斗方式综合运用是第二步;第三步就是找一门拳术学习更多的技术及其应用,使自己成为"摔技专家"。能帮助提高摔技的拳术有柔道、中西式摔跤、柔术、相扑。《如何预防暴力犯罪》一书中亦介绍了很多的摔法和应对的技术。

第8章
自卫防身基本防守技术

防守是一种可以节制和削弱对方攻击实力,保护自己并能处于反击位置的方法,最终目的在防守后的反击。准确巧妙地防守,不但能保护自己,而且能为攻击创造更好的条件。在自卫防身格斗过程中,自卫者不仅要会进攻技术,同时也要掌握各种防守技术。格斗过程中攻守转换频繁,攻中有守,守中亦有攻,实现攻守兼顾,可进可退。自卫者要熟悉并灵活转换这两种角色以便在危难中找到生还机会,在激战中"避重就轻"。

第一节　接触防守

接触性防守是近体时使用,格斗中对方互相伸手可触及对方,歹徒可使用的攻击招数比较多,危害性较大,因此学习掌握接触性防守非常重要。

一、拍挡

主要用来阻挡歹徒的勾拳、膝和腿的进攻(见图8-1)。

图8-1　拍挡

二、拍压

主要用来防守歹徒的拳、肘、膝、腿的进攻（见图 8-2）。

图 8-2　拍压

三、双掌格压

主要用来防守歹徒顶膝，当自卫者后退无路时，双掌格压，躲开歹徒的膝撞（见图 8-3）。

图 8-3　双掌格压

动作要领：
- 拍挡：歹徒勾拳进攻，自卫者来不及后退，用双手拍挡其进攻后推手后退。
- 拍压：歹徒用刺肘进攻时自卫者用双手拍压其肘的同时重心后移。
- 双掌格压：歹徒顶膝，自卫者后退无路用双掌加重力，格压其膝撞。可后退推挡。

易犯错误：没有掌握好重心，出现防守漏洞。

纠正方法：熟练掌握动作，提高反应速度。

重点提示：拍挡、拍压、双掌格压是近战防守的基本动作，必须熟练掌握。

四、手格挡

格挡是防拳的最容易、最简单的方法。只要自卫者摆出正确的格斗姿势，歹徒出拳就会受到阻碍，受限于挡道的双手。为了安全起见，可将歹徒出拳稍向侧挡使其落空。但格挡动作幅度要小，格挡后手立即回原位，并且在格挡后迅速退出歹徒的有效攻击距离或立即反攻，以免落入被动招架的地步（见图 8-4）。

图 8-4 手格挡

动作要领：
· 前手将歹徒拳向侧推挡开，后手重拳击其肋部。
· 格斗中在没有退路时，重心后移，前膝侧提挡住敌脚，后退支撑。
易犯错误：反应速度慢，格挡不住歹徒的拳。后撤站立不稳。
纠正方法：提高反应速度和眼手配合能力，双人攻防练习。
重点提示：防守和进攻不同的是，看见歹徒进攻必须快速做出反应。

五、提膝格挡

当歹徒起脚很快，自卫者已来不及撤步或无处可退时，可用提膝格挡。自卫者在对方起腿时迅速提起前膝，既可护裆又可避免膝被歹徒踢踹伤。为了保证安全，如果后退有空间可后跃一步同时提膝格挡（见图 8-5）。

图 8-5 提膝格挡

动作要领：
· 根据歹徒踢踹的位置（小腿、膝、髋），重心后移，前膝侧提挡住敌脚，后腿支撑。
易犯错误：防守反应速度慢，来不及提膝格挡歹徒的脚。
纠正方法：熟练掌握动作，双人实战练习。
重点提示：重点提高反应速度，特别是眼看到后，身体快速做出动作的反应速度。

第二节　闪躲防守

躲闪属防拳的中级技术，其目的是使自己的身体处于运动状态以使歹徒出拳不能击中目标，与格挡结合使用更为安全。基本躲闪技术有三种：后仰躲闪、下蹲躲闪和侧闪。三种躲闪方法各有利弊。

一、撤步

防踹的最简单最安全的办法是后撤一两步，以躲开歹徒脚踢和踹的有效打击距离（见图8-6）。

图 8-6　撤步

二、后仰躲闪

后闪比较容易，不管对手哪只手出拳都可以向后闪避，但后闪会影响之后动作的出击（见图8-7）。

图 8-7　后仰躲闪

三、下蹲躲闪

下闪容易做，但难接后续动作，且易遭到对手膝撞（见图 8-8）。

图 8-8　下蹲躲闪

四、左躲闪推挡

左躲闪推挡，移动脚步的同时上体手臂做积极防守，限制歹徒的进攻（见图 8-9）。

图 8-9　左躲闪推挡

五、右躲闪推挡

右侧躲闪容易避开对手攻击，且易接后续动作，但需要判断对手出拳方向并及时选择躲闪方向（见图 8-10）。

图 8-10　右躲闪推挡

动作要领：
- 撤步：后脚先动撤步，前脚跟随后移，与歹徒拉开距离。
- 后仰躲闪：上体向后躲避，重心后移，双手护脸，可准备侧踹。
- 下蹲躲闪：屈膝降低重心躲避来拳，同时低头缩颈向下闪躲，可准备拳击歹徒肋、腹。
- 左躲闪推挡：左脚左移，上体左倾左转，避开来拳的同时双手推挡来拳。
- 右躲闪推挡：右脚右移，上体右倾右转，避开来拳的同时双手推挡来拳。

易犯错误：看到歹徒进攻，没有反应，躲闪速度慢。

纠正方法：双人拍打游戏。

重点提示：提高反应速度，提高躲闪能力。

第三节　防守反击

一、防拳

（一）后仰躲闪侧踹反击

此技术应用于歹徒出拳攻击时，其上体后仰躲闪的同时提膝侧踹进行反击（见图 8-11）。

图 8-11　后仰躲闪侧踹反击

（二）上架格挡直拳反击

歹徒出拳攻击打得比较高时，自卫者上架格挡直拳反击，打其胸、腹（见图 8-12）。

图 8-12　上架格挡直拳反击

动作要领：
- 后仰躲闪侧踹反击：后仰躲过歹徒的拳，重心后移，同时提前膝侧踹其裆、腹、胸。
- 上架格挡直拳反击：歹徒直拳攻击时，同侧手上架格挡，重拳打其胸、腹。

易犯错误：防守和反击动作脱节。
纠正方法：集体徒手练习，双人实战体验。
重点提示：要求躲闪出脚，格挡反击同步进行。

（三）右格挡反击（左拳打肋及腋下）

歹徒用重拳攻击时，自卫者用右手格挡，左拳攻击其肋及腋下上步短腿踹或踢其胫骨（见图8-13）。

图8-13　右格挡反击

（四）左格挡反击（抒臂顶膝）

歹徒出前拳攻击时，自卫者用左手格挡的同时上步抒臂顶膝攻击其肋、腹（见图8-14）。

图8-14　左格挡反击

动作要领：
- 右格挡反击：右手格挡歹徒重拳的同时，左拳攻击其肋及腋下，移重心，提膝侧踹，踢其胫骨。
- 左格挡反击：左手挡住歹徒攻击的拳，同时上步捋臂用膝顶其肋、腹部。

易犯错误：重心移动慢，格挡和出拳、脚、顶膝脱节。
纠正方法：徒手重复练习，精确掌握动作。
重点提示：使用格挡反击，必须在精确掌握动作和敌我实力悬殊比较小时。

（五）下蹲躲闪防守反击

歹徒出拳攻击时，自卫者下蹲躲闪的同时出拳防守反击，打击歹徒的肋、腹及腋下（见图8-15）。

图 8-15　下蹲躲闪防守反击

动作要领：
- 歹徒出拳攻击，自卫者迅速下蹲躲闪同时出重拳还击。

易犯错误：躲闪、出拳速度慢，打击歹徒的力度小。
纠正方法：双人点膝、拍肩、踩脚游戏，提高躲闪和出拳速度，重复击打固定靶。
重点提示：防守反击，不可恋战，重在打击人身弱点。

二、防肘

（一）防刺肘拍压后退

用于近战防守反击。自卫者拍压刺肘的同时后退，远离歹徒的有效打击区（见图8-16）。

图 8-16　防刺肘拍压后退

（二）防摆肘顶膝反击

歹徒运用摆肘攻击时，自卫者推挡后仰，同时抓住其臂顶膝反击（见图 8-17）。

图 8-17　防摆肘顶膝反击

动作要领：
- 歹徒刺肘攻击时，自卫者迅速拍压后移重心，同时推手后退。
- 歹徒摆肘攻击时，自卫者推挡后仰上体，同时抓住其臂顶膝反击。

易犯错误：有拍压，没推手，后退慢，双手推挡后重心不稳，没抓住歹徒无法顶膝。
纠正方法：拍压推组合完成，推挡抓住歹徒平衡重心。
重点提示：防守反击机会瞬间即逝，机会失去，不可恋战。

三、防腿

（一）防顶膝双掌格压短腿踢

用于近战防守反击，防歹徒顶膝。自卫者背后有后退空间，并且有还击能力时，用双掌格压歹徒顶膝腿同时后退，短腿踢打歹徒膝、裆、小腹（见图 8-18）。

图 8-18　防顶膝双掌格压短腿踢

图 8-18　防顶膝双掌格压短腿踢（续）

动作要领：
· 歹徒顶膝，自卫者用双掌格压其膝，后退短腿踢其膝、裆、胫骨。
易犯错误：格压后退重心不稳，不能稳准狠地踢中歹徒要害部位。
纠正方法：个人练习推墙后退踢，熟练掌握动作，提高反应速度和准确度。
重点提示：练习中寻找平衡，体验如何用力。

（二）手格挡侧踹反击

用于歹徒提膝正、侧踹时，自卫者双手格挡其腿的同时，提膝侧踹歹徒进行反击（见图 8-19）。

图 8-19　手格挡侧踹反击

动作要领：
· 歹徒正、侧踹时，自卫者重心在前无法后撤。双手格挡其腿。
· 上步提膝侧踹歹徒进行反击。
易犯错误：格挡没有握拳，踹膝重心不稳。
纠正方法：抓住歹徒做支撑，维持自己的平衡。
重点提示：手格挡侧踹反击后立即后撤。

（三）防侧踹

用于歹徒提膝侧踹时，自卫者应快速提膝出击阻截防侧踹（见图 8-20）。

图 8-20 防侧踹

动作要领：
- 歹徒提膝准备侧踹进攻，自卫者快速提膝阻截歹徒。

易犯错误：反应速度慢，重心不稳。
纠正方法：脚步动作游戏，双人一组练习。
重点提示：如果有后撤空间，阻截后快速撤离。

第四节　保护性倒地

保护性倒地技术主要用来保护自卫者摔倒时不会受伤，保存实力与歹徒作地面格斗。保护性倒地本身就是一种自卫防身技术，自卫者在学会倒地技术后会信心增强，从而使摔法格斗的学习更简单易学。倒地包括前倒、后倒、侧倒、前滚和后滚五种技术。

一、保护性前倒

主要在歹徒用力推其后背时，用来在向前倒时保护脸部及胸部（见图 8-21）。

图 8-21 保护性前倒

动作要领：
- 一脚前迈缓冲，双手与前臂准备保护性触地，身体被支持，头、胸、腹不接触地面，迅速转身面对歹徒。

易犯错误：不向前迈步；不是整个前臂触地；用手支持；重心前移慢；臀部上翘。
纠正方法：站立在墙壁前前倒双臂触墙练习，地面跪姿保护性倒地。
重点提示：上步快速前移重心，倒地后快速转体面向上。

二、保护性后倒

主要在歹徒突然正面袭击推其胸、肩，使其重心不稳后退。用于向后摔倒时保护头与脊柱（见图8-22）。

图 8-22　保护性后倒

三、保护性侧倒

主要在歹徒推其侧面肩部，使其重心不稳，在侧倒时避免受伤，此方法比前、后倒地更安全，图例是右侧保护性倒地，如果向左侧倒地，动作相同，方向相反（见图8-23）。

图 8-23　保护性侧倒

动作要领：
- 一脚后撤缓冲，含胸，身体像摇椅一样后倒。下颌内含低头，双臂同时触地。
- 歹徒侧推自卫者时，侧跨一步降重心身体侧面着地，打开肩部侧倒着地缓冲。

易犯错误：后、侧倒时，重心移动慢，着地面积小，着地没有缓冲，单手支持。

纠正方法：仰卧元宝滚动，地面跪姿后、侧倒地。

重点提示：倒地练习时不可以单手支持，双人实战游戏（推倒、扑抓、踩踢）。

四、前后滚翻

（一）保护性前滚翻

前滚翻适用于向前跌倒时外力过大，速度太快，无法使用前倒动作的情况下。在硬地上前滚比前倒伤害性小，站起的速度快（见图 8-24）。

图 8-24　保护性前滚翻

（二）保护性后滚翻

后滚翻主要适用歹徒推力较大、自卫者无法运用后倒地技术时使用，通常是由后倒动作开始（见图 8-25）。

161

图 8-25 保护性后滚翻

动作要领：
- 保护性前滚翻：歹徒从背后推踢时，向前迈步双手着地，低头收下颌，缩成一个球，造成单肩着地前滚，快速起身，做好格斗准备。
- 保护性后滚翻：受外力后倒地时，头侧偏，单肩滚过，快速起身，继续准备格斗。

易犯错误：没有上退步动作，滚翻时头着地，滚动不圆滑，没有低头收下颌变成球体。
纠正方法：先练习仰卧元宝滚动，举髋偏头自然滚过，再低头收下颌变成球体滚动。
重点提示：前后滚动都是单肩滚翻不过头。

第五节 防抓 破抓 保持身体平衡

一、防抓

（一）躲闪拍挡

主要用于挡开歹徒突袭的双手，同时闪向一边不被歹徒抓住（见图 8-26）。

图 8-26 躲闪拍挡

（二）防抓躲闪——勾腿摔

主要用在歹徒迎面快速袭击自卫者，借其冲力躲闪、勾摔（见图8-27）。

图 8-27　勾腿摔

动作要领：
- 双手击挡歹徒手臂，左脚向左移一步，右脚向左跟上，保持远战姿势。
- 在挡开歹徒双手的同时抓住其手腕手臂顺力拉，加脚下勾摔（推挡歹徒手臂，推、抓、伸、绊）。

易犯错误：上体躲闪，双手没有拍挡动作，脚步移动太大无法加勾摔。
纠正方法：徒手练习，双人实战慢动作体验。
重点提示：双人实战练习时，注意被勾摔人的保护性倒地。

（三）防抓躲闪——提膝反击

应用时机同上一动作基本相同，在歹徒快速袭击抓住自卫者时，借其冲力在躲闪、推挡的同时提膝顶其裆、腹、胸（见图8-28）。

图 8-28　提膝反击

动作要领：
· 双手击挡歹徒手臂，左脚向左稍侧移，右腿提膝顶其裆胸部。
易犯错误：撤步后重心不稳，抓拉动作不协调，顶膝无法用上力。
纠正方法：徒手熟练掌握动作，多体验实战。
重点提示：不畏强手，对歹徒出手必须稳、准、狠。

二、保持身体平衡

主要用于在被歹徒抓住肩膀并前拉、后推、横推企图摔倒自卫者时，自卫者快速抓住歹徒用来保持身体平衡。在歹徒刚刚停顿的同时伺机解脱或是转向用远战、近战和摔法对付歹徒（见图8-29）。

图 8-29　保持身体平衡

动作要领：
· 抓住歹徒，控制重心，随其移动保持身体平衡。
易犯错误：不能利用歹徒做支持，掌握不好自己的重心，随其移动时跳步高，重心不稳。
纠正方法：双人实战游戏推、拉、摔。
重点提示：在歹徒企图摔你时，抓住歹徒保持好平衡，在歹徒停顿的瞬间快速解脱。

三、破抓肩

（一）后撤转身下砸（背后无障碍物）

此动作适用于歹徒单手抓住自卫者的肩膀，自卫者背后没有障碍物的时候，后撤转身下砸（见图8-30）。

图 8-30　后撤转身下砸

图 8-30　后撤转身下砸（续）

（二）抓手转身断肘（背后无障碍物）

此动作适用于歹徒单手抓住自卫者的肩膀，自卫者背后无障碍物后撤，抓住（按住）歹徒的手转身断肘（见图 8-31）。

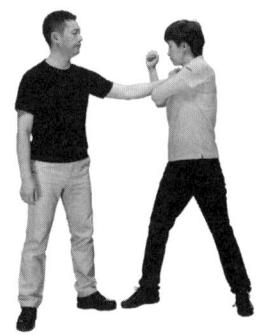

图 8-31　抓手转身断肘

动作要领：
- 后撤转身下砸：歹徒单手抓肩，自卫者采用后撤转身下砸。
- 抓手转身断肘：抓住（按住）歹徒手的同时后撤，靠转身的力量断其肘。

易犯错误：没有后撤步，下砸不贴近自己身体，断肘转体速度慢。

纠正方法：提出要求，集体徒手练习，后撤下砸，断肘手臂一定在肘部。

重点提示：后撤才能使其抓肩的手松动，近体下砸才能以弱胜强，利用转体才能加大断肘力度。

（三）后撤降重心双臂上架（背后无障碍物）

此动作适用于歹徒双手抓住自卫者的肩膀，自卫者背后没有障碍物，可以利用后撤降重心，双臂上架摆脱歹徒抓其的双手，保持站立状态（见图 8-32）。

图 8-32　后撤降重心双臂上架

动作要领：
- 当歹徒抓住自卫者双肩时，自卫者重心后移的同时后撤步降重心，双臂上架摆脱歹徒，后撤步后转入远战准备姿态。

易犯错误：被抓肩后，没有撤步降重心动作。
纠正方法：徒手练习上架双臂，撤步降重心。
重点提示：解脱后不可掉以轻心，必须快速转入格斗状态。

（四）后倒兔子蹬鹰（背后无障碍物）

此动作用在歹徒双手抓住自卫者的肩膀用力推其倒地，自卫者如果有能力，可以顺势主动后倒将歹徒"兔子蹬鹰"式摔出（见图 8-33）。

图 8-33　后倒兔子蹬鹰

动作要领：
- 自卫者双手抓住歹徒大臂，身体主动后倒，脚蹬其腹部（重心部位），借其冲力，将其从体上蹬过。

易犯错误：没有抓住歹徒，蹬其重心不准确。
纠正方法：双方首先练习保护性倒地。
重点提示：双人练习时，被蹬起的同学注意腾空落地的自我保护。

（五）顶膝下砸后撤（背后无障碍物）

此动作用在歹徒双手抓住自卫者的肩膀用力推扯，自卫者可顺势交叉手抓住歹徒手腕，维持自己平衡的同时顶膝、下砸并后撤（见图8-34）。

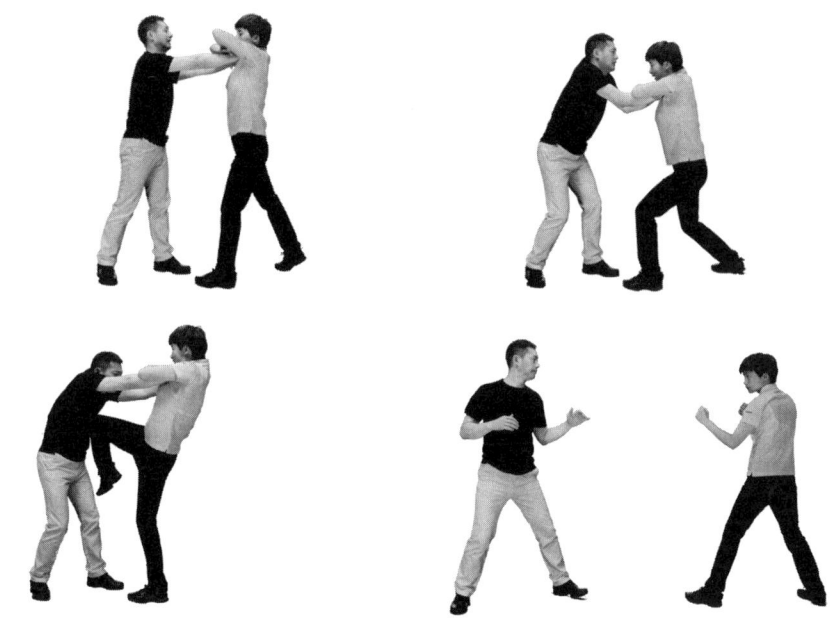

图8-34 顶膝下砸后撤

动作要领：
- 自卫者交叉手抓住歹徒手腕，维持自己平衡的同时顶膝下砸、后撤。

易犯错误：顶膝下砸动作不协调，后撤动作慢。
纠正方法：双人练习，先下砸后顶膝，再后撤，先分解后组合。
重点提示：利用下砸拉近距离，顶膝动作要稳准狠，后撤动作速度快。

（六）前踹或顶裆、挤肘下砸头（利用背后障碍物的反作用力）

此动作适用于歹徒双手抓住自卫者的肩膀把其推到障碍物上、墙上时，可以利用反作用力前踹或顶其裆，打伤打退歹徒（见图8-35）。

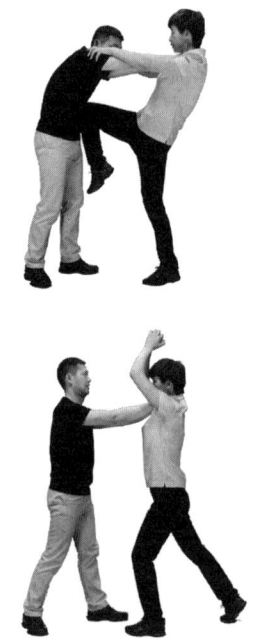

图 8-35 前踹或顶裆、挤肘下砸头

动作要领：
· 歹徒双手卡喉将自卫者推于墙壁时，非常危险，利用墙壁的反作用力顶裆、挤肘。
· 双手抱拳劈其头。
易犯错误：不会利用障碍物的作用力，顶膝力度差。
纠正方法：多做双人推墙、撞墙练习。
重点提示：被歹徒双手卡喉推于墙壁时比较容易使人窒息，必须快速解脱。

第六节　破摔技

破摔技主要用于歹徒抓住自卫者并伺机摔倒自卫者时，自卫者首先应抓住歹徒，降低重心维持自己的平衡，有机会时破坏其重心或在歹徒推、拉的过程中，主动后撤保护自己，寻找机会破解歹徒摔技。

一、破解面对面摔技

（一）破绊腿摔

适用于歹徒抓住自卫者准备绊摔时，自卫者首先抓住歹徒的双肩维持身体平衡，快速提膝抽出被绊的腿（见图 8-36）。

图 8-36　破绊腿摔

（二）破勾腿摔

破解勾腿摔有两种方法：第一种是在歹徒伸腿欲挑自卫者腿时，自卫者提前发现并迅速将腿后撤；第二种是在被歹徒勾住的同时，双手抓住歹徒的双肩维持自身平衡，且快速向外提膝抽出被勾的腿（见图 8-37）。

图 8-37　破勾腿摔

动作要领：
· 破绊腿摔：歹徒伸腿欲绊，自卫者发现后，双手抓住歹徒做支撑，提撤被绊的腿。
· 破勾腿摔：被歹徒勾腿时，双手抓住歹徒做支撑，快速向外提膝抽出被勾的腿。
易犯错误：被绊被勾时没有支持点，重心不稳。
纠正方法：多练习推、拉，维持平衡，抓住歹徒做支撑。
重点提示：学习寻找机会，维持重心。

（三）破抱腿摔

破抱腿摔有两种方法：第一种是在歹徒打开自卫者紧抓的双臂欲弯腰抱腿摔时，被自卫者提前发现，迅速推其头（肩）利用反作用力后退（见图 8-38）；第二种是歹徒动作比较隐蔽，突然抱住自卫者的双腿欲摔时，自卫者迅速双臂抱紧歹徒腋窝处同时后撤一步，重心用力下压歹徒头、肩部位，后撤重心、向前牵拉歹徒使其失去重心，用转体卷摔破解抱腿摔（见图 8-39）。

 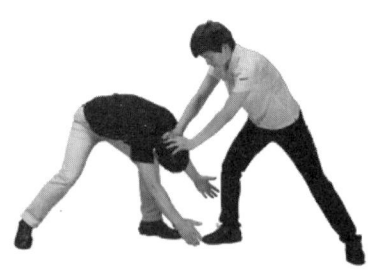

图 8-38　破抱腿摔 1

动作要领：
- 歹徒下钻欲行抱腿摔时，双手推歹徒头或肩，同时后退撤出。

易犯错误：没有发现歹徒意图，动作慢半拍。
纠正方法：多做双人练习，提高动作反应速度。
重点提示：眼睛反应和动作反应应成正比，发现问题，立即作出回应。

 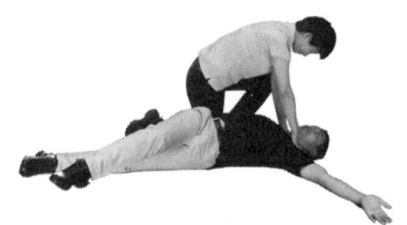

图 8-39　破抱腿摔 2

动作要领：
- 歹徒打开自卫者双臂欲抱腿时，自卫者后撤一步，抱住歹徒腋窝处，重心下降用力下压歹徒头、肩部位。
- 转体拉压破坏其重心破解抱腿摔。

易犯错误：卡抱的不是腋下，没有下压后拉、撤步动作，卷摔方向错误。
纠正方法：转体卷摔与后撤脚的方向相同。
重点提示：卡、抱、压、拉、扭转。

二、破解面对面摔技

(一) 破跪摔

主要用在歹徒抓住自卫者上步准备跪摔时，自卫者抓住歹徒做支撑，同时一手推，一手拉，快速撤脚移动重心离开歹徒破解跪摔（见图8-40）。

图 8-40　破跪摔

动作要领：
· 自卫者一手推，一手拉，快速撤脚移动重心离开歹徒，破解跪摔。
易犯错误：被歹徒绊住脚，推、拉动作不协调，无法撤脚移动重心。
纠正方法：双人推拉较力游戏，练习移重心，练习维持平衡。
重点提示：在敌强我弱的情况下，破摔后，抓住歹徒维持好重心和平衡。

(二) 破卷摔

主要用于歹徒抓住自卫者上步准备卷摔时，自卫者一手推，一手拉，快速撤出被歹徒卡住的脚，同时移重心，再撤一步离开歹徒。也可利用防守反击用顶膝打击歹徒胸、腹、裆部（见图8-41）。

图 8-41　破卷摔

动作要领：
- 歹徒抓臂，卡脚欲摔时。
- 自卫者一手推，一手拉，快速撤出被歹徒卡住的脚。
- 同时移重心，再撤一步离开歹徒。用顶膝打击歹徒胸、腹、裆部。

易犯错误：被卡后，撤不出脚，无法移动重心。
纠正方法：多做双人练习，熟练掌握动作。
重点提示：摆脱卷摔后，立即转入快速进攻，才能摆脱被动局面。

（三）破扛摔

主要用于歹徒抓住自卫者上步准备扛摔时，自卫者快速向后移动，并同时一手向前推歹徒的重心位置，另一手勒住歹徒颈部向后拉，使其失去重心，摔倒在地（见图 8-42）。

图 8-42　破扛摔

动作要领：
- 歹徒欲扛摔。
- 快速后移同时一手用掌向前推歹徒的重心位置。
- 另一手勒住歹徒颈部向后拉，使其失去重心。
- 摔倒在地，自卫者快攻击歹徒。

易犯错误：推歹徒的手不在其重心位置，后撤速度慢，身体支持了歹徒。
纠正方法：讲解示范动作关键，向侧移步，快速下拉。
重点提示：推歹徒的重心，事半功倍。

三、破摔技的运用策略及提高

破摔技在自卫防身格斗技术的应用中是比较重要的，掌握此项技术亦相应提高了受害者的安全性。当犯罪分子抓住受害者后，若被其摔倒危险系数会成倍增加，因此认真练习，熟练掌握破摔技是非常重要的。

策略一：在犯罪分子还未抓牢受害者之前，及时发现，提前解脱。

策略二：如果提前发现犯罪分子的动机，紧紧抓住犯罪分子做支撑，保持好自己的重心。

策略三：熟练掌握几项破摔技术动作，做到"兵来将挡，水来土掩"。一定牢记，提高自卫防身格斗技术无论进攻还是防守，相辅相成，相得益彰。

第9章
自卫防身解脱技术

歹徒在攻击自卫者时往往采用突袭的方式来控制其要害部分,借此将自卫者迅速制服;自卫者在遭到突然袭击时,往往无暇考虑对策,更难以保持安全距离,通常只能被动地根据受攻击的方式和部位,来采取一些解脱方法。采用这种格斗方式,成功率要比远战、近战低。如有可能,应避免使用。尽管获胜概率不高,解脱机会仍然存在。很多自卫者,包括女性在内都有成功从歹徒手中解脱的实例。身处劣势之中,自卫者必须全力以赴,敢于拼命才有获胜的可能。

本节所介绍的解脱技术是根据歹徒的攻击方式相应划分的,很多技术之前已经讲解,在这里只是按其所需,灵活应用。在技术层面比较容易,难的是当歹徒使用不同的攻击方式,能否快速识别,并通过大脑思考,自动地采取相应技术来对付攻击。本节最重要的学习方法是在学完这些解脱技术之后,让同伴模仿歹徒轮番使用各种攻击手段攻击自己,以提高自卫者的反应能力和应变能力。在运用解脱格斗技术时,不应局限于书中所介绍的技术,应举一反三,随机应变,双管齐下,多重出击才是取胜之道。

解脱技术包括几大类:

一是抓住歹徒之手,以缓其力来保护自己的要害与薄弱部位;

二是尽量使用远战、近战交替来还击歹徒,因这些技术快速简单并容易奏效;

三是使用扭、拖、拉、推、反关节等动作摆脱;

四是使用非常规技术,如咬、抓脸、抠眼、扯耳、揪发、掏裆、头撞等动作摆脱。

解脱格斗所对付的攻击,分为七大类:地面解脱、擒拿与反擒拿、抓臂解脱、抱腰解脱、锁喉解脱、抓发解脱、夹头解脱。

第一节　地面战格斗

地面战格斗也是自卫防身学不可缺少的格斗形式。通过对很多案例的统计表明，在遭到突然袭击时，自卫者尤其是女性往往在五六秒之内就被歹徒摔倒在地而处于劣势，自卫者安全脱身的机会相较于远战近战大为减少。这类格斗只能在不得已的情况下才使用，极少主动应用。即便被歹徒摔倒也未必就会输掉格斗，若自卫者能正确使用倒地技术，结合应用地面战技术，仍有机会脱险。地面战格斗一般有三种方式。

一、跪姿摔跤加拳击

这种格斗方式主要应用于自卫者尚未完全倒地或刚起身时就被歹徒抓住，而不得不以跪姿与歹徒对抗时所用的技术。假如未被歹徒抓住，则可以拳法或肘法攻击歹徒后滚摆脱；假如已经被歹徒抓住且歹徒企图继续摔倒自卫者时，应使用摔技中的平衡技术以保持平衡，同时伺机出拳、出肘或抓脸偷袭歹徒，使用后面介绍的锁关节技术来应对歹徒，如被歹徒抓臂、抓发、锁喉、抱腰时，参照摆脱格斗一节教授的应用技术（见图 9-1）。

图 9-1　跪姿摔跤加拳击

动作要领：
- 跪姿搏斗似站立，利用膝关节移动，动作靠腰肩发力。
- 抓住歹徒以保持平衡，用推拉或侧扭来拖倒歹徒进行攻击。

易犯错误：没有移动，重心不稳。

纠正方法：把膝当脚快速前后左右移动。

重点提示：掌握好重心，推拉扭摔歹徒。

二、地面远战

当自卫者已倒地但尚未被歹徒抓住或按住时，可应用各种地面远战中的踢打技术来迫使歹徒保持一定的距离。尽管不可能完全照搬远战技术，但做适当调整后仍可具有攻击力。地面远战基本方式包括以下几个步骤（见图9-2、9-3）。

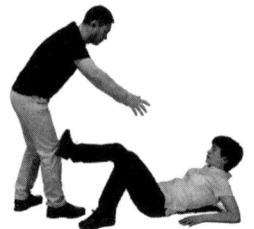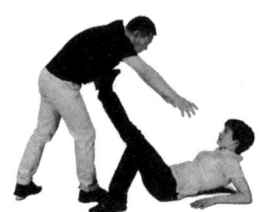

图 9-2　正面反击踹膝、胸、腹

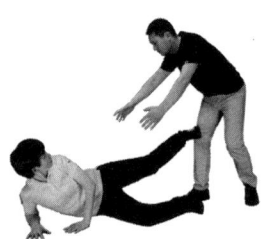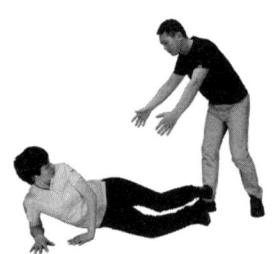

图 9-3　侧卧反击踹膝、踝

动作要领：
- 保护性倒地后，摆出地面战架势，以脚对歹徒，以手作脚推动身体移动，歹徒试图上前抓时，可以正面踢踹歹徒膝、腹或胸。
- 快速滚动成侧卧，歹徒再次靠近时，踢其踝膝、裆、胸或脸。踢踹歹徒后快速翻滚远离歹徒，迅速站起，脱离其攻击范围。

易犯错误：保护性倒地动作不熟练，在外力的作用下摔伤使自己没有反抗能力。

纠正方法：按动作要求，先集体后分组练习，施加外力推，循序渐进多练习。

重点提示：不恋战，有机会就快速脱离格斗现场。

三、地面解脱技术

当歹徒将自卫者抓住或压在地上时,自卫者必须使用地面解脱技术来对付歹徒的拖抓、锁喉、拳打、刀刺。地面战比起远、近战,自卫者格斗的难度大大增加,而且危险系数也大大增加,脱身机会相对减少,尤其当面对身强力壮的歹徒时。自卫者在地面战时应全力以搏,结合各种技术,包括踢裆、打脸、挖眼、口咬、抓裆来对付歹徒。

下面介绍的地面解脱是用来应对几种常见的紧急情况。虽然这些技术学起来不难,但在遭到攻击时,能准确识别歹徒手法,合理地使用相应技术有一定难度。快速识别且合理应对是地面战中最重要的反应,因歹徒不会给你时间思考他的攻击手法及如何应对。所有的解脱技术都应该是熟练到自动化,变成自卫者的本能反应,并自成一体。

(一)体侧卡喉解脱

此法用于对付歹徒跪在自卫者体侧,并以双手卡脖时(见图9-4)。

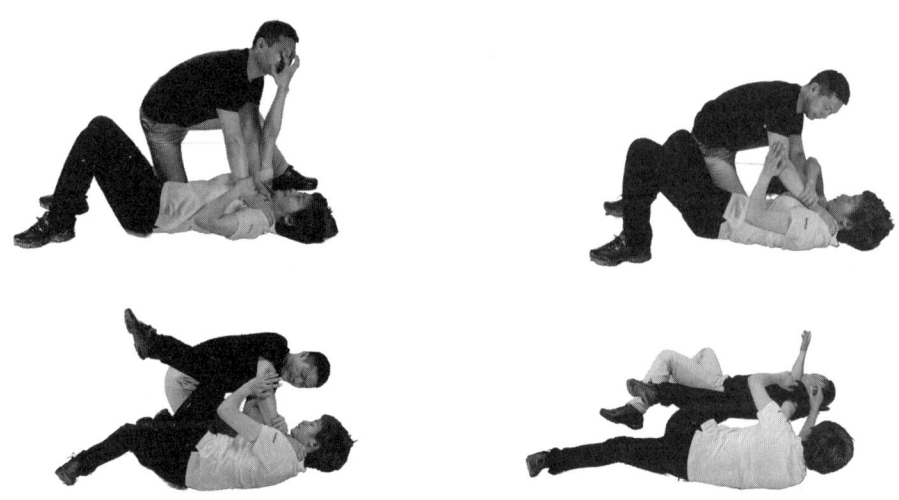

图 9-4 体侧卡喉解脱

动作要领:
- 一手抓住歹徒手腕,下压其双臂,以缓解其力,同时下砸肘。
- 另一手击或推其肘,同时腿蹬地助发力,将歹徒推于一侧。
- 抽手抓其脸,使其暂时丧失进攻能力。

易犯错误:左手不推肘,推其肩,转体速度慢,没有膝顶肋骨的动作。

纠正方法:分解动作,右压肘,左推肘,膝顶肋骨。

重点提示:右手压歹徒双臂以缓其力,并防其抽手打脸。

（二）体上卡喉——推举解脱

此法用于歹徒正压在自卫者身上重心比较靠前，并以双手卡喉时（见图9-5）。

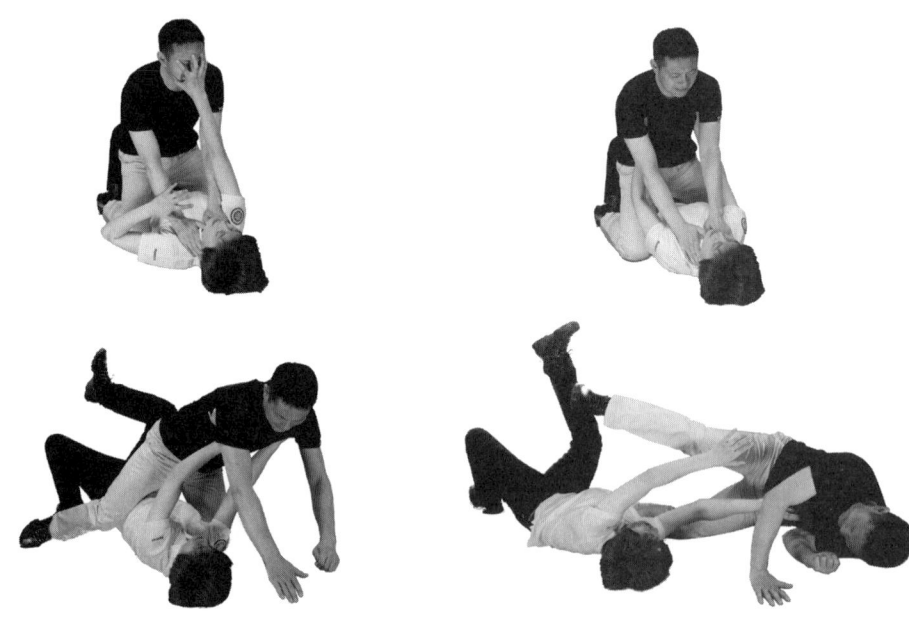

图9-5 推举解脱

动作要领：
- 歹徒上压卡喉，自卫者拳击面或者抓脸。
- 双手抓住歹徒手腕前推，快速移动到腋窝处。
- 向侧前方举推歹徒，同时挺髋顶膝，将歹徒推摔到侧前方。

易犯错误：把歹徒推举向正前方，使其膝砸在脸上。
纠正方法：强调动作要点，分解动作，徒手集体练习。
重点提示：侧举加挺髋顶膝。

（三）体上卡喉——下砸侧推解脱

此法用于歹徒正压在自卫者身上双手卡喉，重心比较靠后时（见图9-6）。

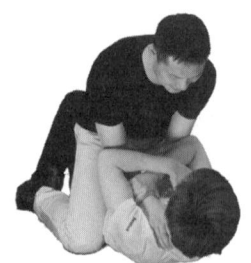

图9-6 下砸侧推解脱

图 9-6　下砸侧推解脱（续）

动作要领：
- 歹徒双手卡喉，自卫者一手抓脸，另一手抓腕下砸，使其曲臂。
- 双臂交叉抓其腕部、下砸肘，在其重心不稳时，转身蹬地挺髋。
- 将歹徒推向一侧。

易犯错误：只抓其腕，不压其臂，没有破坏歹徒重心。
纠正方法：多次重复练习，抓、砸、压、转。
重点提示：蹬地挺髋。

（四）体上压臂解脱法

当歹徒压在身上并压住双手时，自卫者的情况变得十分危险，所能应用的技术也十分有限，滑臂解脱可能是唯一可应用的技术了，由于实力悬殊，情况紧急，不能保证出手必胜（见图 9-7）。

图 9-7　体上压臂解脱

动作要领：
- 歹徒正压自卫者体上，同时压住其双臂。
- 自卫者挺髋晃动歹徒重心的同时转肩划臂，使手臂一上一下拉开歹徒重心。
- 蹬地、挺髋、转身、推肘，将其从身上推倒。

易犯错误：没有挺髋转肩滑臂动作，试图用弱者的蛮力解脱。

纠正方法：双人实战练习。

重点提示：在歹徒重心不稳时滑臂。

（五）体上拳击面解脱

此法用于对付压在身上并施以乱拳的歹徒。自卫者处于绝对劣势之中，常常还会挨上几拳，而所能用的技术也十分有限。挡、抓、推是其中最常用的办法（见图9-8）。

 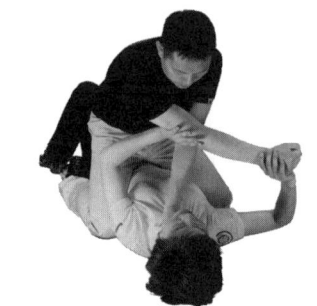

图9-8 体上拳击面解脱

动作要领：
- 歹徒上压单手卡喉，拳击自卫者脸时。
- 自卫者上挡拳的同时抓住其手，以防其抽回拳再打，顺力下拉。
- 转头，将拳拉至头的右侧，左手推其肘。
- 左脚蹬地转体挺髋，身体向侧发力，推倒歹徒。

易犯错误：闭眼，不敢接拳，没有顺力下拉到右侧。

纠正方法：多分解动作，重复双人练习。

重点提示：接拳后必须交叉拉至头侧。

（六）体上刀刺解脱

此法用于应付骑压在自卫者身上，并以刀相威胁或欲刺杀自卫者的歹徒。这种情况极其危险，即使自卫者经过专门训练，受伤的概率也很高。体上刀刺时，即使受伤也必须抓住不放，做到"避重就轻"（见图9-9）。

图 9-9　体上刀刺解脱

动作要领：
- 歹徒骑在自卫者身上一手锁喉，一手持刀欲刺。
- 自卫者迎歹徒持刀之手而上格挡。
- 抓住歹徒持刀之手后，快速下拉到耳侧。
- 另一手击其肋，反关节推其肘。

易犯错误：被正压锁喉后，没有收起双膝。
纠正方法：倒地必须团身收膝。
重点提示：为了避重就轻，受伤也必须抓住歹徒持刀手不放。

（七）骑背锁喉解脱

此法用于歹徒骑在背上并以其臂锁喉时。能用的方法也是极其有限，下面的抓臂滚翻法是解脱方法之一（见图9-10）。

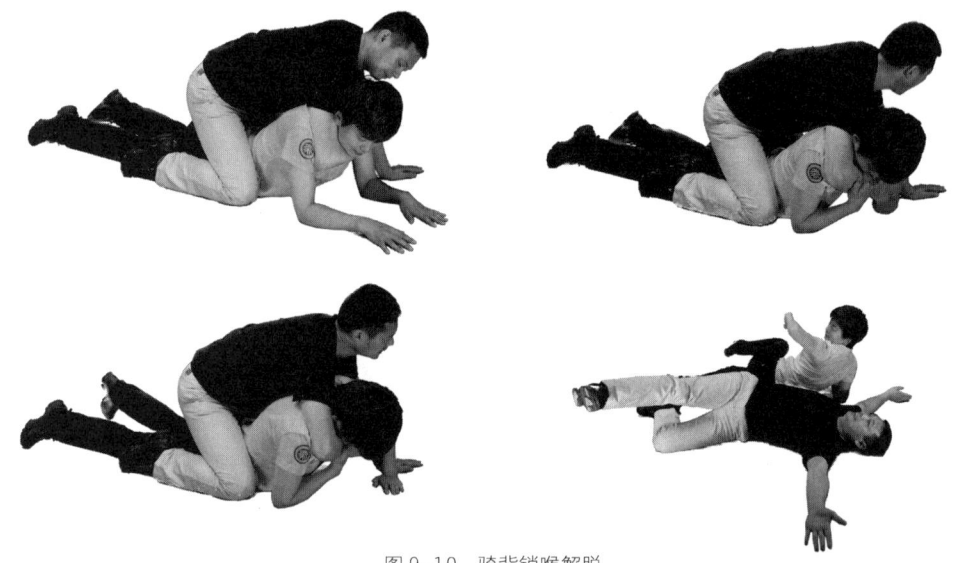

图 9-10 骑背锁喉解脱

动作要领：
- 歹徒骑背锁喉，自卫者抓住歹徒手臂以缓其力。
- 咬其臂，下拉歹徒手臂，收下颚防止歹徒第二次用力锁喉。
- 收左腿，膝、脚用力蹬地，左手用力撑地，身体向右肩滚动。
- 肘击其脸，拳击其裆。

易犯错误：歹徒右手锁喉一定向右转体，若向左，有其支持手不易翻身解脱。
纠正方法：重复练习，感受锁喉手臂。
重点提示：自卫者左腿要收膝，左手要撑地，这样才能起到"四两拨千斤"的效果。

四、地面战格斗策略

一般来讲，在地面战中自卫者都处于劣势，因此尽量不要采用这种格斗形式以避免陷入困境，若一旦卷入地面格斗，便应全力以赴，使用任何一种正规技术，如拳打脚蹬、肘膝撞、擒拿等，同时亦可使用非正规技术，如咬、挠、抓、抠眼、扯耳、抓裆等动作。但在毫无希望的情况下，应适时减少或停止反抗，以节省体力等待转机，同时结合一些智力脱身技巧来迷惑歹徒。

五、提高地面战格斗技术

提高地面战技术，首先要提高单个动作要领的质量，并增强肌肉力量，且最重要的是能够在几人轮番以各种方式攻击的情况下快速作出反应。四对一、五对一的练习是提高反应与应变能力的最好办法，在学会基本技术之后欲再进一步提高地面战能力，可选择柔术、柔道、合气道及武术中的地躺拳。

第二节　擒拿与反擒拿

擒拿主要靠加力控制歹徒身体的薄弱关节或穴位，损伤歹徒关节或造成关节剧痛，使歹徒因害怕关节被折断或被击中穴位，放弃继续攻击自卫者的手段。此类技术既可应对抢劫犯罪，也可用来对付性骚扰等暴力程度较低的犯罪。擒拿技术以强对弱，专攻歹徒弱处。擒拿技术的优点在于不管歹徒多么身强力壮，其关节穴位皆是弱点，一旦被拿住点住则容易被击败；其缺点在于擒拿要求的技术熟练程度相当高，并要求手臂、手指力量很强，达到这些并非一日之功，在运用擒拿技术时，须趁歹徒不备才可奏效。如果歹徒发现自卫者的意图使肌肉紧张起来，则擒拿的成功率会降低很多，这在作者的实验及对合气道训练的观察中得到证实。擒拿包括两类技术：一类是反关节，一类是点穴。本节介绍的是几种常用且易学的反关节技术。

一、反关节破解

人类较弱的关节包括颈、肩、肘、腕、指及踝。这里介绍的是初学者较容易做的拿肘、拿腕及拿指。

（一）卷腕和锁肘（见图 9-11）

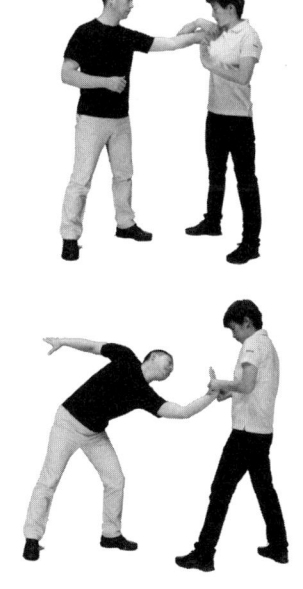

图 9-11　卷腕和锁肘

动作要领：
- 当歹徒抓住自卫者肩时，自卫者一手抓其脸另一手抓其拇指和大鱼际肌，后退拉直其手臂。
- 自卫者双手抓住一只手并使其掌面向上，向歹徒掌骨上端加力将其腕卷向其前臂。
- 保持卷腕角度同时向外扭其腕，如果其屈肘，另一只手抓住其肘向上向外翻。
- 快速将歹徒翻倒在地。

易犯错误：没有抓脸动作，拉不直其手臂，抓肘动作速度慢。
纠正方法：抓脸、撤步、卷腕、锁肘。
重点提示：卷腕锁肘时，迅速上步。

（二）反卷腕

当歹徒欲使用卷腕、锁肘来攻击时，最容易的办法是快速抽回手臂并使肌肉关节紧张起来，可用另一只手帮助被卷的手抽回。如若已被锁住，可用上步、压肘快速转体摔倒歹徒的办法来解脱（见图 9-12）。

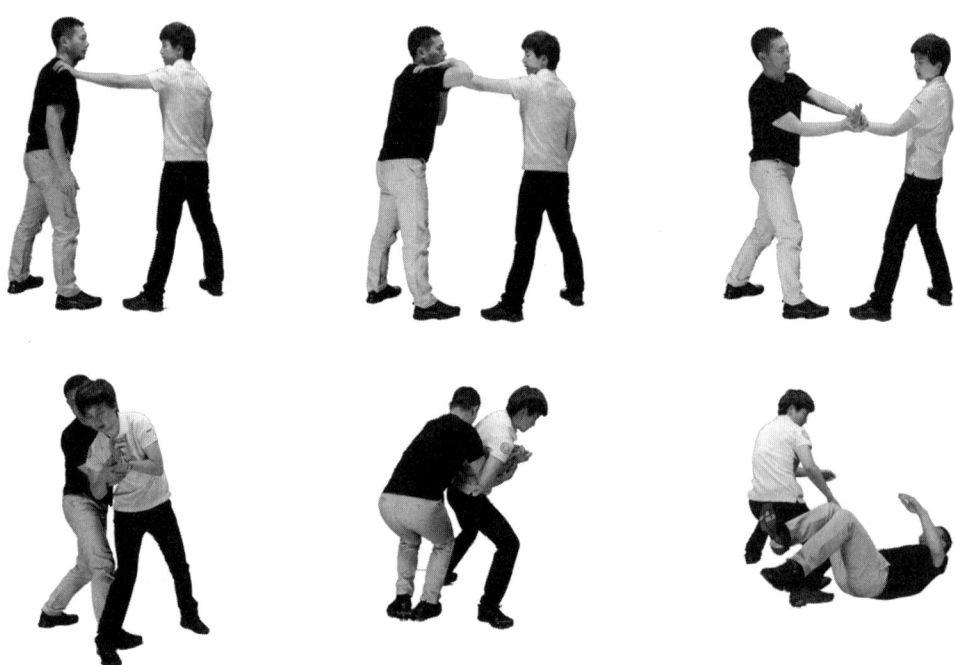

图 9-12　反卷腕

动作要领：
- 歹徒使用卷腕时，合手后抽回。
- 自卫者上步同时以另侧手抓住歹徒以缓其力。
- 自卫者以腋夹其双臂，卡住歹徒重心转体下压抽手。
- 将其摔倒。

易犯错误：没有上步，反扭自己，无法抽手。
纠正方法：领会动作要领，多作双人练习。
重点提示：上步要快，转体抽手一气呵成。

（三）反锁肘

当歹徒企图用锁肘来攻击时，自卫者应先行缩回手臂并使肌肉关节紧张起来以破解锁肘。如果肘已被压下，则可用滚翻解脱（见图9-13）。

图 9-13　反锁肘

动作要领：
- 在被歹徒企图锁肘的瞬间，曲肘缓解，抽回手臂。
- 后倒滚翻快速解脱。
- 后退与歹徒拉开距离。

易犯错误：曲肘慢，后倒不是单肩后滚翻。
纠正方法：练习反应速度，熟练掌握单肩前后滚翻。
重点提示：没有曲肘抽回手臂，必须快速后滚翻解脱。

（四）折腕、拿肩

当歹徒单手卡喉或抓住自卫者的肩时，自卫者先拳击面或抓其脸或封其眼干扰歹徒的同时，快速抓其手腕部（小鱼际肌），另一手抓其肘，推肘、压肩、抬手、拆其腕，将歹徒反关节擒拿在地（见图9-14）。

图 9-14　折腕、拿肩

动作要领：
- 歹徒正面卡住喉或者抓肩时。
- 自卫者抓脸干扰的同时一手抓其腕（小鱼际肌），另一手抓其肘，上步肘顶其肩，下压肩，上抬肘。
- 上步跪膝将歹徒牢牢压在地上，用膝压住其肩。

易犯错误：没有折其腕，压其肘。

纠正方法：抓住其手先折其腕，直接压肘。

重点提示：下压其肘同时上抬其腕对肘肩施压。

（五）反折腕、拿肩

当歹徒企图用锁肘来攻击时，自卫者应先行缩回手臂并使肌肉关节紧张起来以破解锁肘。如果肘已被压下，则可用前滚解脱（见图 9-15）。

图 9-15　反折腕、拿肩

动作要领：
- 被歹徒折腕，压肘时。
- 上体前倾，右手撑地，低头含胸收腹。
- 后腿蹬地，单肩前滚动。
- 解脱后，后撤转入远战。

易犯错误：滚翻动作不熟练，动作慢。
纠正方法：熟练掌握不过头的单肩滚翻。
重点提示：单肩滚翻不熟练时，可以利用横向滚动。

（六）抓脸上步撅指

当歹徒上前抓自卫者时，自卫者早有准备，先抓其脸或拳击其面封其眼，快速后退，一手抓其手指，另一手抓其拇指，上步靠在歹徒体侧，同时撅指压肘（见图 9-16）。

图 9-16　抓脸上步撅指

动作要领：
- 一手抓歹徒脸的同时，另一手抓住其拇指和大鱼际。
- 上步靠上歹徒，侧身下顶其肘以断其退路。
- 抓住手指后撅上翻手腕，压其肘关节。

易犯错误：没有撤步，没有继续翻腕。撤压、顶、拆速度慢。
纠正方法：双人分解练习，互相体验动作关键。
重点提示：撤步、翻腕、顶肘动作要连贯。

（七）反撅指

当歹徒企图用撅指来制服自卫者时，自卫者应避免被其抓住手指，如已被抓住应快速抽回手臂，用另一只手协力抽回，或用顶裆、打脸对付歹徒（见图 9-17）。

图 9-17　反撅指

动作要领：
- 歹徒抓住自卫者撅指，自卫者上步缓解被抓的手。
- 上步转体抽手，顶裆、抓脸反击歹徒。

易犯错误：没有上步。
纠正方法：双人实战练习。
重点提示：反撅指后继续攻击歹徒。

二、擒拿技术运用策略

擒拿虽然也是自卫防身格斗的一项技术，但应用起来则比较困难，力量不足、技术不熟、歹徒反抗或时机不好等，都会影响其效果。在使用擒拿技术时必须靠近歹徒，因而被打被抓住的危险性也随之升高。另外，在格斗中，双方肌肉处于紧张状态，很难抓得住歹徒关节。因而在格斗中尽量采用远战或近战技术。此类技术难学不易懂，且受歹徒肌肉紧张的影响。在对付无关生命的犯罪时，应用此技术比较好，如性骚扰、路遇恶霸、仗势欺人者时，自卫者宜用擒拿技术。这样既能制服对手，又不造成严重伤害，避免被控告过度使用武力或攻击伤人。在使用擒拿技术时，自卫者应使用谋略以使歹徒放松戒备，从而突袭成功，当歹徒受伤时或发现机会时，再使用此技术来制服对手。

三、提高擒拿技术

提高擒拿技术不仅要提高技术的熟练性与准确性，还要增强判断力和时机感。动作的速度与手指手臂的力量亦是重要因素，能够与其他技术互相转换、结合应用更是获得胜利的关键之道。世界上有几种拳术专门研究训练反关节技术，从这些拳术中可学到门类齐全、技艺精湛的专门技术，在高水平模拟训练中提高运用能力。

以中国武术的擒拿、日本的柔术和韩国的合气道比较专业系统，中国公安及特种部队融合这三种技术进行军事训练。

第三节　抓臂解脱

> 特别提示：
>
> 　　为什么在本书中特别提出前奏动作，因为我们在此提出的自卫防身技术是特别针对弱者在被动情况下，如何获得解脱，获得逃生机会；在绝对弱势状态下，直接进攻的机会比较少，且不易成功，所以通过前奏动作打出组合，把3-4个动作结合使用，便可以最快的速度，在最短的时间，出其不意，攻其不备，稳、准、狠地打击歹徒的人身弱点。

一、上抓臂解脱

当歹徒上抓前臂时，自卫者可用踢打、膝顶击退歹徒或用这些技术吸引歹徒注意力，再用砍虎口、压腕、压拇指解脱。

（一）单手上抓臂——砍虎口解脱（见图9-18）

图9-18　砍虎口解脱

动作要领：
- 歹徒单手抓住自卫者，自卫者快速张开五指。
- 自卫者左手抓其脸，右手用力向其手的虎口下砍。
- 自卫者同时后撤，快速撤出有效打击区。

易犯错误：被歹徒抓住后，拼命后拉。
纠正方法：正确示范向前切压歹徒拇指动作。
重点提示：抓脸和切压歹徒拇指同步进行。

（二）双手上抓臂——压腕解脱（见图9-19）

图9-19　压腕解脱

动作要领：
- 歹徒双手抓住自卫者，自卫者先用拳击打歹徒脸部。
- 自卫者左手抓住自己右拳，右臂旋转，用肘压其肘的同时、翘腕。
- 从歹徒手中解脱。

易犯错误：没有扭臂旋转，压肘翘腕。
纠正方法：双人练习，慢动作体验。
重点提示：上步抓脸，扭臂、压肘、翘腕。

（三）双手上抓臂——压拇指解脱（见9-20）

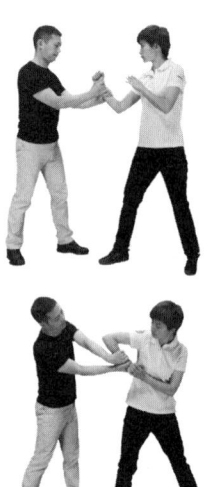

图9-20　压拇指解脱

动作要领：
- 歹徒双手上抓手臂，自卫者先用拳击歹徒脸或者抓其脸。
- 自卫者左手从歹徒两臂之间下方，握住自己的右拳，内旋，下压歹徒拇指解脱。

易犯错误：从上方抓拳应拉其手。
纠正方法：体验对付歹徒的人体弱点（2个手指和8个手指的力量）。
重点提示：逃脱歹徒抓臂，必须对付歹徒的人体弱点。

二、下抓臂解脱

当歹徒单手或双手下抓臂时，自卫者可用踢打或用未被抓住的手打歹徒脸，然后采用上挑解脱、拉手跪膝解脱、扭臂压肘解脱、撬拇指解脱、扭臂解脱等技术。

（一）单手下抓臂——上挑解脱（见图9-21）

图9-21　上挑解脱

动作要领：
- 用未被抓的手抓或打歹徒的脸。
- 趁其躲闪时，被抓手上翘其拇指或上翻缠腕。
- 上挑歹徒虎口或压开歹徒手。

易犯错误：被歹徒抓住后用力后拉。
纠正方法：讲解提示如何攻击歹徒弱点。
重点提示：打击歹徒人体薄弱部位。

（二）单手下抓臂——缠腕跪膝解脱（见图9-22）

图9-22　缠腕跪膝解脱

动作要领：
- 歹徒单手抓住自卫者右手臂。
- 自卫者用左手协助自己的右手快速反向缠腕。
- 转身上步，右手缠腕，左手压肘跪膝解脱。

易犯错误：没有缠腕、上步、跪膝动作。

纠正方法：分解动作练习，先缠腕上步，后跪膝压肘。

重点提示：上步跪膝压住歹徒肩肘。

（三）双手下抓腕——扭臂压肘解脱（见图 9-23）

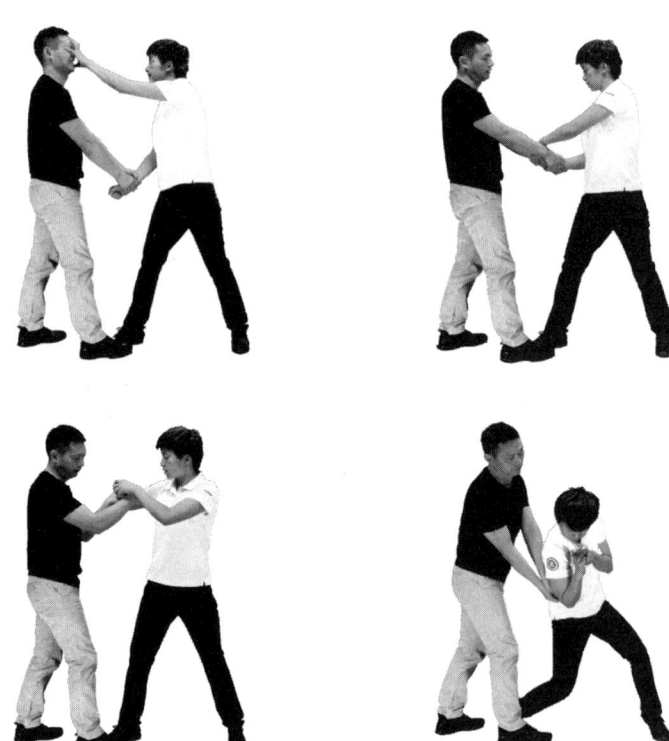

图 9-23　扭臂压肘解脱

动作要领：
- 歹徒双手抓住自卫者右腕，用未被控制的手抓或打其脸。
- 右脚上步，左手握住自己的右手，下压旋转。
- 右脚卡住其右脚前，上抬右臂同时压住其双小臂旋转，压其腕加转体解脱。

易犯错误：后拉动作较高，不利于转臂压腕。

纠正方法：熟练掌握动作，拉腕退步。

重点提示：抓脸，踢裆，扭臂压肘。

（四）双手下抓腕——抓脸撬指解脱（见图 9-24）

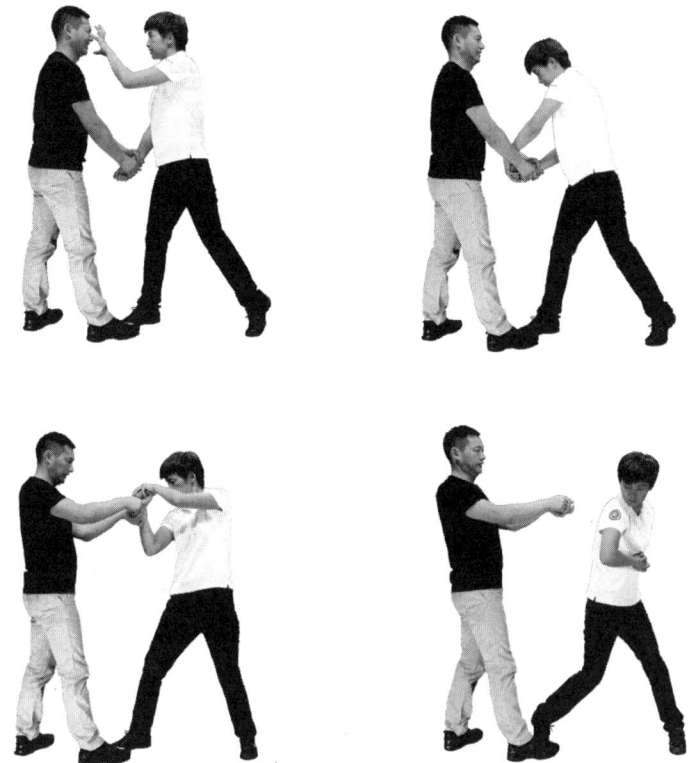

图 9-24　抓脸撬指解脱

动作要领：
- 歹徒双手下抓臂抓住自卫者右腕，自卫者用未被控制的手抓或打其脸。
- 自卫者右脚上步，左手握住自己的右手。
- 后仰上体的同时，手臂上翘。

易犯错误：没有前奏抓脸动作，上翘手臂上体没有后仰加大了动作难度。
纠正方法：力量有悬殊的学生互相体验、寻找正确动作的感受。
重点提示：弱者解脱必须应用全身的协调力量。

无论什么样的抓臂方法，我们要对付的是歹徒的弱点。解脱时的关键技巧是对付一个手指或两个手指同时造成其反关节，在解脱前突然袭击其脸部——抓其脸、拳击面等。

三、后抓腕解脱

当歹徒将自卫者一手后抓或后扭时,自卫者可使用几种技术解脱:若歹徒稍远,则可用后蹬脚攻击歹徒裆、腹、小腿骨、膝盖或横掌砍颈,击裆、胸、腹解脱;若歹徒将自卫者手臂上抬,歹徒稍近身时,横肘击其面,膝撞其胸、腹、裆。

(一)单手后抓腕转身击肘,顶胸、腹、裆解脱(见图 9-25)

图 9-25 转体击肘顶胸解脱

动作要领:
- 自卫者被抓住右腕,自卫者向前跨右脚,重心在右脚前脚掌,迅速向后转身,左肘击其脸。
- 自卫者转身肘击歹徒面,右膝顶其胸、腹、裆部。

易犯错误:重心不稳,转体不到位,没有击中要害部位。
纠正方法:分解动作,多次练习。
重点提示:转身时注意右手臂的反扭。

(二)单手后抓腕横掌砍颈,顶胸、腹、裆解脱(见图 9-26)

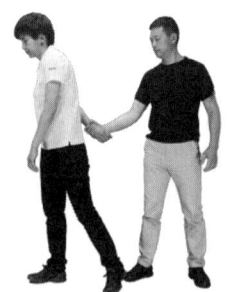

图 9-26 横掌砍颈顶胸解脱

动作要领:
- 自卫者被抓住右腕,向前跨右脚,重心在右脚前脚掌。
- 迅速后转身,左手横掌砍其颈动脉。
- 右膝顶歹徒胸、腹、裆部。

易犯错误:没掌握好距离和重心,动作无法用力。
纠正方法:多次重复模拟练习,提高动作质量。
重点提示:横掌砍颈,手指并拢。

四、后扭臂解脱

当歹徒将自己双腕扭于背后时，突然上步或横跨步，迅速转身以膝顶胸解脱，如果自卫者熟练掌握动作，可后踹接前滚翻解脱。

（一）双手后扭腕——转身顶胸解脱（见图9-27）

图 9-27　转身顶胸解脱

动作要领：
- 歹徒双手抓腕时，不要暴露动机，应突然发动进攻。
- 突然上步或横跨步拉开，让歹徒靠近自己。
- 迅速向后转身。以膝顶撞其腹、胸、裆。

易犯错误：重心不在前脚掌，不能180度转身，顶膝无力，击不中要害部位。

纠正方法：要求上步向前探上体。

重点提示：不要暴露动机，服从歹徒要求，突然发动进攻。

（二）双手后扭腕——后踹前滚翻解脱（见图9-28）

图 9-28　后踹前滚翻解脱

动作要领：
- 自卫者双手被歹徒抓住的同时反抓住歹徒。
- 上步前探上体，拉近和歹徒之间的距离。
- 用歹徒的抓臂维持身体平衡，提膝踹其膝、裆、腹部。
- 如果歹徒突然放手，自卫者快速前滚翻解脱。

易犯错误：重心不稳，没有反抓住歹徒的手臂，无法击中歹徒要害部位。
纠正方法：多次重复，熟练动作，掌握好重心。
重点提示：提膝后踹其膝、裆、腹部必须稳准狠，熟练掌握前滚翻动作。

第四节 抱腰解脱

抱腰是歹徒袭击时常用的一种手段，尤其是袭击女性自卫者时，抱腰往往使自卫者处于劣势地位，被歹徒拖走或摔倒。抱腰分前后两种，每种又有锁手臂及不锁手臂情形之分。一般在遭遇歹徒抱腰时，要先保持平衡，然后还手退敌；为保持平衡，自卫者应抓住歹徒手臂，掌握好重心，双腿屈膝，随敌移动；若歹徒将其抱起腾空时，不必惊慌，只要牢记动作要领，待其力竭时再落地保持平衡。

一、正面抱腰未锁手臂解脱的前奏动作：抠眼、撕耳、顶膝、踩脚（见图 9-29）

图 9-29 正面抱腰未锁手臂解脱的前奏动作

动作要领：
- 双手抓住歹徒的头，拇指抠住其眼用力前推。
- 双手抓住歹徒的耳朵，用力撕拉。
- 在用力撕拉歹徒耳朵的同时顶胸、腹、裆，顺势下踩其脚。
- 前摆肘或横肘打歹徒头、耳等要害部位。
- 歹徒低头时，下砸肘攻击其背部。

易犯错误：动作缓慢，出手较轻。
纠正方法：重复练习，提高力量，讲解案例，加强心理训练。
重点提示：克服恐惧心理，出手必须稳、准、狠。

二、正面抱腰未锁手臂解脱：左右摆肘、下砸肘、推摔（见图9-30）

图 9-30　正面抱腰未锁手臂解脱

动作要领：
- 歹徒抱腰未锁手臂时，前摆左右肘打其耳脸部。
- 歹徒低头自我保护时，下砸肘攻击其臂和脊柱。
- 歹徒松手自我保护时推其头肩，使其倒地。

易犯错误：摆肘不加转体，打击力度太小。
纠正方法：集体摆肘练习，摆肘打手靶，要求打出声音。
重点提示：下砸肘击中歹徒后快速推其头肩，使其倒地。

三、正面抱腰锁手臂解脱的前奏动作：上顶、口咬、撞头、顶裆（见图9-31）

图9-31　正面抱腰锁手臂解脱的前奏动作

四、正面抱腰锁手臂解脱——绊摔（见图9-32）

图 9-32　正面抱腰锁手臂解脱

动作要领：
- 上顶：反抱住歹徒，维持身体平衡的同时头撞其下颚、鼻子。
- 口咬：反抱住歹徒，维持身体平衡的同时咬其肩颈。
- 撞头：反抱住歹徒，维持身体平衡的同时头撞其耳。
- 顶裆：反抱住歹徒，维持身体平衡的同时以膝顶裆、腹、胸。

易犯错误：动作缓慢，出手较轻。
纠正方法：加强心理训练，讲解案例，熟练动作，提高力量。
重点提示：解决恐惧心理，出手必须稳、准、狠。

五、后抱腰未锁手臂和锁手臂解脱的前奏动作：左右后横肘、踩脚、头顶、后撞鼻、击裆（见图 9-33）

图 9-33　后抱腰未锁手臂和锁手臂解脱的前奏动作

动作要领：
- 左右后横肘：歹徒后抱腰未锁臂，自卫者左右横击肘或后摆肘打其头脸。
- 踩脚：歹徒后抱腰锁臂，双手由下向上抓住歹徒的手臂，提膝踩脚。
- 头顶：歹徒后抱腰锁臂，自卫者下蹲上顶其下颌、鼻子。
- 后撞鼻：歹徒后抱腰锁臂，自卫者低头向后撞鼻子和脸部。
- 击裆：歹徒后抱腰锁臂，自卫者向一侧移动重心，一手抓住其臂，另一手攻击其裆部。

易犯错误：动作缓慢，在歹徒牢牢抱住后，还没有解脱动作。
纠正方法：多次重复练习，提高动作熟练程度，利用双人计时练习等特殊手段加强训练。
重点提示：在练习中特别强调进攻防守的强弱关系，男女生搭配在一起合练。

六、后抱腰未锁手臂解脱

（一）后抱腰未锁手臂——后横肘加绊摔解脱（见图9-34）。

图9-34　后横肘加绊摔解脱

动作要领：
- 自卫者以左右横肘后击歹徒头脸部。
- 在其躲闪时，快速后撤步绊敌同时以肘击或后顶其胸。
- 绊摔歹徒后继续进攻，使其在片刻时间内处于被动。

易犯错误：击肘和后撤步不连贯，绊摔歹徒后不能主动进攻。
纠正方法：集体分解动作练习，双人游戏听口令攻防互换。
重点提示：后绊摔时，跪膝顶其膝，同时挺身，击肘。组合动作，连续进攻。

（二）后抱腰未锁手臂——击肘卷摔解脱（见图9-35）。

图9-35　击肘卷摔解脱

动作要领：
- 歹徒后抱腰未锁手臂，自卫者双手抓住歹徒，屈膝降重心，保持好平衡，随敌移动。寻找机会，以右横肘后击歹徒头脸部同时横跨右脚卡住歹徒。
- 自卫者一手抓住其肘，另一手抓住其肩，用臀顶起重心，转体跪膝，卷摔歹徒。
- 卷摔歹徒后，继续攻击，使其在片刻时间里没有反击能力。

易犯错误：重心高，维持不了平衡，横跨步小没卡住其脚，手抓的位置太低。
纠正方法：先分解动作，组合动作强调到位，要求动作质量，必须每个组合摔倒同伴。
重点提示：高个对矮个的解脱方法，抓住肘和肩，用臀顶住其重心，摔时快速转体降重心。

（三）后抱腰未锁手臂——击肘抓腿摔解脱（见图9-36）。

图9-36 击肘抓腿摔解脱

动作要领：
· 歹徒后抱腰未锁手臂，自卫者击肘横跨步。
· 迅速屈膝弯腰。
· 双手抓住歹徒踝关节，臀部向下坐其膝关节，上抬其腿。
· 坐摔歹徒，获得解脱机会。
易犯错误：自卫者重心较高，不愿意弯腰屈膝，没抓其踝关节，抓其膝关节，无法完成动作。
纠正方法：分解动作互相体验，感受反关节抓踝坐膝。
重点提示：抓踝的同时，快速下坐其膝。

七、后抱腰锁手臂解脱

（一）后抱腰锁手臂——头撞、踩脚、架臂解脱（见图9-37）。

图9-37 头撞、踩脚、架臂解脱

动作要领：
· 歹徒后抱腰锁臂，自卫者低头向后撞鼻子和脸部。
· 双手由下向上抓住歹徒的手臂，提膝踩脚或拳击其裆。
· 在歹徒注意其脚时，上架双臂，身体快速下蹲摆脱其锁臂抱腰。
易犯错误：上架双臂，身体没有快速下蹲，想靠力量摆脱其锁臂抱腰。
纠正方法：双人多次重复练习踩、架、蹲。
重点提示：强调组合练习，强调动作的连续性，强调心理素质的重要性。

（二）后抱腰锁手臂——击裆绊摔解脱（见图9-38）。

图 9-38　击裆绊摔解脱

动作要领：
- 歹徒后抱腰锁臂，自卫者踩脚，身体侧移向后击歹徒裆，其后退躲闪时。
- 自卫者撤步后移左脚，绊在其后，跪膝顶其膝同时挺髋、后仰以肩肘后顶其胸。
- 绊摔歹徒，继续反击进攻。

易犯错误：撤步慢，不到位，没有跪膝击肘上体后仰动作。
纠正方法：分解动作集体练习，分组实战训练。
重点提示：解脱本身是弱对强，重点动作，跪膝击肘，快速后仰上体。

（三）后抱腰锁手臂——踩脚加扛摔解脱（见图9-39）。

图 9-39　踩脚加扛摔解脱

动作要领：
· 歹徒后抱腰锁臂，自卫者用力踩其脚或撞其头、脸。
· 横跨步卡住其腿，降重心将歹徒扛在肩上。
· 右手掌心向上抓腋下，左手抓肘或腕，用髋顶起重心。
· 向左转体快速降重心跪膝低头扛摔歹徒。
易犯错误：没有紧靠歹徒，和歹徒之间有距离，没有钻入其腋下，手抓的位置不正确，转体角度小，没有加速动作，产生离心力。
纠正方法：多次分解动作集体练习，分组实战训练，要求完成动作的质量。
重点提示：最好应用在矮个对高个的解脱上，解脱后立即转入进攻。

第五节　锁喉解脱

歹徒卡喉锁喉会置自卫者于十分危险的处境，一旦不能及时解脱，就可能窒息昏倒，更严重的是如果歹徒加力，则可损伤甚至折断自卫者的脖颈（尤其是后锁喉）。锁喉解脱的过程一般是先抓住歹徒手臂，以保护脖颈并保证呼吸，然后使用适当的攻击技术以迫使歹徒松手。

一、正面单、双手锁喉解脱

（一）单手正面锁喉背后无障碍物——撅指、抓脸、折腕、插喉、踢裆、拿肩解脱（见图9-40）

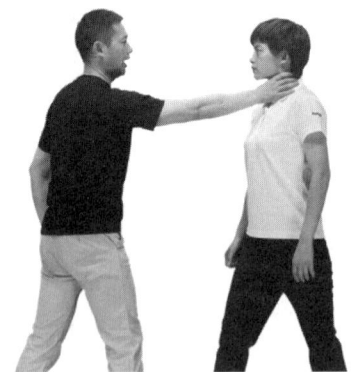

图9-40　单手正面锁喉解脱

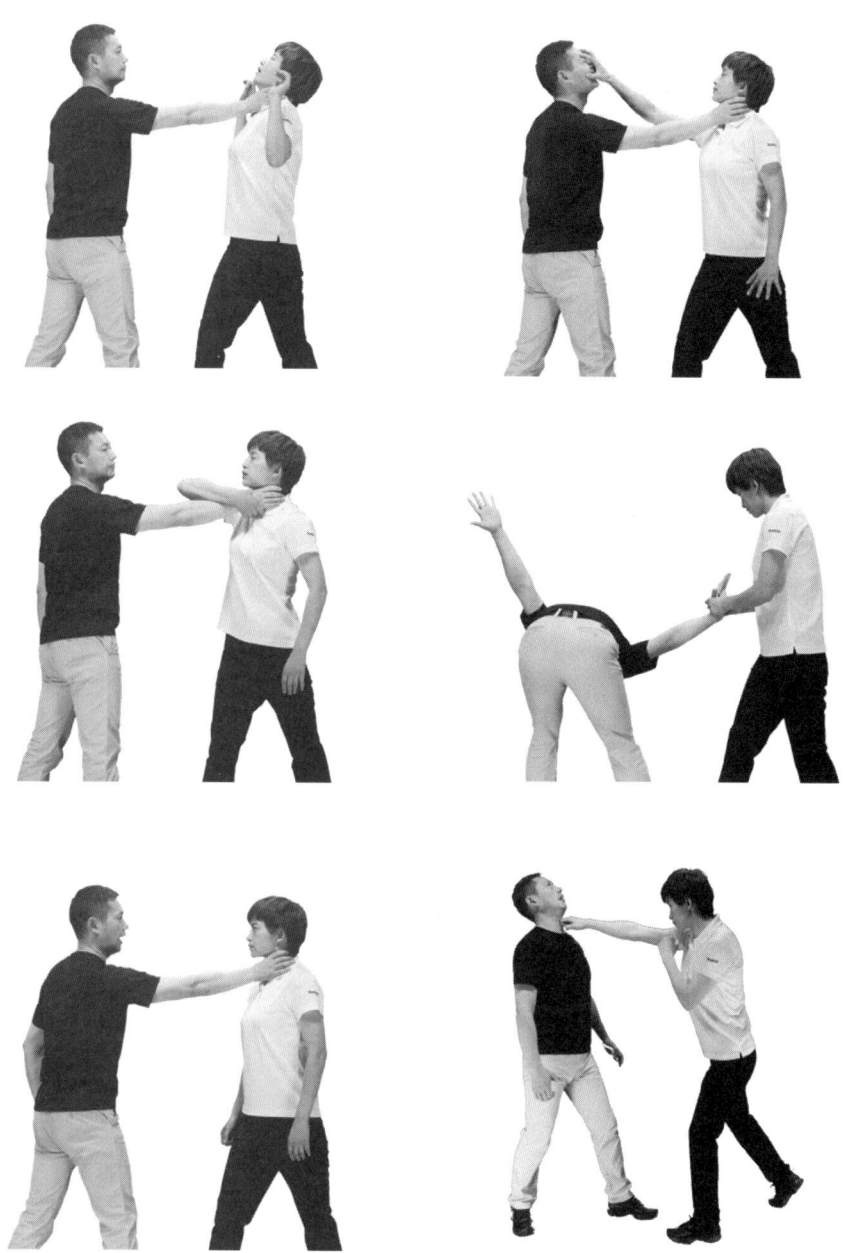

图 9-40 单手正面锁喉解脱（续）

图 9-40　单手正面锁喉解脱（续）

动作要领：
- 歹徒单手锁喉，自卫者后退半步的同时用同侧手撅其拇指，另一手抓其脸。
- 双手折其腕。
- 双手抓住歹徒顶踢其裆。
- 折腕拿肩。
- 折腕踢裆。

易犯错误：后退步慢，没有快速地折其腕，歹徒利用曲肘缓解了折腕。

纠正方法：重复练习，精确掌握动作关键。

重点提示：多种解脱动作综合使用，不能靠单一解脱动作取胜。

（二）单手正面锁喉背后无障碍物——后撤下砸解脱（见图9-41）

图9-41　后撤下砸解脱

动作要领：
· 歹徒单手锁喉，自卫者可手抓其脸干扰其注意力。
· 后撤步的同时屈肘下砸歹徒手腕。
易犯错误：没有后撤步，下砸不贴近自己身体。
纠正方法：提出要求，集体徒手练习，后撤转体下砸。
重点提示：后撤才能减轻锁喉的压力，近体下砸才能以弱胜强。

（三）双手正面锁喉背后无障碍物——兔子蹬鹰解脱（见图9-42）

用于歹徒向自卫者猛扑过来重心不稳冲击力比较大时，自卫者顺势后倒，变被动为主动。

图 9-42　兔子蹬鹰解脱

动作要领：
- 歹徒猛扑过来抓住自卫者双肩时，自卫者重心后移，双手反抓歹徒大臂。
- 脚蹬其重心，身体后倒地，同时蹬其腹部的脚用力上送。
- 将其从体上蹬过。

易犯错误：没有抓住歹徒，蹬其重心不准确。

纠正方法：双方首先练习保护性倒地，讲解人体重心的位置。

重点提示：双人练习时，注意被蹬起的同学腾空落地的自我保护。

（四）双手正面锁喉背后无障碍物——架臂解脱

此动作用于歹徒双手锁住自卫者的喉，背后没有障碍物，可以后撤降重心，双臂上架摆脱歹徒的双手锁喉，求得解脱（见图 9-43）。

图 9-43　架臂解脱

图 9-43　架臂解脱（续）

动作要领：
- 歹徒双手锁喉时，自卫者突然抓其脸，使其躲闪后仰。
- 同时快速降重心双臂上架摆脱歹徒。
- 后撤步后转入远战准备姿态。

易犯错误：被锁喉后，没有后撤动作。
纠正方法：上架双臂时，撤步降重心。
重点提示：解脱后快速转入格斗状态。

（五）单手正面锁喉背后有障碍物——锁腕断肘解脱

此动作用于歹徒单手正面锁喉，将自卫者推到背后有障碍物的墙上或树上，自卫者无法后退或后撤时，使其危险系数加大，自卫者应快速应战，抓住（按住）歹徒的手腕转身断肘。在反击解脱前，增加前奏动作效果更好（如：抓脸、踢裆等）（见图9-44）。

图 9-44　锁腕断肘解脱

动作要领：
- 歹徒单手锁喉，自卫者一手锁腕，另一手胸前举起。
- 突然转身，靠转身的力量断其肘。前提条件是拉直歹徒手臂。

易犯错误：没有曲臂上举，打击力点不在歹徒肘上，转体速度慢。
纠正方法：正确掌握动作要点，徒手集体练习。
重点提示：如果背后有障碍物，上步转体更便于用力。

（六）双手正面锁喉背后有障碍物——前踹或顶膝，挤肘解脱

此动作用于歹徒双手正面锁喉把自卫者推到墙上时，可以利用背后障碍物的反作用力前踹或顶膝的同时挤肘，解脱其锁喉（见图9-45）。

图9-45　挤肘顶膝解脱

动作要领：
- 歹徒正面双手卡喉将自卫者推于墙壁，自卫者可以先双手抱拳劈其头。
- 利用墙壁的反作用力顶膝、挤肘。

易犯错误：不会利用障碍物的作用力，顶膝力度差。
纠正方法：多做双人练习，练习推墙、撞墙。
重点提示：必须快速解脱，有障碍物的情况下比较容易使人窒息。

（七）双手正面锁喉背后有障碍物——下砸、顶膝加锁肘解脱（见图9-46）

图9-46　下砸、顶膝加锁肘解脱

动作要领：
- 歹徒双手锁喉时，自卫者双臂左右交叉抓住歹徒双臂下砸其肘。
- 自卫者同时提膝顶裆。

易犯错误：没有前奏动作，动作分解不连贯。
纠正方法：掌握动作关键点，集体徒手练习，熟能生巧。
重点提示：熟练掌握动作，弱者解脱时前奏动作非常重要。

二、后锁喉解脱

（一）单手后锁喉——击裆绊摔解脱（见图 9-47）

图 9-47　击裆绊摔解脱

动作要领：
- 歹徒单手后锁喉，自卫者双手抓其臂下拉。
- 快速收下颌贴紧锁骨或咬歹徒手臂，站稳重心。
- 一手拉腕，一臂击肘或以拳击裆，使歹徒后退躲闪。
- 自卫者快速撤步至歹徒腿后绊其腿，或跪其膝，同时手臂击其下颌后推歹徒，使其失重倒地。

易犯错误：下拉其臂后，不收下颌，被歹徒第二次锁喉，没有跪膝，挺身击肘不连贯。

纠正方法：示范讲解，分解动作讲解动作重点，集体练习。

重点提示：被后锁喉时，注意下拉歹徒臂的同时，屈膝掌握重心，千万不可以被拉成反弓。

（二）单手后锁喉——抓臂扛摔解脱（见图9-48）

图9-48 抓臂扛摔解脱

动作要领：
- 歹徒单手后锁喉，自卫者双手下拉其臂的同时踩脚，收下颚贴紧锁骨，咬歹徒手臂。横跨步卡住其腿。
- 降重心将歹徒扛在肩上，一手抓其腋下或肩上，一手抓肘或腕，紧贴歹徒，顶髋破坏重心，向左转体快速降重心，跪膝低头扛摔歹徒。
- 继续攻击歹徒。

易犯错误：没有卡住歹徒脚，没有紧贴歹徒破坏其重心，转体角度小。
纠正方法：徒手分解动作集体练习，强调完成动作质量。
重点提示：紧贴歹徒，破坏重心，扛摔时快速转体降重心。

第六节 抓发解脱

抓头发以控制自卫者是歹徒惯用手段之一，而且效果很灵，因为头发（尤其是女性的长发）一旦被抓，自卫者的头部被歹徒控制，反抗就比较难。对付抓发一般有几个步骤：首先应抓住歹徒之手以缓解对头部的控制，防备歹徒进一步打脸卡喉；同时以远战或近战技术还击以迫使歹徒松手；然后视情况用摔或反关节技术。

一、前抓发解脱

正面单手抓发解脱方法——锁腕踢裆解脱，锁腕拿肘、肩解脱，锁腕转身断肘解脱

1. 锁腕踢裆解脱（见图 9-49）

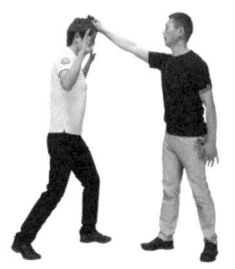

图 9-49　锁腕踢裆解脱

动作要领：
· 自卫者双手抓住歹徒手臂，与其成为一体。
· 先向后撤步拉直歹徒手臂，下压其手腕，踢其裆。
易犯错误：抓住歹徒的手拼命下拽。
纠正方法：将其手按在头上，紧抓其手，后退，下压其腕，同时出脚。
重点提示：歹徒抓住头发时，拉则进，推则退，与其成为一体。

2. 锁腕拿肘、肩解脱（见图 9-50）

图 9-50　锁腕拿肘、肩解脱

动作要领：
- 双手抓住歹徒手臂向后撤步，同时右手抓脸，左手反折其手腕。
- 当其曲肘时上步右手抓住其肘向外反关节翻其肘。
- 将其翻倒在地，继续攻击歹徒。

易犯错误：没有前奏动作，直接锁腕拿肩，右手不是掌心向上翻歹徒其肘。

纠正方法：重点提示，重复练习整个解脱动作一气呵成。

重点提示：解脱后，给歹徒重击，立即逃脱，不可恋战。

3. 锁腕转身断肘解脱（见图 9-51）

图 9-51　锁腕转身断肘解脱

动作要领：
- 把歹徒抓发手臂按在头上，后撤或踢其膝、裆，拉直其手臂。
- 左脚向侧前方上一步，举左手向右猛转体断其肘。

易犯错误：没拉直歹徒手臂，没有利用转身的力量，只靠手臂力量去断其肘。

纠正方法：集体单个动作徒手练习。讲解动作重点、关键点。

重点提示：拉直歹徒手臂，必须依靠转体的力量，因为是以弱对强。

二、后抓发解脱

后抓发解脱方法——锁腕转身断肘解脱、转身顶裆解脱、后倒踢解脱。

1. 锁腕、转身断肘或转身顶裆解脱（见图 9-52）

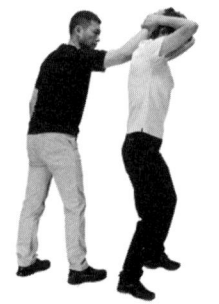

图 9-52　锁腕转身断肘解脱

2. 转身顶裆解脱（见图 9-53）

图 9-53 转身顶裆解脱

动作要领：
- 双手将歹徒手按在自己头上，向前迈步拉直歹徒手臂，双肩主动用力向后张开。
- 迅速向右转身，用大臂反关节猛击歹徒肘部，断其肘，使其放开抓发的手，如果转错方向，可利用转身顶裆踩脚、踢胫骨解脱。

易犯错误：转体时没有张开双臂，转身顶裆时，转体幅度小，不到 180 度。
纠正方法：按住其手后，先向前迈步展臂探身，转身前重心一定压在前脚掌上，方便转体。
重点提示：从歹徒的大拇指来判断，是左手还是右手抓发。

3. 后倒踢解脱（见图 9-54）

图 9-54 后倒踢解脱

图 9-54　后倒踢解脱（续）

动作要领：
· 被歹徒抓住头发向后拉倒在地。自卫者保护性后倒地的同时，用脚倒踢歹徒头脸部。
· 倒踢后快速收腿，地面 180 度转体进入地战，使歹徒无法上扑。
易犯错误：没有后撤步倒地，摔伤自己，倒踢后上体平卧在地，无法地面转动。
纠正方法：先后撤步降重心，再后倒地，倒踢后用手臂撑起上体。
重点提示：解脱后歹徒不上扑，不要轻易出脚乱踢，保存体力，找准时机，踢中要害。

第七节　夹头解脱

夹头是歹徒控制自卫者的最惯用手段之一，当自卫者被夹头时，已处于劣势，如不能在其牢牢控制前解脱，将会造成呼吸困难，丧失战斗力，在这种情况下，自卫者应抓住机会，声东击西，稳、准、狠攻其薄弱部位（如：踩脚、抓裆、击裆、击眼、抠扳下颌，专攻其人身弱点），快速解脱，获得逃生机会。

一、掏裆或击裆绊摔解脱（见图 9-55）

图 9-55　掏裆或击裆绊摔解脱

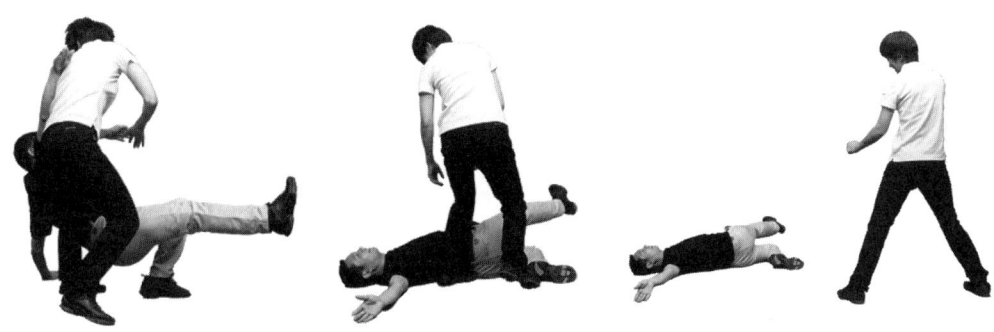

图 9-55　掏裆或击裆绊摔解脱（续）

动作要领：
- 先用双手拉开被夹颈部，保证呼吸，同时收下颚护颈，一手拉住歹徒臂减轻压力。另一手抓其裆部。
- 自卫者左腿后移至歹徒右脚后侧，一手撅其腕，采用绊摔使歹徒后倒。
- 抓住机会快速攻击歹徒。

易犯错误：解脱后转入进攻比较慢。
纠正方法：一对一攻防转换练习。
重点提示：顶膝、挺髋、击肘、仰上体。

二、抠眼绊摔解脱（见图 9-56）

图 9-56　抠眼绊摔解脱

动作要领：
- 先用双手拉开被夹颈部，保证呼吸，同时收下颚护颈。
- 自卫者左腿后移至歹徒右脚后侧，一手撅其腕，另一手抠其眼，跪膝向后猛拉摔歹徒。
- 待其倒地后，抓住机会快速攻击。

易犯错误：左手不能从歹徒右侧抠其眼。
纠正方法：一手拉住歹徒手腕减轻夹颈压力，另一手紧贴自己的耳朵向歹徒伸展抠其眼。
重点提示：无论是抠眼还是扳下颌，左右手必须同时协调用力，加跪膝、挺髋方可解脱。

三、抓裆抱腿解脱（见图 9-57）

图 9-57　抓裆抱腿解脱

动作要领：
- 一手拉住歹徒臂减轻颈部压力，另一手抓歹徒裆部。
- 抓裆后在歹徒并腿护裆时，自卫者抱腿摔倒歹徒。

易犯错误：左手抓裆后没有移动到前面，而是直接在后面抱腿摔，没有抱在膝关节以下部位。

纠正方法：让自卫者记住内侧手在前，外侧手在后，抱腿前屈膝降重心。

重点提示：如果歹徒体质过大，自卫者可以利用自己的身体主动后倒带倒歹徒。

四、抓裆抱腿后倒摔解脱（见图 9-58）

图 9-58　抓裆抱腿后倒摔解脱

动作要领：
- 一手拉住歹徒臂减轻颈部压力，另一手抓歹徒裆部，抓裆后在歹徒并腿护裆时双手抱住歹徒双腿。
- 自卫者没有能力抱摔歹徒，抱腿后主动后倒带倒歹徒。

易犯错误：抓裆后移动速度慢，抱腿位过高。
纠正方法：抱腿后重心快速后移，主动屈膝降重心后倒。
重点提示：利用肘击，攻击歹徒胸和脸部。

第10章
特殊格斗
——对枪、对刀

特殊格斗是指在敌我实力相差悬殊的情况下采取的自卫防身，如对付两个或两个以上歹徒，持刀或持枪的歹徒。在中国俗语及成语中，"寡不敌众""双拳难敌四手"及"好虎架不住群狼"都是描述以寡对众的危险状况。歹徒若手中有枪或刀，更增加了自卫防身格斗的危险性。20世纪80年代末，一位美国空手道冠军在酒吧与两位男子发生争执进而交手，他虽将对手打得惨不忍睹，但被对手"开膛剖肚"，造成终身残疾。笔者在大连有一校友擅长武术格斗，曾两次与帮派发生摩擦（为保护他的学生）。第一次以一对一，虽然取胜但也被菜刀砍伤胸膛；第二次以寡对众，被菜刀砍掉三指。另外还有许多案例表明，在枪口或刀刃下，自卫防身的困难程度会更大。

最新的美国犯罪研究报告表明，在美国发生的76.5%的杀人案、51.7%的抢劫案和36.1%的攻击伤人案中均有使用刀或枪作为作案工具。所以，特殊格斗自然成为自卫防身的一个重要研究和教学内容。多数拳术家不赞成初学者学习对刀对枪的教学内容，他们认为学生的技术程度达不到实用水平，他们认为对刀对枪应是高级班的教学内容。但笔者了解到在美国大学的自卫防身课程里，十几年前就将对刀对枪列入正式教学内容，笔者也在十几年的教学中对初级班的学生教授对刀对枪的教学内容。结果表明，约有半数的学生掌握得比较好。

以寡对众和对枪对刀的格斗情况十分复杂，不确定因素很多，没有百分之百的把握成功，因而全身而退的概率无法预料。应对这类情况的最好方法是预防，不要把自己放在枪口或刀尖上。且一旦遇上了，最常用的办法是听从歹徒命令不做反抗，期望歹徒放过自己，或找机会逃走，在万不得已的情况下才能殊死格斗以求脱身。

第一节　对付持枪歹徒

当今社会涉枪案件日渐增多，尤其在美国，成年人合法拥有枪支，人均持枪量居世界第一，歹徒情绪不好时开枪泄愤的案件时有发生。普通公民一想到不知哪天自己也会撞到歹徒的枪口或刀尖上时，都会不寒而栗，即使是受过训练的警察或习武行家也不例外。首先不明确袭击者的真实意图及其实力，其次没有哪种方法可保证自卫者能全身而退，所以结果通常很难预料。

专家们一般推荐三种做法来对付持枪歹徒：一是听命于歹徒，以期歹徒不会进一步伤害自己；二是立即逃跑以免被歹徒劫到僻静之处再下手；三是以格斗击伤或控制住歹徒以创造逃脱机会。这三种办法各有利弊，运用时机亦不相同。

一、服从

在枪口之下不做任何反抗，完全听命于歹徒的吩咐是大多数人的本能。统计结果表明大多数武术或自卫防身教师以及警察都大力推荐这种做法，尤其是抢劫时。没有研究或统计数字表明这种办法的成功率是多少，在案例研究中出现两种结果：有些人听命于歹徒保住了性命，而另一些人不幸地在做了歹徒所要求的一切之后，仍然被枪杀。

专家们建议在以下几种情况下应服从歹徒，保持冷静，等待时机，万万不可轻举妄动：

1. 当自卫者被紧紧抓住且枪口抵住头、胸，逃跑或格斗的机会不大时；
2. 当歹徒很紧张，自卫者的每个动作都会引发歹徒扣扳机时；
3. 当歹徒已经开枪射击敢于反抗或逃跑的其他自卫者时（如在抢劫银行时）；
4. 当歹徒只是要钱要物时；
5. 当歹徒劫持人质，自卫者的逃跑或反抗会引起歹徒杀害人质时；
6. 当自卫者技术不高或穿戴衣物不好逃跑时。

服从的好处是不会激怒歹徒或使歹徒受到羞辱或威胁，这样原未打算开枪的歹徒也就没什么理由改变主意，而原来不确定是否要开枪的歹徒也就不必再将罪行加码。

服从的最大问题是歹徒可能会诱使自卫者进入其圈套而被捆绑起来或带到无人之处。当观察出歹徒最终还是要开枪杀人，已经没有机会逃跑或反抗，也无旁人协助帮忙时，也就是说，服从可能不会带来即刻的危险，但可能有延迟的危险，这时决不能坐以待毙，服从应有一个底线，该打该跑时一定不能犹豫，尤其是要被歹徒捆绑或带走时。

二、逃跑

一般人对在面对枪口的情况下转身跑掉持怀疑态度，认为人再快也跑不过子弹。其实逃跑并不像人们想象的那样危险，虽然有的歹徒会开枪，但他们不愿在公共场合开枪杀人，也有不少歹徒本来就是想吓唬自卫者，从而让他们乖乖就范。另外，即使歹徒开枪也不一定次次命中，即使击中了也未必能打到要害部位。在枪口下逃跑成败的重要研究来自美国侦探（前警察）比登本德，他于1991—1992年在电视上做过几次讲演，后辑合成音像制品《街头防身巧计》（*Street Smart*）。根据他的研究，在枪口下逃跑被严重射伤或打死的概率仅为2%，而逃脱或受轻伤的概率高达98%。如果此研究属实，则逃跑应是枪口下自卫防身的最佳选择。专家一般推荐在下列情况下应采用逃跑战术：

1. 自卫者在公共场合或较近于公共场合，歹徒不想开枪而引人注意；
2. 逃跑时身边有障碍物能挡住子弹或挡住歹徒视线；
3. 当歹徒迫使自卫者随其去僻静之处时；
4. 自卫者离歹徒稍远且穿着又适合于逃跑时。逃跑并躲避枪弹的策略是跑折线、突然变向、弯腰，多利用障碍物。

逃跑的优点是自卫者能立即脱离险境而又不需搏斗，但缺点是逃跑可能会激怒歹徒开火，且逃跑也受其他因素如奔跑能力、穿着、环境及与歹徒的距离等限制。总体而言，逃跑可能会引发眼前的危险，但可能带来最终的安全。

三、格斗

格斗是绝大多数自卫者不愿采用的手段，因为格斗可能会激怒歹徒或威胁歹徒的安全，迫使歹徒开枪。若自卫者技术不高，成功率不大，进而危险性增大，且一旦动手便是你死我活，难以解脱。因此这样的格斗必是破釜沉舟，非常惨烈，但是与逃跑和服从相比，格斗会给自卫者一些主动权去控制和扭转局势，而不是任凭歹徒摆布。一般来说，格斗会带来眼前危险，但可能带来安全的结果。

在过去的案例中，自卫者对枪格斗有成功的案例，也有失败的案例。一般认为，在下列的情况下应该果断采取格斗手段：

1. 当歹徒欲把自卫者牢牢捆起以使其彻底失去反抗能力时；

2. 自卫者对未来形势估计危险时；

3. 机会好，如歹徒走神或歹徒看起来不那么熟练或体格不太强壮，而自卫者有一定的格斗能力时；

4. 当歹徒已射杀别的自卫者，但未来得及调转枪口，不打就要被射杀时。

美国教授陈工博士曾于1996—1997年对174名美国大学生做枪口格斗逃生的实验研究。实验使用压力式水枪，其效果与手枪相似。结果发现，如果枪手在自卫者每次开始反抗格斗时马上开枪，自卫者在枪顶住胸口或背后时被击中的概率是58%。当自卫者在2米之外开始反抗格斗时，被击中的概率升至95%。这仅为实验平均数，受试者个人差别很大，其中8%的人每次都被击中；而3%的人每次都成功地将枪手控制住。决定这些个人差异的因素包括敌我双方的技术、反应、身体素质等。笔者2004—2006年应用同样的教学方法，对北京大学的498名大学生进行了验证实验研究，结果与陈工教授的实验结果基本相同。因为这项研究是在模拟实验中而非实际情况下，且道具为水枪，双方的心理反应和格斗结果与实际情况会有所差别。更因情况不同，在应用实验数据时宜多加小心。

枪口下的格斗适用于一臂之内的距离，这样自卫者一伸手就够得上歹徒持枪的手。实验表明，若自卫者的速度很快，则可避开枪手的第一枪，但必须在避开第一枪后迅速控制歹徒持枪的手以防第二枪。与歹徒距离较远，则走为上策。最难的是两三米至五六米之间的距离，自卫者想格斗又够不着，跑又太近。

对持枪歹徒的格斗有几种方法，目前各类教科书及实用拳术中还没有经实验检验的可靠技术，但一般人们偏爱擒拿技术，因为容易控制对方持枪的手。一般与持枪者搏斗的过程有三步：

1. 将歹徒持枪的手推开并将自己身体闪开；

2. 靠近歹徒控制其持枪的手，以防其抽枪再射；

3. 用踢打、擒拿，或咬、撞击等手段制服歹徒。

本书的这一部分介绍在三种情况下的格斗技术，也是上述实验所用技术。

（一）单手持枪正面对头或胸——撅腕、断肘、顶裆夺枪，折臂双手夺枪

1. 撅腕、断肘、顶裆夺枪

适用时机：距离比较近，伸手可抓住歹徒枪支；双方势均力敌，自卫者无法躲避，不格斗必死亡（见图10-1）。

图 10-1 撅腕、断肘、顶裆夺枪

动作要点：
- 歹徒持枪对准自卫者头、胸，保持冷静，用语言干扰歹徒。
- 自卫者右脚向右躲闪或上步的同时左手迅速推开歹徒持枪的手，并且紧紧地抓住其手腕反关节向外撅，头和身体侧闪躲开枪口。
- 贴近歹徒持枪的手，左手折其腕，右手断其肘，也可提膝顶裆、踩脚。
- 右脚贴近歹徒，将其持枪的手扛于肩上，双手用力夺下其枪，抢枪后立即反击。

易犯错误：自乱方寸，躲闪缓慢，上步折腕动作不协调，抢枪位置不正确。

纠正方法：模拟场景，提高心理素质，多次重复练习，枪中放水计时比速度。

重点提示：语言干扰歹徒的思维非常重要，躲闪要快，打击人体薄弱部位。

2. 折臂顶裆双手夺枪（见图 10-2）

图 10-2 折臂顶裆双手夺枪

图 10-2　折臂顶裆双手夺枪（续）

动作要点：
· 歹徒持枪对准自卫者头、胸，保持冷静，用语言干扰歹徒。
· 自卫者左脚向左躲闪或上步的同时右手迅速推开歹徒持枪的手并且紧紧地抓住其手腕进行折叠，头和身体侧闪躲开枪口。
· 上体紧贴歹徒体侧，顶其裆、折其臂，双手夺枪，连续攻击其裆部、踩其脚。
易犯错误：举手的时候，没有慢慢地屈膝，上步速度慢，没能造成从体侧抱住歹徒。
纠正方法：重点提示，分解练习，多次重复，一对一模拟练习。
重点提示：快速上步，从体侧折臂，双手夺其单手的枪。

（二）双手持枪正面对头或胸——上步顶裆转身扭臂双手夺枪

用法：距离较近，无法躲避，不反抗必然死亡（见图 10-3）。

图 10-3　上步顶裆转身扭臂双手夺枪

动作要点：
- 歹徒双手持枪对准自卫者头、胸部，保持冷静，用语言干扰歹徒。
- 突然启动，双手控制住歹徒的手和枪，让其枪口向上。也可快速低头。
- 自卫者右腿快速顶其裆部，顺力转体卡住歹徒，双手夺其枪。

易犯错误：没有控制住歹徒的手腕和枪，上步顶裆转体不连贯。
纠正方法：重点提示，分解练习，多次重复，一对一模拟练习。
重点提示：用语言干扰歹徒思维。夺枪时必须上步低头，迅猛攻击歹徒薄弱部位。

（三）枪口从背后指向后脑勺或后胸——转身撅腕、断肘、顶膝夺枪，转身折臂双手夺枪

1. 转身撅腕、断肘、顶膝夺枪

用法：在枪从背后顶住自卫者时向内转身撅腕、断肘、顶膝，转身折臂双手夺枪（见图10-4）。

图10-4 转身撅腕、断肘、顶膝夺枪

动作要点：
- 歹徒持枪从背后对准自卫者头、胸部位，自卫者边举起双手边用语言干扰歹徒。
- 自卫者重心在前脚掌以左脚为轴向左上步，同时左手迅速推开歹徒持枪的手并且紧紧地抓住其手腕反关节向外撅，上步顶膝，左脚落地卡住歹徒，迅速转体夺取其枪。

易犯错误：手举的位置不正确，没掌握好重心无法转体。
纠正方法：手举的高度和枪的高度相同，分解动作多次重复练习转体。
重点提示：手举的高度和枪的高度比例非常重要。

2.转身折臂双手夺枪

用法：当枪从背后顶住自卫者时，向外转身折臂、顶膝、踩脚，双手夺枪（见图10-5）。

图10-5 转身折臂双手夺枪

动作要点：
- 歹徒持枪从背后对准自卫者头、胸部位置，自卫者先保持冷静，感受枪的位置。
- 自卫者屈膝向右转体的同时头和身体向侧躲闪，右手迅速推开歹徒持枪手并且紧紧地抓住其手腕进行折叠，从体侧抱住歹徒，双手夺其枪。
- 同时攻击顶其裆，踩其脚。

易犯错误：转体速度慢，没能从体侧抱住歹徒，双手夺枪。

纠正方法：重点提示，分解练习，多次重复，一对一模拟练习。

重点提示：快速上步，紧贴歹徒上体，折其臂，双手夺其手枪的同时顶裆踩脚。

（四）跪姿枪口指头部——后倒夺枪

用法：距离较近，伸手可以抓住歹徒枪支，双方实力势均力敌，自卫者无法躲避，通过判断不格斗必死亡（见图10-6）。

图 10-6 后倒夺枪

动作要点：
- 歹徒持枪，枪口对准自卫者头部，并令其跪下。
- 自卫者双手抓住歹徒腕部，控制枪口冲上，最好同时低头。
- 抢枪的同时自卫者后倒地，用脚蹬歹徒腹部（最好重心部）使其重心不稳，撅腕从歹徒手中夺出枪，进行反击。

易犯错误：低头、抓腕动作速度慢，位置不正确，没能让歹徒的枪口高过自己的头。
纠正方法：分解动作，多次重复练习，把枪中装水比速度，计中枪次数。
重点提示：语言干扰，抓住枪后，快速后倒，脚蹬歹徒腹部重心部位。

对枪格斗要注意以下几点：

1. 要表现出服从，以麻痹歹徒使其松懈，不要暴露出任何想反抗的迹象；

2. 第一格挡动作速度应似闪电一样快，以避开第一枪；

3. 贴近歹徒以手及身体粘住对方持枪手，并不给对手抽枪的空间，然后攻击其人身弱点制服歹徒。

第二节 对付持刀歹徒

刀尖上的自卫防身方法与枪口下的自卫防身方法有些类似，自卫者面临的最大难题是摸不清歹徒意图，拿不定主意，想服从又怕失去最后的机会，想格斗又怕受伤。专家们认为对付持刀歹徒的做法与对付持枪歹徒相似，一是服从，以避免伤害并寻找机会；二是逃跑，脱离险境；三是徒手或使用其他器械与歹徒格斗。

一、服从

当歹徒紧紧抓住自卫者且用刀尖对准其胸喉时；当自卫者无法逃跑又无法格斗时；当自卫者自知技术或力量都占下风时；当歹徒明确表明只要钱财时，自卫者应采用服从的战术，希望歹徒拿钱就走而不会进一步伤人，或等待有利时机逃跑或格斗。但在服从时亦应注意歹徒举动，并随时准备逃跑或格斗，最好能与歹徒保持距离。目前尚未有关于刀尖上服从结果的研究，但多数案例表明，服从策略，尤其在遭遇抢劫时，适用效果比较好。

二、逃跑

一般拳术老师都告诫学生，不管他们的武艺多高，在遇上持刀歹徒时首先要跑，除非是无路可逃。逃跑的好处是能迅速摆脱险境，且歹徒不能像用枪那样从背后射击，因此安全程度较高。另外，一般歹徒不愿或不敢公然在大街上持刀追人。但逃跑也会受一些因素限制，如是否有路可逃、跑速及耐力如何等。

在刀尖上逃跑的时机有几种：

1. 在歹徒尚未开始攻击时；
2. 离公共场合较近时；
3. 当歹徒胁迫自卫者去僻静之处时；
4. 自卫者技术经验不足，没有把握时；
5. 自卫者能跑且穿着适宜时。

在逃跑时亦应做好随时回身格斗的准备。

三、格斗

对付持刀歹徒与对付持枪歹徒相似，以格斗对付持刀歹徒容易激怒歹徒，而使其全力攻击自卫者，且一旦动手，自卫者便没有退路。但自卫者也有一些主动权来控制扭转局势，在其他招数都不灵的情况下，格斗便成为唯一的手段，尤其是在歹徒铁了心要置自卫者于死地时，胁迫其去僻静处而自卫者又无法逃跑时，或自卫者技术力量占优势时。

歹徒持刀威胁大致分几种情况：

1. 遭歹徒锁喉并以刀尖相对；

2. 歹徒尚未抓住自卫者但乱刀捅来；

3. 歹徒未抓住自卫者但以刀尖指向自卫者胸腹或背。

自卫者格斗的方式亦应随之变化。真实案例中有关以格斗应对持刀歹徒的研究非常少见，大学课堂上，美国的陈工博士在1997—2000年对582名美国大学生作了有关与持刀歹徒格斗的研究。实验过程几乎接近真实搏斗，持刀者尽力去攻击自卫者，但使用工具为橡皮刀。实验结果表明，当刀尖抵胸前而自卫者先动手格斗时，受伤的概率为52%；当双方距离2米左右持刀者先挥刀攻击时，自卫者受伤的危险系数增至80%左右，而且遭遇男子攻击（84%）与女子攻击时（78%）承受同样危险。80%左右的受伤率表明，空手应对利刃确实危险。但如果自卫者使用一件衣物来挡住刀锋时，则受伤率会降至65%；当自卫者用椅子及棍子来对付持刀歹徒时，受伤率分别降至54%及44%，且大部分刀伤都在手臂。

（一）远战对短刀

远战对短刀相对安全，进可攻，退可守。不过建议宁远勿近，最佳距离保持在三臂以上。远战对短刀的原则有几项：

1. 保持移动、保持距离，使歹徒之刀够不着目标；

2. 少用拳而多用掌，侧挡来刀并准备抓其手臂。尽管手有时会受伤，但要害部位却得到保护；

3. 抓住时机以腿攻击歹徒之膝或踢歹徒持刀之手；

4. 随时应用手边可以抓到的武器，并伺机逃跑。

下面是远战对短刀的基本技术：后撤弹踢。

使用时机：势均力敌，无法躲避，身边没有任何可用的自卫武器（见图10-7）。

图10-7　后撤弹踢

图 10-7 后撤弹踢（续）

动作要点：
· 保持距离与移动。
· 抓住机会踢歹徒持刀手腕，把刀踢飞。
· 踹其膝、髋迫使其后退。
易犯错误：后退速度慢，踢、踹准确性差。
纠正方法：勤学多练，先练固定靶，再用活动靶练习。
重点提示：动作准确，先打击持刀手背，再攻击其膝。

（二）近战对短刀

1. 折臂顶裆、腹，抢刀反击。

使用时机：通过目测有决胜的机会（见图 10-8）。

图 10-8 折臂顶裆、腹，抢刀反击

动作要点：
· 自卫者躲闪过歹徒刺过来的刀。
· 当刀刺来时侧挡躲闪过刀锋，折臂顶腋下、裆、腹，抢刀反击。
易犯错误：躲闪缓慢，双手抢刀位置不正确。
纠正方法：模拟场景，提高心理素质，多次重复练习，计时比速度。
重点提示：躲闪要快，打击人体薄弱部位。

2. 躲闪抓臂折腕，抢刀反击。

使用时机：自卫者实力比歹徒差（见图10-9）。

图10-9 躲闪抓臂折腕，抢刀反击

动作要点：
· 自卫者右躲闪后抓住歹徒的手腕和臂，折腕咬。
· 右手折其腕、左手抢其刀反击。
易犯错误：躲闪上步动作不连贯，咬、折、抢速度慢。
纠正方法：多次按顺序重复练习，提高动作速度。
重点提示：躲闪要快，折腕要猛，咬要狠，反击要准。

（三）擒拿对短刀

擒拿对短刀技术虽好，但极难应用。主要问题在于格斗中很难抓住歹徒的持刀手臂，另外在歹徒有备时亦难拿住其关节，因此对多数人，尤其是初学者，应尽量少用，除非不得已。擒拿对短刀的手法较多，我们重点讲两种基本手法。

1. 卷腕、锁肘

用法：实力相当，自卫者动作熟练（见图10-10）。

图 10-10 卷腕、锁肘

动作要领：
- 歹徒进刀时自卫者抓住其持刀手臂。
- 自卫者快速卷其腕，歹徒曲肘收臂时，自卫者上步快速锁其肘，使其松开刀柄。

易犯错误：抓握不准，速度慢。
纠正方法：模拟场景，提高躲闪抓腕动作的速度和准确性。
重点提示：眼疾手快，动作准确。

2. 折腕、锁肩

用法：自卫者动作熟练，具有格斗能力（见图 10-11）。

图 10-11 折腕、锁肩

动作要领：
- 歹徒进刀时自卫者向侧躲闪的同时，抓住其持刀手臂（一手折其腕，一手抓其肘）。
- 自卫者折腕压肘压肩。

易犯错误：躲闪速度慢，上体躲闪，没有脚步动作。只压肩，没有折腕动作。
纠正方法：分解动作练习，提高闪、抓、折、压的速度和准确性。
重点提示：自卫者动作不熟练，不具备格斗能力，放弃使用此动作。

（四）器械对短刀

研究结果已表明，使用椅子、棍子甚至衣服都可以减少对刀格斗的受伤概率，但实战时手边不一定恰好有这些器械，自卫者应灵活利用一切可能的器械来减少伤害，如书包、沙发坐垫、脸盆、水桶、球拍等。下面介绍的几种器械为实验所证明确有其用。

1. 衣物对短刀（匕首）

使用场景：歹徒持短刀拦住去路，自卫者身边没有可以利用的武器，灵机一动讲自己看看衣服口袋里有没有钱，边说边迅速地脱下外套作为防范武器（见图10-12）。

图 10-12 衣物对短刀（匕首）

动作要点：
- 自卫者抓住衣服两肩拉紧，两手左右置衣服于体前。
- 当刀刺来时自卫者侧挡刀锋，锁住其腕，上步击胸或裆部。

易犯错误：动作缓慢，上步和手的动作不协调。

纠正方法：提高心理素质，模拟场景，提高动作速度。

重点提示：侧挡刀锋，快速用衣服缠绕短刀，上步猛击歹徒胸或裆部。

2. 书包对短刀（匕首）

使用场景：自卫者刚刚从银行取了钱，比较有"警觉性"，在人少的地方行走时，把自己的双肩背包置于胸前，不料他抬头时发现被一持刀歹徒拦住去路，并且抓住了他的包（见图10-13）。

图 10-13　书包对短刀（匕首）

动作要点：
- 当歹徒伸手拉包时，自卫者主动后撤一步，重心放在后撤的脚上。
- 让歹徒一手持刀，另一手抓住包不放手。
- 自卫者一边后撤重心，抬起另一脚侧踹其大腿和膝部。

易犯错误：上体没有侧倒，侧踹没有攻击其要害部位，攻击力量不足。
纠正方法：两人一组用力踹手靶脚靶，提高命中率及速度。
重点提醒：取钱比较多时，要有人陪同，应选择人多的时间和地点。

3. 扫帚对短刀（匕首）

使用场景：自卫者坐在大学校园的草坪上聚精会神地看手机，谁料危机此时正向他逼近，歹徒一手持短刀，另一手去抢他的手机。此时，自卫者假意服从，将手机扔到歹徒面前，后退的同时用余光观察周边是否有可以使用的"武器"，最后果断拿起身旁的扫帚予以还击（见图10-14）。

图 10-14 扫帚对短刀（匕首）

动作要点：
- 歹徒持短刀逼迫自卫者后退，自卫者拣起扫帚对准歹徒拼命打去。

易犯错误：躲闪慢，观察能力差，没有退到有利地形和有武器的地方。

纠正方法：在学习中多次模拟，持刀一对一练习。

重点提示：不要独自在人少的地方聚精会神地看书、看手机和戴耳机听音乐。

4. 雨伞对短刀（匕首）

使用场景：雨伞在特殊情况下也是一种自卫防身武器，在对付持短刀和匕首的歹徒时它可以挡、刺和下劈（见图 10-15）。

图 10-15 雨伞对短刀（匕首）

图 10-15 雨伞对短刀（匕首）（续）

动作要点：
· 歹徒持短刀拦住去路，自卫者快速用伞挡、刺、劈进行攻击。
易犯错误：打击目标不准确，挡、刺和下劈动作速度慢，雨伞被抓住。
纠正方法：进行模拟练习，提高警觉意识及反应速度。
重点提示：攻击歹徒要害，发挥雨伞的长把尖头特点。

（五）对付菜刀

菜刀是歹徒常用的凶器，对付菜刀也非常危险，目前尚没有针对菜刀如何自卫的实验，因而受伤概率尚无定论。从一般经验总结，用器械对付菜刀，如椅子、长棍等效果比较好。空手对菜刀适用于远战，拉开距离以确保安全，除非是保持不了安全距离时，则应贴近歹徒，不给其抢刀空间。

1. 徒手对付菜刀

使用场景：自卫者无路可走时，必须选择迎难而上，避重就轻，用格斗保护生命（见图 10-16）。

图 10-16 徒手对菜刀

动作要点：
· 自卫者目视歹徒，做好准备。
· 上步，一手抓歹徒持刀手，一手保护头部。
· 双手抓歹徒持刀手腕。
· 用力向后拉的同时，向外翻，以膝顶其裆。
易犯错误：胆怯，动作迟疑，靠近速度慢，抓不住歹徒手腕。
纠正方法：多做模拟练习，提高心理素质和动作速度。
重点提示：徒手应对菜刀要勇敢，快速靠近歹徒，避重就轻是比较好的方法。

2. 椅子对付菜刀

使用场景：自卫者身边有可以应用的武器（见图10-17）。

图 10-17 椅子对菜刀

图 10-17 椅子对菜刀（续）

动作要点：
· 歹徒举起菜刀要砍时，自卫者身边刚好有椅子。
· 自卫者双手抓起椅子，用腰腹的力量顶住歹徒的菜刀或砸向歹徒。
易犯错误：动作速度慢，被歹徒抓住椅子。
纠正方法：提高观察能力，提高动作速度。
重点提示：与歹徒格斗速度优于力量，狭路相逢勇者胜。

3. 长棍对付菜刀

使用场景：自卫者本身持棍占优势，棍打一大片，要利用好手中的武器（见图 10-18）。

图 10-18 长棍对菜刀

动作要点：
・自卫者双手持棍与歹徒保持距离。
・持刀歹徒向前上步举刀，自卫者快速起棍。
・稳、准、狠地打在歹徒持刀手上使其刀落地。
易犯错误：由于紧张，举棍较早，使歹徒快速靠近，棍子失去作用。
纠正方法：模拟体验，提高使用长棍能力。
重点提示：沉着冷静，准确快速。

（六）徒手对斧头

1. 单手抱抢斧头（见图10-19）

图10-19 单手抱抢斧头

动作要点：
・自卫者高度集中注意力，举起双手注视歹徒示弱，同时准备好上步抢夺斧头。
・自卫者一手抱臂，一手抓抢。
易犯错误：过度紧张，失去判断与反抗能力。
纠正方法：多应用器械模拟体验，快速适应提高格斗能力。
重点提示：冷静判断，快速反应。

2. 上步顶膝抢斧头（见图 10-20）

图 10-20　上步顶膝抢斧头

动作要点：
· 自卫者手放在胸前，准备抢夺歹徒的斧头。
· 上步双手抢夺的同时顶膝。
易犯错误：上步速度慢，顶膝没有顶中要害部位。
纠正方法：双人利用手靶多次重复练习。
重点提示：快速反应，动作熟练。

（七）徒手对棍

徒手对棍与对斧头比较相似，危险性比较大，必须分出远近战，如果被击中后果比较严重，课上实验结果表明：近体搏斗棍的威力会小一些。下面是几种不同的攻击方式（见图 10-21、10-22、10-23、10-24）。

图 10-21　远战双手下劈棍攻击防御

图 10-22　远战双手用棍侧面攻击防御

 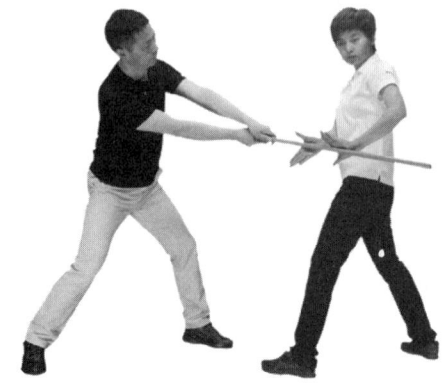

图 10-23　近战双手下劈攻击防御

图 10-24　近体短棍攻击防御

自卫者平时要学会如何使用短棍，把短棍作为武器时，关键学会如何发力，要以大臂带动小臂全身协调用力。根据笔者在北京大学14年、28个学期对3360名学生的实验证明，无论男女生，98%的学生不会用短棍作为自卫防身的进攻武器。解决此问题，课上应多进行双人游戏（两人一棍一攻一守的练习，每人一棍的对打练习）。还要学会防守中如何避重就轻（上步靠上持棍者，搂抱持棍者，使其棍子失去攻击威力）。

　　根据以上学习动作和分析歹徒持枪、刀动作，学员可判断以下6种体位为什么不可以主动进攻抢夺歹徒武器（见图10-25）。

图10-25　无法抢夺武器的情况

第三节　以少对多

"集中优势兵力打歼灭战"这一战争原则，正在广泛地为歹徒们所用来攻击平民百姓。那些以帮派或黑社会为后盾，由街头流氓或游民自发组成的犯罪团伙常常多人对付一人，使得自卫者面对群匪束手无策。这些犯罪分子合伙劫道、劫车、入室行窃、偷盗、拐卖妇女儿童、欺行霸市，遇上这些人，自卫者常常只得自认倒霉。遇上两个以上歹徒时，主要策略应是以退为主，转身逃走；或向歹徒妥协，周旋后悄悄退出，这些都是最安全的办法。若歹徒要劫持自卫者或要伤害自卫者，那么自卫者应随时做好准备，应战格斗。

一、逃跑脱身

有些拳术教科书或功夫电影中常见一位武林高手奋战群敌，一个一个地将围攻者打倒，但这只是一种电影手法，在现实中众多歹徒攻击一人时往往是一拥而上，抱身、拉腿、扯臂、搂腰、锁喉，再好的武林高手在手、脚、腰被抱住之后也难以施展本领。因而大多数武学专家及自卫防身教师都认为在遭遇两个或两个以上歹徒攻击时，应尽量脱身跑掉，避免逞强好战。不管是在动手前或格斗中，一有机会就应以走为上策。

二、妥协待机

有时面对众多歹徒攻击时，应采用妥协服从的策略。尤其是当歹徒只是为了抢劫而不想杀人时，或自卫者无人相助，无处可逃时。妥协服从可防止歹徒采用更严重的暴力行为。但由于妥协会完全听从歹徒摆布，因而没有主动权。为以防万一，在妥协时亦应随时准备逃走或格斗或打跑结合。

三、格斗

格斗会激怒歹徒因而使他们更疯狂，所以不到万不得已，不要轻易采用这一策略。格斗也可能对歹徒产生一定威慑力，使自卫者对形势有一定程度的控制权。以少打多的格斗方式主要以远战为主，结合其他方式如近战，尽量避免使用摔、擒拿或解脱格斗，因为这样易被对方抓住手脚或身体而无法逃走或搏斗。以少对多的格斗原则包括下列几项：

1. 要不断移动以避开对方接近或形成包围圈；
2. 要打跑结合，有逃跑机会就逃跑，没有逃跑机会随时应战，以创造逃跑机会；
3. 使用任何武器增加战斗力；
4. 诈一方而战另一方。

应战时记住应面对一人，对付一人。若自卫者采取守势作战，积极移动，一般两个歹徒很难抓得住。如果可移动范围太小而易被歹徒前后夹击或形成包围时，应果断攻击其中较弱歹徒，以求击伤、击退破其夹攻或合围之势。两军相逢勇者胜，在遭夹击时舍命攻击较弱歹徒常常会使对方害怕，从而杀出一条"血路"（见图10-26）。

图10-26　以少对多

动作要点：
· 遭到两歹徒夹击时主动出击，先进攻一个。
· 在一名歹徒后退或者躲闪时，再主动攻击另一个。
· 迅速移到有利地形，防止前后夹击。
易犯错误：犹豫不决，不敢攻击，目标不明确。
纠正方法：沉着冷静，选择有利地形，主动出击。
重点提示：果断攻击其中较弱歹徒。

四、提高特殊格斗技术

特殊格斗对自卫者的技术质量、速度、灵活性、勇敢精神等要求相当高。在学习训练中首先要提高这些能力，在此基础上，进行模拟实战训练，多与不同对手较量以增加实战经验，进一步增强信心与胆量。另外，不断学习新技术亦可增强自卫者临战的技术运用能力。中国武术中的擒拿、日本的柔术及合气道、军警的格斗训练、保镖训练等，都可帮助提高特殊格斗的实战能力。

第11章
情景再现

案例一：如何防范偏僻小道边的流氓犯罪

乍暖还寒，天色将近，夜幕时分小敏一人独自坐在湖畔小路边的靠椅上，聚精会神地阅读手机的内容，四周静谧无人。此时，身后走过一陌生男子，由于小敏全神贯注在手机上，全然未曾察觉危险的来临。陌生男子突然从后方一手锁喉抱住小敏，另一手抓住小敏的手机，并迅速用力把小敏往后拖拉成倾斜状，试图抢其手机，再行不轨，小敏并未大声喊叫，顺势后倒佯装答应，利用左手佯攻，快速抽回没被歹徒抓牢的右手，用手机直接攻击其头脸部，稳、准、狠地打在脸部眼眶上，歹徒未加提防，快速放手，查看自己的伤情。小敏伺机迅速逃跑（见图11-1）。

图11-1

分析：

1. 尽量避免独自在人少的地方看书，尤其是女生，不要在危险的时间停留在危险的地点；

2. 遇歹徒后抱或后锁喉时，保持冷静，不拼命挣扎、大声呼叫而引起歹徒紧张，使其向自卫者发力下狠毒之手；

3. 若歹徒劫财加劫色，自卫者可以采取谈判拖延时间并寻找机会迅速逃离；

4. 如果自卫者有能力自救，双手快速下拉歹徒锁喉之手，收下颚护颈，保证呼吸，抓住机会设法快速攻击歹徒面颈部，获得逃生的机会。

案例二：如何防范公共场合或者是公共交通上的偷盗和性骚扰

在拥挤的公共场合或者是公共交通上，常常会出现各种形式的偷盗和性骚扰，如在乘车上班途中，站立在车中央的小敏准备下车，余光发现侧后方一男子一直注视自己，车快到站时，该男子以下车为由借过小敏一侧，顺势将手掏向小敏单肩包，小敏当机立断，侧身踩脚，下砸手臂，终止了歹徒的"罪恶之手"（见图11-2）。

图11-2

分析：

1.乘坐公共交通及在公共场合出现时尽量不带或少带贵重物品，不露财不显富，以免招致不必要的损失；

2.看到可疑人员要保持距离，当遇罪犯近距离实施犯罪时（性骚扰或偷盗），大声呵斥或向周围人寻求帮助。若自卫者自己有能力解决，可以借助格斗中的近战技术进行快速攻击，采用下砸、击肘、摆肘、拳击面、踩脚、磕头、顶裆等，趁其不备，稳、准、狠地打击犯罪分子的要害部位；

3.利用"三十六计走为上"的原则，在犯罪分子还来不及反应时，自卫者快速向公共场合里的强壮者打招呼，并向其方向移动，迅速撤离危险的地点，边喊边紧追强壮者而去。

案例三：如何防范公园凉亭偏僻处的犯罪

临近期末考试，为创造一个安静的学习环境，充分复习，小敏选择了人少幽静的山顶凉亭自习。就在她聚精会神地专注复习时，忽然有一陌生男子靠近小敏，将其推压在身后的亭柱上，声称安静配合会给她"好处"，小敏顿时察觉自己处于危险之中，她想此时必须智取，首先与犯罪分子聊天并假装配合，在歹徒扑向自己的瞬间，用手或笔插向罪犯的颈部，在罪犯没有设防的状态下，又快速插向其腹部（见11-3）。

图 11-3

分析：

1. 不要在危险的地点独自一人看书、听音乐，尤其是校园某些人迹罕至的僻静处；

2. 遭到歹徒袭击时，首先要保持冷静，假装配合，让歹徒放松警惕，若歹徒信以为真，则趁其松懈之时，出其不意攻击其身体弱点，抓住机会，迅速逃走；

3. 关键点是保持冷静，以最快的速度，用最短的时间，出其不意，攻其不备，稳、准、狠打击犯罪分子的人身弱点。

案例四：如何防范幽静的山坡小道的流氓犯罪

一个晴朗的秋天，小敏选择在一个幽静的山坡小道边专心阅读，一歹徒四处游荡发现猎物，看四下无人，走上前去搭讪的同时实施流氓犯罪。当歹徒为寻找到猎物得意之时，小敏拿起身边的石块砸向歹徒要害（见图11-4）。

图11-4

分析：

1. 不要独自一人在人迹稀少的地方长时间停留；

2. 遭遇歹徒袭击搭肩抱颈时，保持冷静，先服从歹徒，根据地理位置，寻找有利地形，寻找攻击武器；

3. 待其放松时，快速拿起武器，突然袭击，稳、准、狠击中要害，获得逃生机会。

案例五：如何防范楼道抢包

忙碌一天刚下班的小红身心俱疲，慵懒地走进住宅楼道，忽从旁冲出一名戴黑色墨镜，手持匕首的歹徒，迅速扑向小红并一把抓住小红的包，两人在楼道里撕扯起来，僵持不下之时，歹徒以匕首威胁，小红只好放弃，歹徒见其松懈一把夺过包迅速下楼，趁其离开之时，小红迅速拨打了110报警（见图11-5）。

图11-5

分析：

1. 随时保持警惕，注意观察周围有无可疑的陌生人在楼道走动；

2. 面对持刀歹徒，要保持冷静，根据情况随机应变，可以采用特殊格斗，徒手或器械对刀；

3. 若歹徒只是劫财，则假装拿钱，拿包做武器反击或迅速逃离，寻求帮助；

4. 若歹徒劫色且近距离持刀威胁，先服从拖延时间，再根据环境，寻找机会快速逃离，或寻找武器出其不意攻击歹徒；

5. 持刀歹徒危害性大，首选谈判，其次选择跑为上策，万不得已进行殊死搏斗，但决不可恋战持久对抗。

案例六：如何防范夜路抢劫

夜幕降临，小敏突发奇想不走寻常路，选择了人迹罕至、路旁无灯的小路缓缓而行，一陌生男子尾随其后，从侧后方突然伸出一只"黑手"，想要夺包抢劫，小敏下意识地双手抓住自己的包，全力挣扎反抗，两人僵持不下（见图11-6）。

图11-6

分析：

1. 尽量不要在危险的时间路过危险的地点，尽量选择与人结伴而行；

2. 当夜晚独自行走时，多选择人多路宽灯光明亮的大路，切忌贪图新鲜选择路窄、人少且不熟悉的路线；

3. 当遭遇歹徒无法逃脱，特别是歹徒为财而来，手持凶器（刀、枪、棍）出手抢夺时，可破财消灾；也可以根据个人能力选择格斗，先后撤一步，趁其不备，用包当作武器，大力砸向歹徒，配合远近战进行攻击（侧踹、顶膝、踩脚、抓脸、封喉、拳击面），迫使歹徒松手；随时观察周围环境，伺机逃跑；

4. 逃离过程中遇人经过大声呼救，及时报警寻求帮助。在周围环境比较复杂时，注意把包护在胸前。

案例七：如何防范尾随抢劫

小红购物后，抱着物品走向停靠在路旁的车，一陌生男子紧跟其后，没有任何警觉的小红开车锁、拉车门、放东西、坐上驾驶台、启动汽车，歹徒也趁机潜入车内后排，在汽车刚刚启动时歹徒突从后方跃起，匕首直接逼压在小红的颈部，威胁其交出所有财物……（见图11-7）

图11-7

分析：

1. 独自驾车，尤其是女性，在人迹稀少的路边或是超大型停车场，特别是天色较晚时，必须提高警觉，观察是否有人跟踪；

2. 当歹徒持刀威胁时，首先保持冷静，顺从歹徒的意图，借助话题转移歹徒注意力，若为劫财，可用谈判方式使其放下武器，停车给钱，破财消灾；

3. 也可根据情况靠边停车以方便交出财物为由，趁歹徒松懈之时，瞬间打开车门，弃车而逃；尽量将车开到人多的地方，更好伺机逃离，迅速报警寻求支援帮助；

4. 当歹徒持刀威胁你将车开向危险的地方时，一定保持沉着冷静，表示服从的同时，造成交通违规（高速行车、闯红灯、闯路边护栏等），造成车祸。

案例八：如何预防蹲点劫财劫色

小敏车开至偏僻人少地区停靠下车，一陌生男子借问路上前搭讪，小敏来不及反应已被陌生人抓住推进后排车座，扑上去实施流氓犯罪，在来回推打中小敏急中生智抓起车内物品打向歹徒头脸部⋯⋯⋯⋯（见图 11-8）

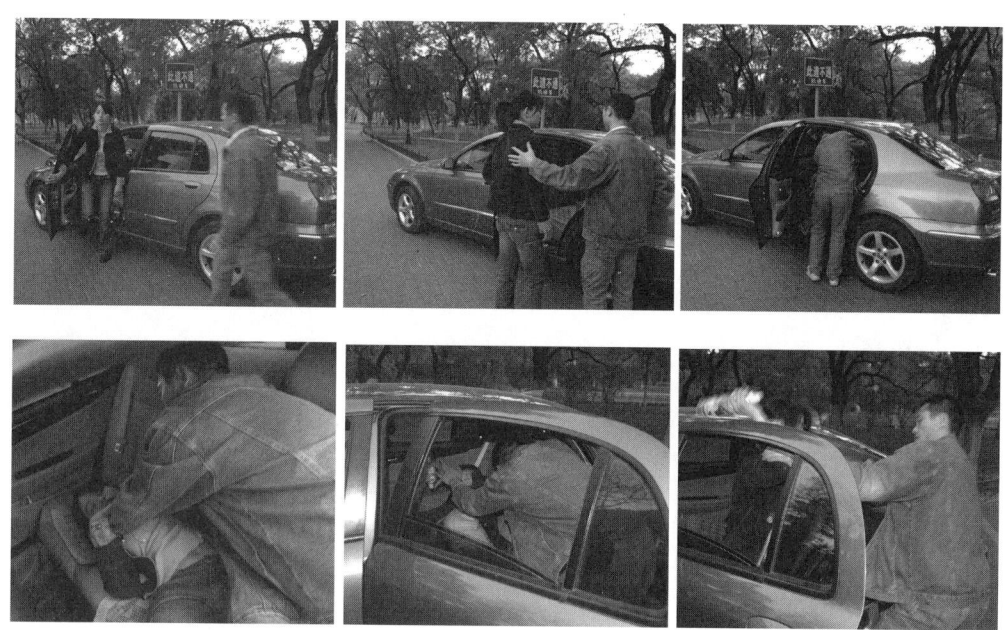

图 11-8

分析：

1. 独自驾车，尤其是女性，车停在人迹稀少的地域时，特别是天色较晚时，更应提高警惕，先在车内观察周围环境；

2. 当陌生人突然出现时，既不在路边攀谈，更不要答应其搭车要求，谈话时保持距离，使其不易下手；

3. 当歹徒突然袭击时，首先后退保持远战距离，进可攻退可守；保持冷静清晰的头脑，快速思维，根据情况选择谈、打、跑；

4. 如果受害者已处于被动状态，可以用计选择服从配合，寻找机会，快速反击。

案例九：如何预防蹲点抢劫

小红刚刚在路边停稳车出来，被早已在此等待寻找猎物的歹徒迎面上前借问路为由，急速靠近，小红来不及反应已被歹徒抓住上衣，她稍有慌乱，但随即稳定情绪与歹徒进入近战格斗状态。小红后撤重心头撞歹徒脸鼻，膝顶歹徒裤裆，在其后撤的瞬间，抢拳打向歹徒，在歹徒后撤躲避时，小红转身快速逃离，边跑边大声呼救（见图11-9）。

图11-9

分析：

1. 独自驾车的女性，尽量不要在危险的时间、危险的地点停车，如果需要在此类地域停车，人在车内锁好车门，不要立即下车，先对周边的环境快速观察后再开车门下车；

2. 尽量少与路边的陌生人攀谈，尤其当对方提出搭车要求时，必须提高警觉；

3. 当与歹徒遭遇时，可以根据实际情况和个人能力选择打、谈、跑；逃离过程中高声呼救，及时报警寻求帮助。

安全教育与自卫防身

感悟篇

经过理论篇和技术篇的学习之后，相信大家对安全教育与自卫防身已经有了一个较为全面的了解。安全教育与自卫防身的重要性与必要性不言而喻，在青年学生群体中开设相关课程是我多年的心愿。如今北京大学的安全教育与自卫防身课程已经拥有超过十五年的历史，每年有数百名大学生从课堂中直接受益，同时通过他们的口耳相传辐射到更多的大学生。

时常有往届上过这门课的同学通过电话、信件、电子邮件或者到我办公室面谈等形式向我反馈发生在他们自己及身边同学身上的变化或是其他的真实案例。这让我很受感动——越来越多的大学生在对自我生命的认知、人生的规划等方面有了更为清晰的认识，也有越来越多的大学生知道如何辨别危险，如何自救，甚至如何救人。这当然不全是这门课程的功劳，我所做的只是其中很微小的一部分，但从中受启发颇多，故而将选修过这门课程的学生们的所思所想整理出来，分享给本书的读者，以此来启迪更多的人。

因此，在本章"感悟篇"中，我会列出一部分我在课程结束时留给学生们的作业题，并选择一些有代表性的反馈分享给大家。这些题目没有固定的答案，最重要的就是希望大家能从课程的内容出发，切实地了解自己，剖析自己，认识周围环境，保障身心健康发展。我始终认为，大学时期将是青年一代世界观、价值观与人生观最终确立并夯实的重要阶段。在这一阶段所做的关于三观的教育，将会成为其一生的重要财富。

亲爱的读者朋友，希望你在看到本章时，也能认真地思考这些问题，并记录在册。这会是一次重要的人生梳理，相信你会有很大的收获。

第12章

生命的意义

> 张老师问：
>
> 米兰·昆德拉眼中的"不能承受的生命之轻"是否契合了你的人生观？裴多菲的"生命诚可贵，爱情价更高。若为自由故，两者皆可抛"又能否激起你思维的涟漪？
>
> 1. 结合课堂内容谈谈你对 1 和 0 的关系的理解。
> 2. 结合马斯洛的需求层次理论阐述自己的"生存金字塔"和"营养金字塔"结构，树立科学的人生观和健康观。

北京大学法学院 2012 级本科生

蔡同学

记得在我很小的时候，曾在游泳馆门前看到过一幅宣传画，画中写着这样一句标语："什么东西是你平时拥有却未察觉，失去了才真正痛苦的呢？"彼时年幼的我，尚且无法真正懂得这句话的含义。当我上完一个学期的安全教育与自卫防身课后，再回看这句话，我才豁然开朗——健康，或者说生命，才是无价的，才是我们在年轻时无视却在失去之后追悔莫及的东西。

"1 和 0 的关系"是什么呢？在我看来，一个人的生命和健康就是"1"，而财富、学业、事业、感情，甚至是我看作与我自己生命几乎同等重要的父母与家庭，都是"0"。这些"0"都必须依附在"1"之上才有其意义，如果失去了"1"，失去了生命与健康，那么其他所有我们珍惜的"0"，也形同虚设，不复存在。我想，这也是古语中所说的"皮之不存，毛将焉附"吧。

没有了生命与健康，我们挣再多的钱，也无福享受；没有了生命与健康，我们的智商再高、学业再好，也难以到达学术巅峰；没有了生命与健康，我们也随之失去了继续追求职业梦想的机会；没有了生命与健康，我们如何去完成"白头偕老，一生一世一双人"的感情承诺，我们如何完成对我们所爱之人"最长情的告白"——陪伴呢？没有了生命与健康，我们又拿什么去孝顺我们的父母，感谢他们多年来的哺育之恩呢？

我深深记得复旦女博士于娟曾在其"癌症日记"中写道："活着就是王道。"是啊，再多的东西都比不上"活着"。

我想这也是为什么张老师在课上反复向我们强调，当我们面临暴力犯罪时，最应该保护的不是装满我们学术资料的贵重的笔记本电脑，也不是我们辛辛苦苦赚了很多年的积蓄，更不是所谓的难以跨越的"自尊"，而是我们宝贵的生命。我想这也是为什么张老师教导我们要学会在无法预料的灾难面前，首先不要自己放弃逃生的机会，要学会自救、救人，最后实在束手无策时再等待别人来救援。

当然，老师的教导固然重要，有时候旁人的一句提醒或许就能使一个人受益一生。但是，真正的道理只有被我们自己从内心深处明白了、懂得了、记住了，才能切实地发挥其作用。

每次听到老师强调"1"和"0"的关系时，我都十分惭愧。因为，我常常是前一晚刚刚通宵熬夜完成一份作业就匆匆赶来上第二天的体育课。在上大学之前，我很少熬夜，有良好的作息。但是，进入大学之后，在看到身边大多数人都在熬夜时，我也渐渐养成了这样一个坏习惯，同时也助长了自己的拖延症，我竟也变成了一个被"Deadline"追着跑的人。

我想，我们当然知道这样做是在透支着自己的生命和健康，而彼时的我们总是把学业、游戏或者其他东西看得太重，而把健康看得太轻。这样的"我们"绝不在少数。近来常常在新闻报道中看到许多年轻人因为工作压力或学习压力大选择熬夜而导致猝死的新闻。这绝非危言耸听，而是真真切切发生在我们身边的案例。

因此，现在的我，开始了改变。

我开始养成规律性的作息。虽然因为课业和工作的负担，我的睡眠依旧没有达到标准的8个小时，但规律的作息给我带来的是平稳的心态和饱满的活力。记得我在网上看到过一篇文章，题目是《别熬个夜就感动了自己》，其实，那些需要"刷夜"才能完成的任务，如果白天抓紧一些，是完全可以提早完成的，而就是因为我们潜意识里暗示自己现在做不完的话，晚上还可以刷夜，白天就会不自觉地懈怠，直到黑夜的降临。我仔细地计算过，如果不刷夜，我可以早晨6点或6点半就起床开始新的一天，而如果刷夜，起床的时间一般而言都要推到8点甚至9点，这样算起来实际上中间学习工作的时间是一样的，而不一样的是，不刷夜的第二天迎接我的是新鲜而有活力的头脑，而刷夜的第二天迎接我的是沉重的眼袋和糨糊似的脑袋。

我开始进行经常性的锻炼。一开始办邱德拔体育馆健身房的健身卡时，还一直担心自己不能坚持下来。但是，在坚持了一段时间之后，我发现我喜欢上了运动的感觉。运动之后，人总是神清气爽。而心烦时，一节轻松的瑜伽课也能够让内心中所有的浊气都排出去，只留下干净的思绪。

我开始改变自己的生活态度，开始学会释放压力，开始学会享受独处，开始学会对身边的人更加地友好，开始做一个"正能量的人"……

古人说："留得青山在，不怕没柴烧"。身体才是革命的本钱，只有当我们真正将"1和0的关系"记在了脑中，刻在了心上，才能够更加明白生命的意义，在追梦时不会半路就"燃烧"完了生命。

北京大学法学院 2012 级本科生

李同学

"一个人的身体健康是 1，而财富、感情、事业、家庭……都是 1 后面的 0，只有依附于这个'1'，'0'的存在才有意义，如果没了这个 1，那么一切都将不存在。"因此人生最重要的是有一个健康的身体，我相信这个观点。

记得赵本山的小品《不差钱》中有一句很经典的话："人死了，钱却没花完。"这句话不仅仅是在强调生命的重要，也是在告诉我们，人的生命才是享受现世生活的基础。

我是法学院的一名本科生，来自河南省一个偏远的小山村，家里条件不太好，所以从小就有这样一种观念：钱对于我们家，对于我很重要。在我小的时候，父亲在临近的村庄建筑队工作，帮别人盖房子，而等到我上初中时，父亲就走出了家门，到城市里盖房子，因为我上学和弟弟出生这些事情都需要钱。到我上高中时，情况更糟，父亲连着几个月都不能回家，要跑到全国各地打工，只为了给我攒大学的学费。现在我已经上大学，学费是靠学校的助学金和助学贷款解决。在学校里，我没有了物质上的担忧。可是父亲的身体倒了，还不到 60 岁的人却像个 70 岁的老头，身体非常差，经常吃药，我心里很不是滋味。我想如果当初父亲没有那么操劳该多好。如若当初，我们家稍微富裕点该多好，父亲也不会为了家、为了钱累垮了身体。

一个人能活着是一件很幸福的事情。我活着，才可以享受家庭亲情的温暖，才有可能获得爱情的眷顾，才有可能拥有友情。记得有一本书中对"健康"有一个很精辟的见解：在人的一生中最值得珍惜的是什么？有人说是金钱，有人说是快乐，有人说是地位，有人说是家庭……那我们的答案是什么呢？曾经有人用"1"代表健康，后面用无数个"0"代表生命中所拥有的事业、金钱、家庭、房子、汽车等，常常被忽略的是"1"，也就是说如果你不小心失去了后面的一个或者两个"0"，那对你也不会有什么影响，你很快就能重新拥有，但如果失去了前面的"1"，那你后面的再多的"0"也是零。试想当一个亿万富翁病入膏肓躺在床上时，所有的豪宅美酒都无法享受，对他都没有意义，转眼就过眼云烟，所以健康是根本，是事业成功的保证。当我们失去健康时，我们的一切一切都失去了，朋友，你愿意吗？所以我们更应该关注自己的健康。

不知是北大的特色，还是全国所有大学的共同之处——大学生群体里普遍存在着"刷夜"现象。有的人对"刷夜"习以为常，每天都熬到后半夜才睡，可能是为了学业，可能是为了学生工作，可能是为了找工作，但是这些事情值得你以牺牲自己的健康为代价吗？不知道有没有人考虑过这个问题，最近有许多的白领、IT精英猝死的事件发生，为了工作，把自己的生命都丢了，即使工作做得很完美，这又能怎样呢？死去的人也永远看不到了。实际上，偶尔刷一次夜是可以的，最忌讳的是每天都熬夜。这里有必要炫耀一下，我们宿舍堪称法学院的模范宿舍，四个人都不会熬夜，也没有人去刷夜。每天宿舍集中熄灯时，我们便上床休息了，迎接我们的，不仅仅是灿烂的朝阳，还有饱满的精气神。

　　人是万物之灵，健康比金钱更可贵。古人说，"留得青山在，不怕没柴烧。"健康是人生的青山，有了这座山，就会拥有一切。身体健康的确是首要的。一个人若没有了健康的身体，那就失去了努力的条件，没有了奋进的资本，一切的一切都需要在身体健康的情况下去完成。

　　生活总有许多无奈，有时候真的是在苟延残喘，为了生活整日奔波劳苦，天天都在上班，没完没了地上班，不知道这样透支体力为了什么，老板根本不管你死活，只要你有利用价值，就往死里用，有时候想想，还是悠着点吧，所以安静地活着，不要想太多，拿到属于自己的东西就行了，有时候有些事情是真的需要机遇的，要学会等待那一天的来临。古代有一名句"出师未捷身先死，长使英雄泪满襟"，现代有一名句"来日方长显身手，甘洒热血写春秋"。一个人，如果目的正确，方法明确，那么，活四十岁与活八十岁能做的事显然大有不同。对于一个拼命劳作的人来说，当他以自己身家性命拼搏倒下时，可能比同龄人多一点成就。但如果换一种活法，善于减压地工作，善于量力而行地工作，那多出去的四十年，不知能干多少事呢！

　　"金钱不是万能的，但没有钱万万不能！""一寸光阴一寸金，寸金难买寸光阴。"钱，是一张纸，是穷人日夜操劳想得到的生存基础，是富人荣耀自己的资本。而大多数人到了老年才感受到健康长寿比荣华富贵更重要；钱是神圣的，也是身外之物，生不带来，死不带去。而健康是财富，如果失去这一种财富。那么再多的钱财又有什么价值呢？没有了健康，人生的色彩也就失去好多。没有了健康，生活也就不可能那么丰富了。

　　谁都不想失去健康，谁都想好好享受生命。只是，谁会好好地珍惜生命呢？我自己也不知道，但我知道的是，我要好好地照顾好自己，照顾好家人，给亲人快乐，给自己快乐。注意一些生活细节，关注家人身体情况，好好地工作，好好地活。钱是要挣的，因为我们要生活；身体更是要看重的，因为身体是革命的本钱，我要把健康放在第一位。

5月11日晚上，父亲告诉我，我的伯母，也就是父亲的大嫂摔倒在地上，突发脑溢血去世了。听到这个消息，我的内心很感慨，伯母今年70岁左右，在现今的社会尚不属于垂垂老矣的年纪。由此我想到了自己的父亲，他今年60岁，是不是我将来也可能接到一个传递噩耗的电话，简直不可想象。人的一生真的很短暂，从我出生到现在，21年，我经历了四位亲人离世的痛苦，外公、外婆、爷爷和伯母，这让我很恐惧，死亡从隔一代的亲人已经延伸到离我至亲的这一代了。

　　人的幸福是心愿的圆满，而失去健康的人又怎能说心愿圆满呢？人有健康的身体，乐观的态度，快乐的心境，才会有幸福的人生……我们承认，青春、聪明、勤奋、富有、快乐……都是人生宝贵的财富，但如果拥有这一切而唯独没有健康，那这一切都失去了存在的意义。如果让人在健康与财富、健康与功名之间做出选择，我想大多数人会选择健康。因为有了健康就有机会创造财富，取得功名；没有健康，即使有了财富也没能力享受，有了功名也无力保全，那么财富、功名也就成了空中楼阁。是的，人们所追求的，的确是一种感觉，一种自我满足的感觉。想明白了，似乎大彻大悟，心中便豁然开朗了。时光在不断流逝，我坚信，健康会成为一个越来越被人们所重视的话题，拥有健康不一定拥有一切，失去健康一定会失去一切！一个想法、一个观念就会改变一个人的一生，关爱你自己，就是关爱你爱的和爱你的人。

　　"1"是我的健康，第一个"0"我要把它归之于亲情，父母对我付出太多了，将来无论怎样，我一定会好好孝顺他们。第二个"0"是爱情，找到一个自己相惜的人不容易。第三个"0"是友情，我最好的朋友是我在高中的那些闺蜜，即便距离很远，却一直惦念着。第四个"0"是金钱，从小到大，我看着父亲一直在为钱奋斗，现在，父亲还在为母亲每年1000块钱的低保求人，所以我要努力，让父母再也不用为了钱而发愁。

北京大学环境科学与工程学院 2011 级本科生

陈同学

把人的需要描述成具有五个层次的"金字塔",已满足的需要达到了什么层次,与人的心理健康程度是有关联的。人的基本需要按优势或力量的强弱排成等级,优势需要一得到满足,原来相对弱势的需要就要变成优势需要从而主宰机体,以便尽可能达到最高效率。马斯洛的这个理论被学术界称为"需要层次理论"。

一、生存金字塔

我的生存金字塔和我的"1"和"0"的关系是完全一致的。

最重要的是我的生命,只有当我的生命安全得到保障时,其他的一切才有存在的意义,生命是一切的基石。

"生命"之上的是"家庭",我认为有了美满的家庭,事业才有拼搏的动力。如果家庭都不幸福,人就无法快乐地工作,也不可能更好地完成任务。即使事业上红红火火,如果家庭四分五裂,人也绝对不会快乐的,事业上的成功更会让自己感受到孤独。

图 1　营养金字塔示意图

而"财富"在我看来是最后才去追求的,是当生命、家庭、事业都得到保证时才去努力追求的。财富无论何时也不应该成为人们唯一看中的东西,当你成为金钱的奴隶,你永远都不会获得快乐。因为金钱是没有饱和的,任何短暂的快乐都会给你带来更大的压力,一旦得不到更多的财富或者守不住现有的财富,它带来的痛苦会远远大于你得到财富时的快乐。

要树立正确的人生观,不因为生活中的任何挫折而轻言放弃自己的生命。无论是家庭、事业、财富都不如生命,若为这些而放弃最宝贵的生命,真的是太过愚蠢。

我一定会时刻提醒自己不要本末倒置,要牢记自己的生存金字塔。我相信在危机出现之时,我的潜意识就会告诉自己要始终把生命安全放在第一位。

二、营养金字塔

图1 生存金字塔示意图

图1是公认的营养金字塔。我的营养金字塔在其上有一定调整：

1. 微胖界少吃主食

我的体重一直是体质测试满分的最中央，但是在大家的眼光中就是比较"丰满"。但身为一个吃货，让我节食实在"专注失败20年"，所以我只能尽量减少主食的摄入，多吃蔬菜水果，在保证营养的前提下减少糖、脂肪的摄入，至少不要让体重继续增长。

2. 贪吃鬼多吃水果

我属于极度嘴馋的人，只要有吃的放在我眼前，我一定难以控制自己。如果一两个小时不吃东西，就会觉得怪怪的，然而一旦吃零食就会摄入大量热量。所以嘴馋时就多吃一些低糖分的水果，比如橙子、桃子、菠萝、草莓。既可以满足食欲，也不长胖，还能起到美容的功效。

3. 调理体质

中医大夫说我肝郁脾虚。我头发和脸上出油严重，常有青春痘。早上起来口苦特别严重，怕热不怕冷，而且曾经患过脂溢性皮炎。这是湿热、肝郁脾虚的典型之症。既然知道自己是湿热体质，就要有针对性地进行调理。

应该多吃绿豆、空心菜、芹菜、黄瓜、冬瓜、藕等甘寒、甘平的食物，以及西瓜、山竹等性偏凉的水果，夏天可以喝绿豆汤解暑。少吃羊肉、韭菜、生姜、辣椒等甘酸滋腻的食物，也要少吃火锅、烧烤等辛温助热的食物。

总之，我要树立正确的健康观，不仅仅追求不生病、不虚弱，还要保持良好的身体状态和精神面貌。刚才说到"生命"是最重要的，那么更要注重健康，才可以让生命更受保障，更有质量。要养成良好的作息与生活方式，随时注意身体上发出的信号，了解自己适合吃哪类食物，爱惜自己的身体、爱惜自己的生命。

北京大学考古文博学院 2011 级本科生

梁同学

  根据马斯洛需要层次理论，对于人而言，最底层的需求是生理需求，即衣食住行等基本生活需求；第二层是安全需求，即对于安全感的需求；第三层是社交需求，即与人交往的需求；第四层是尊重需求，即得到他人的尊重的需求；最上层的是自我实现的需求，即实现自己更深层次的价值。

  对于我而言，我的生存金字塔也与之类似。首先，最底层也是最先要满足的便是自己的生存需求，如果无法健康地生活，无法满足自己的温饱，那也无法进行更进一步的需求了，这也是"1"和"0"的关系的另一种诠释。

  第二层安全需求除了指生活的环境有安全感之外，还要有一种不会被抛弃，尤其是被父母抛弃的安全感，即情感上的安全感。当然，这一情感上的安全感一般而言总是能够得到满足的。

  第三层社交需求对我而言则是和同学相处融洽，并且每到一个新的环境都能够交到新的朋友。为满足这一需求，除了环境中的他人很重要外，我自己个性的塑造，是否开朗外向，是否能够理解他人等也十分重要。

  第四层尊重需求便是获得一定的成就，得到他人以及自我的尊重。现在而言，这一需求的满足可能需要我在学业上的努力获得回报，此外，在学生工作、社会工作等方面的成就也能满足我的这一需求。

  最高层次的自我实现需求则需要我更进一步地努力，实现我自己的价值。这一需求的实现相对更为困难，如何挖掘自己潜在的能力，如何最大限度地发挥自己的能力，同时能够帮助到他人，这一点还需要我逐渐探索。

  对于我而言，目前，底层、第二层、第三层的需求都能得到满足，尊重需求也基本能够得到满足，而自我实现的需求则需要我自身进一步的努力与挖掘。

  对于我目前而言，自身健康面临的最大问题是睡眠不足。由于课业紧张，自己也有许多其他的工作需要做，夜里经常一两点睡，早上八九点起床，这样不规律并且缺乏睡眠的生活，对我的健康造成了一定的伤害。在晚间，人的身体机能得到休息并进行排毒，如果睡眠不足，身体机能会受到影响，人也会不精神，长期的睡眠不足也会导致大脑的损伤。因此，对于我而言，要保持健康的身体，最首要做的便是要尽量在白天完成应该进行的学习与工作，早睡早起，保证充足的睡眠，使自己拥有健康的作息。

  此外，我的体重虽然属于正常体重，但是相对而言还是偏重一些。在饮食结构上，为了符合营养，同时达到减轻体重的目的，在底层的粮谷类食品中，尽量多食用粗粮。粗粮中含有丰富的膳食纤维，对身体以及减肥都有好处。

第二层是蔬菜水果类，在这一方面我之前做得不够好。虽然每天都会保证充足的蔬菜摄入，但是经常不食用水果。因此，为了进一步改善自己的饮食结构，需要保证自己每天至少吃一个水果。

第三层是鱼、虾、奶制品等补充蛋白质的食物。蛋白质是我们身体所必需的，但是奶制品中也含有丰富的脂肪，多食用也会造成体重的增加。因此，在以后的生活中，我会多吃鱼虾来补充蛋白质，而相对减少奶制品的摄入，如一天只喝一杯牛奶。

第四层则是脂肪类食品，其中油、盐、糖等菜品中几乎不可缺少的物质外，还包括许多饮料、零食。首先，在可能的情况下，尽量食用少油、少盐、少糖的食物，此外，还需要克制自己对于饮料、零食，尤其是垃圾食品的摄入，这样无论是对自己的身体还是对于减肥都是有很大好处的。

当然，为了减轻体重，除了均衡的饮食，还需要多运动。保证每周至少运动3次，对于身体健康也是非常有好处的。

第13章
风险评级

> 张老师问：
> 　　风险无处不在，对于风险的预判能够有效降低危险发生的可能性，从而最大限度地减轻社会和个人的损失。请根据课堂中所述内容，试想当你分别处于以下几种情境时的风险系数。
> 1. 暴力犯罪发生时；
> 2. 自然灾害发生时；
> 3. 人为灾难发生时。

北京大学社会学系2012级本科生

徐同学

　　根据老师课上所讲的几个风险存在的场所或者环境，根据犯罪所需要的时间、地点、罪犯和受害者这四个条件，结合我的生活作息习惯和活动范围，现对我的生存风险做一个评级。每一个方面，都是1—5分，分数越高，风险系数就越高。要求中涉及的三个方面，在下列表格细化为10个具体的方面进行阐述。

　　首先，个人的健康问题是决定一个人的生存风险的关键因素，老师在课上也强调了锻炼的重要性，教授了一些解决疲劳问题的穴位，鉴于我经常锻炼，饮食也规律，口味较为清淡，所以在健康方面我的风险系数应该不是很高。但是北京气候较为干燥，作为一个南方人有时还是不太适应，可能出现一些问题，因此我给我的健康风险指数打上2分。

　　其次，就是外部的各种天灾人祸、犯罪活动的威胁，为了条理清晰，我用表格的形式来呈现。

编号	风险类型	我的情况	风险评分	解决的方法
1	黑社会性质的犯罪；持枪暴力事件	在北京完全没有接触到的机会。校园周边的环境也比较安全。持枪暴力案件更是没有见过。	1分	对接触的陌生对象怀有警惕心，不在夜间外出。
2	毒品犯罪	我身边几乎没有这种情况。	1分	不去危险的地点，比如夜总会等地方，增强自己的警惕心和自控力。
3	运动损伤	属于上述的健康方面的内容。我还是比较喜欢运动的，因此这个风险比较高。	2分	在运动之前做好准备活动，学习一些扭伤、擦伤、挤压伤的应急处理方法。
4	住处的暴力犯罪	现在住学校的宿舍，有门禁制度，相对安全一些，但是管理得也不是很严，有时也会发现一些陌生人出现在楼层里面。	2分	首先还是要有警惕心，学习一点防身技术。其次，有几个原则是需要遵守的。择安而居（在学校比较难选择），武装室内（锁门，有一些自卫工具），低调行事，和其他寝室的人处好关系，不要引狼入室，宿舍内部和睦。
5	校内行动犯罪	我认为这些危险主要出现在独自行动和夜晚的环境下。	3分	结伴而行，避免危险时机，小心夜贼，平等待人，低调行事，谨防疯狂歹徒。
6	校外的交通安全	因为回家都需要乘坐飞机，平常出行也比较多一些，加上北京的交通状况其实不是很好，所以风险系数比较高一点。	4分	注意出行的时间，以及所乘坐的交通工具上，步行或乘坐交通工具都应该遵守秩序。
7	旅游安全	我很喜欢旅游，经常是自由行，但一般都是结伴而行，有一定的风险。	3分	注意旅游时间的选定，对酒店的地点和条件的选择，对目的地的文化风俗的了解，以及行程中对交通工具的选择。
8	火灾	因为宿舍有断电制度，所以还是比较安全的。	2分	在宿舍要时常有所准备，在公共场所也要随时观察逃生出口，以及掌握一些火灾逃生的技巧。
9	溺水	因为我很喜欢游泳，因此还是比较危险的。	3分	了解水面的深度、宽度、温度，如果是室外的水域，还要了解水底有没有水草、淤泥、石头、生物、微生物等。做好准备活动，注意入水的姿势。
10	自然灾害	自然灾难的发生，无法预料，像地震、海啸之类，时间不限，地点不限，因此危险系数较高。	4分	发生自然灾害时，不惊慌，不推搡周围的人，迅速找到较为安全的地方进行隐藏，或及时报警告知他人。平时掌握一系列的求生技能。

平均之后，我的风险评分在2.5分左右，相对来说是比较低的，但仍应注意安全。

北京大学心理学系2011级本科生（马来西亚留学生）宋同学

一、暴力犯罪发生时

暴力犯罪基本分为三种：为仇、为财和为色。我们需要提高警惕，尽可能知道歹徒的意图是什么，从而进行防御和解脱，在必要的情况下进行格斗。我们也需要知道危险的地点、时间和人。暴力犯罪里，预防胜于解脱，所以我们在家、工作单位、校园、街头、乘公车、娱乐与锻炼、旅游时都需要提高警惕，有防范的意识，以免犯罪分子有机可乘。

1. 防范暴力犯罪策略

首先我们从家说起，我们需要择安而居，将住处装备成堡垒，切勿树大招风，处处小心以免置自己于受害者的位置（不要一个人太迟回家），切勿引狼入室。工作中，我们需要找一份安全的工作，避免危险的人、时间和地点；保持警觉性，解雇人员可能有报复行为，公司员工之间或者和上司之间会有冲突等；建立好的社交圈子，不要处处树敌。在校园里，我们要留心自己所在的场所，了解学校的不安全因素以避免危害；留心交往的人，同学之间保持和谐，避免冲突，即使有冲突了，需要有效解决；控制脾气，与人相处时需要好好地听，慢慢地说，有些事情是不必动怒的，即使动怒了也无补于事，所以需要在感性和理性之间平衡。

由于自己还是学生，住在外面，无论和朋友在一起还是去教会、去娱乐场所的路上都需要注意安全。老实说，北京的治安比马来西亚的治安好得多，在北京4年，除了偶尔看见醉酒人士打架和吵架，没有看见其他的暴力犯罪，当然我还是需要提高警惕，尽可能做到万无一失，保护自己和身边的人。在外还需要注意不要在黑夜出门或路过一些不安全的地段，谨慎选择地段和时间；万一遇到什么突发情况，准备好自卫的武器；和陌生人需要保持距离并对身边的环境保持警觉。一般外出短距离的地方，我会骑自己的电动车，但这个学期就出了一个车祸，总结就是没有看清楚别人要驶的方向。在骑电动车时，车速不能太快，不听mp3以能够清楚知道身边发生什么。另外，在娱乐、锻炼和旅游时需要注意时间与地方安全以及保持警觉，少惹是非。

2. 抵制暴力犯罪策略

如果不幸遇到了暴力犯罪，我们需要机敏地反应过来，并且要知道如何脱身。

在脱身技术的应用里，我会采用离开场地，走到人群多的地方；展开舌战，和歹徒在言语上周旋，主要是延长时间，等待救援；服从，假装服从，把对自己的伤害减到最小，乘歹徒不注意时，反击他并且逃脱；吓唬歹徒。记得老师在课堂上说过一个案例，在地铁上有人偷钱包，被盗者在这个时候自己发现了，他把歹徒的手打下，拾起钱包，然后说"不好意思"，同时对远处的人喊"等等我"，让对方感觉自己是和朋友在一起，实际却是自己一个人。用意在于防范小偷的进一步犯罪。还有一个案例，在搭计程车的过程里，特别是晚上一个人，先拿手机出来说说话，说自己现在在哪里，坐的是什么车，大概什么时候抵达家里，车牌号码是什么等，让有心犯罪的人不敢乱来。

二、自然灾害发生时

1. 冰上灾害

无论在中国还是马来西亚，我都与水离不开。冬天到了，我会在中国北方城市旅游时溜冰或者走在冰上。正所谓预防胜于解救，需要远离才结冰的湖面、河面、江面、海面等。在冰上走的时候，如果有朋友或者自己不幸掉进冰水里，通过这门课，我学会了如何处理，不会马上冲过去拉他，因为很有可能我也会掉进去。如果是我掉进冰水里，首先，我需要保持冷静，让身体自然浮出水面，然后将头部伸出水面，保持呼吸，然后让身体和腿部保持水平状态，等待救援。在身体保持横向水平的前提下，可以设法把双腿用力向后蹬水，双手往前伸出，稍微上抬，以反冲力驱动身体在冰面上往前滑行。从水中滑到冰面上时，也需要谨慎，不要马上站起来，因为冰面非常薄，应该在冰面上继续爬行到岸边。

2. 水上灾害

马来西亚有比较多河流和湖泊，假期到野外去玩时，都会到河流去游泳和戏水，现在上了课之后，会注意很多事项，比如这个河是否有激流，里面是否有微生物、动物等，确认安全后才会下水，另外也会选择更适合游泳的地方，比如公共游泳池。在戏水的过程中，如果遇到有人不幸溺水，需要去救援，应该保持冷静，然后去取身边可以施救的物品，比如衣服、树枝、木板、救生圈等。如果我去救人，我的腰间需要牢固地绑上绳索，这样可以防止自己遇到不测。手拉手组成一条"人链"下水救人也是可行办法，手拉手的方法也有讲究，要拉住对方的手腕，就是一只手在无力时是可以休息的，可让另一个人的手来承受拉力，然后可以替换，这样的人链是有力和安全的。最后可以指导落水者自救。

3. 地震

地震发生时，如果困在建筑里跑不出来，尽可能找墙角，或者能形成三角形空间的地方站立，那里是最安全的地方。在这些小的空间里，不会被建筑的巨石给压死，可以等待救援。

三、人为灾难发生时

现在由于住在校外，小区有24层楼高，我住在第12层，上了这门课之后，提高了火灾的防范和逃生意识。我仔细观察家里，万一发生火灾，我有两种方法逃生。由于家在12层，没有办法跳下楼，只能跳到下一层。

方法一：把床单、衣服等系成绳索，把自己套上，把绳索系在坚固的暖气或者坚固的物体上，然后从窗外逃到下一层。

方法二：由于家里的设计是两间房间在里面，从房间出来是洗手间，然后到厨房，后来才是客厅。我和家里的3个朋友每天晚上都会充电动车的电池，我发现最有可能发生火灾的地方是电动车电池充电的地方和厨房，而电池充电地方就在厨房门外，所以如果真的发生火灾，火势太大会把逃到客厅的路堵住，这个时候，我会把房间里的加湿器打烂，把毛巾弄湿，捂着自己的鼻和口逃到厕所，把厕所封闭，等待救援。如果火势不大，就到厕所里弄湿自己，逃到外面。

学习了"安全教育与自卫防身"的课程，才意识到自己所住的地方不是那么安全，需要提高警惕，万一发生火灾，路被堵着了，也知道如何进行处理。

第14章
课程感受

> 张老师问：
> 经过一个学期的学习，相信大家对"安全教育与自卫防身"课程有了更切身的体会和感受。请根据自身的实际情况，谈谈对"安全教育与自卫防身"课程的看法。

北京大学元培学院 2012 级本科生

姜同学

最开始选这门课是觉得非常的实用，身为女生，多学会一些防身技能总是有利无害，甚至能在关键时刻发挥重要作用。

而真正上了几次课才发现，这门课并不仅仅是教授防身技能，更重要的是给我们全方位地树立了安全的理念和面对危机的应对方式。我每节课最喜欢听老师讲案例，在很多同学看来，那些案例中的人好像都比较"呆"，在危机面前的处理方式特别不成熟，甚至觉得匪夷所思。但是我却能理解一些，因为我曾经去安全教育馆参与过火灾体验，当我身处一堆烟雾中时，四周什么都看不见，完全是在茫然中跟着他人往前爬，爬行也要比想象中难得多，再加上发生意外时的紧张心理，也就不难理解为何人在危机时总是做出一些冲动的行为，而冲动的代价可能就是最宝贵的生命。

但是限于条件，又不可能经常让我们体验安全演习，所以我觉得老师讲例子的方式特别好。

第一，通过讲故事的方式让上课变得非常轻松，也把知识融入案例当中，让我们能够迅速地记牢。

第二，这些案例真的让我很有收获，很多案例都是我们以前从来没有思考过的问题，因为觉得危机离自己太远，根本不会去主动了解这些知识。而老师讲的每个案例都是一个典型场景，而且在每次讲的过程中，还会强调让我们想象自己身处其中该如何应对。我想，一旦真的发生了危险，我脑子里就会迅速地对应出某个案例中的错误做法和正确做法，也避免了在紧张时刻的手忙脚乱，可以让我在危机面前更加镇定、理智地寻找解决方式。

第三，老师找了很多身边同学的案例，他们身上折射出很多我们的影子。人是很难剖析自己的，但是在分析他人时，我们更加清醒地认识到自己身边的安全隐患。尤其是那几个国外留学生的案例对我启发特别大，我大三很有可能出国交流，经过老师的提醒，我会在入住第一天熟悉周围环境，寻找可能的逃生方式。

第四，老师的案例覆盖范围特别广，从暴力犯罪，到火灾、地震、泥石流、救援落水人员、伤口包扎等，简直就是一本安全手册！我们生活中或多或少都会接触一些安全知识，但是质量却良莠不齐，比如有人说地震要躲在桌子下，又有人说躲桌子下会被压死要躲在桌子边，我们根本不知道该相信哪个。而且这些安全知识非常零散，不成体系，也不全面，只可能是危机现场临时想起来还有这样一个知识，但却做不到心中有数。听过老师讲课之后，在很多危机情况下，我都知道按照顺序一步步该去做什么，人只有时刻清楚自己所处的环境和面临的危险，在危机时知道该做什么，才有可能保持镇定。

第五，也是我认为最重要的，就是通过这门课我树立了安全理念。说句实话，对于我们这代人，大家都以莽撞为勇敢，以不羁为个性，越是大人们强调要做什么，我们越不屑于做什么。以前高中每次安全演习，大家都是嘻嘻哈哈，好像谁稍微严肃认真地对待，都会被别人嘲笑"太认真、太惜命"。再加上北京的治安一直都不错，所以我的安全意识特别差。一个人在家经常不锁门，晚上经常一个人打车回家。但是老师讲的这些案例真的让我从内心里有了触动，就比如老师上次讲的一个同学打车的案例，听了觉得不寒而栗，特别后怕。我现在每次晚上打车都会坐在后座，而且会给家人打电话，说我的位置，大概多久回家等。技能固然重要，理念才是核心。比起危机自救，最关键的是让自己远离危险源，这就是安全理念的重要性，也是我觉得这堂课对我的改变最大的地方，它从根本上改变了我对待危险隐患"嘻嘻哈哈、不以为然"的态度，让我心里时刻都绷着一个弦——安全理念。

除了理论，老师的融散打、跆拳道、武术、柔道等于一身的防身术也是超赞！每次看到人高马大的男生被老师轻松制服就会情不自禁地感叹一声。虽然说电视上看过太多的摔技，但是现实生活中怎么可能有机会去练习这些？而且我一直认为那些动作都特别专业，需要学习很多年才能学会。没有想到那些动作其实都很基本，只要时机把握好，速度和力量到位，完全能够在危机出现之时出奇制胜！

以前军训也学过一些操和拳，但是平心而论真的都是花拳绣腿，一点杀伤力都没有。而老师教的这些真的特别实用，考虑到我们女生几乎都是以弱胜强，那些完全靠力量的动作根本实现不了，教授的动作都是技巧为多，同学之间互相练习的时候也觉得这些动作很好掌握，虽然简单，效果却非常棒！

当然，我也有一些小建议：

1. 听了老师讲的这么多安全知识我才发现网络上流传的很多危机应对方式都是不准确甚至是错误的，所以特别希望老师可以把您的那些案例和危机出现时正确的应对方法出一本实用的书。市面上虽然很多类似的书籍，但往往针对某几种危险源，并不全面；而且没有生动的案例，大家也很难记住那些要点。我希望这种准确、生动、自成体系的安全手册能够面市，这样我可以广泛分享给我的家人朋友。

2. 每次老师教授的动作我回来都会和男朋友练习，他几乎和我体重一样，也不是很高，但是我真的很难把他制服，男生的力量真的要比我想象的大太多，他只要捏着我的手一用力，我会疼到根本无法施展学习的动作。所以我一方面认识到这些动作一定要找好时机，攻其不备；一方面也觉得课上的其他女生可能没有感受过男女这种力量的差异，真正危险时容易对彼此的力量估计不足。希望在课上可以安排一些男女对抗的内容（看有没有哪些动作不会让男女生觉得不好意思，但是又能让女生感受到男生的动作力量和速度）。

3. 我觉得绳扣的部分特别实用，但是我感觉同学们有的人学得特别快，有的人就学得特别慢，我就属于学得特别慢的。可能是我们的右脑太差，而绳扣很难用左脑的逻辑思维记住，通常是靠手感和视觉记忆，所以学习起来很困难。老师系得比较快，而且是镜面示范，到自己手里还是不太会，就会问周围同学，但是时间特别紧，也就练一次又该学下一个系法，然后学习很不熟练，而且觉得周围很多同学都和我是一样的情况。我是真的很想学会这部分，不知道老师有没有什么方式能够让我们更加快速、牢固地学会系绳扣呢？

这一学期真的学习到了特别多的安全知识和防身动作，也是我所有上过的体育课中感觉最愉快、最有收获的一门课。未名 BBS 中的推荐果然非常好，我也会把这门课程推荐给身边的同学。

北京大学国际关系学院 2012 级本科生

甘同学

转眼之间,"安全教育与自卫防身"这门课一学期的课程就要结束了,我的心里却有一种意犹未尽的感觉。短短的三十二个课时远远不能涵盖"安全教育"与"自卫防身"的全部内容,这门课更多的是带领我们对每一个小的领域先有一个大致的了解,其中详尽的内容则需要我们自己去发现、探索、挖掘、体会、理解。在对这学期的课程做了一个简单的回顾之后,我觉得我主要有以下几点收获与心得。

一、安全隐患无处不在,时刻保持自卫意识

在学习这门课程以前,我在生活中是一个比较粗线条的人,有些时候针对别人过分小心的表现,我会不以为然,最典型的案例就是与我妈妈之间的互动。妈妈是一个比较容易担心、心思细腻的人,她每次出门之前都要反复检查液化气阀门关紧了没有,水龙头关紧了没有,门有没有完全锁好,还要我帮着检查,我每次都是敷衍了事。

但在课程的学习过程中,尤其是每堂课老师讲的很多案例之中,我发现往往就是一些小细节的闪失最终酿成了惨剧。阀门没有锁紧可能造成煤气中毒还不自知,小小的烟头没有摁灭可能会引起熊熊大火,准备活动未做充分就急于运动可能会造成猝死,有病症却强撑可能会葬送自己的生命,往往就是一些在平常我们很容易忽视的事情给我们自身带来了巨大的危险。

因此,我们每个人都应该要牢牢树立一种安全隐患意识,认识到生活中的安全隐患无处不在,不放过任何一个小细节,绝不要敷衍了事,马马虎虎。此外,还要时刻保持自卫意识,具体来说,就是要保持一种警惕,不论是对于事物,比如自然灾害、危险的动物、交通工具等,还是对人,都要多留一个心眼,要有自我防范意识。最后,如果危险真的降临在自己身上时,无论是自然灾难,还是人为灾难,一定先自救,再救人,最后再等待别人的救援。

二、保持积极乐观的人生态度,建立良好的人际关系

这一部分主要是从心理、精神层面得到的启示。第一,对我们自身而言,保持一个积极乐观的人生态度是非常重要的。现代社会逐渐演变为一个快节奏、高强度的社会模式,我们每一个人的生活都变得异常忙碌,随之而来的压力却也在不断增

大。尤其是处于快速发展却不太平衡的中国社会之中,竞争的压力、生存的紧迫感、舆论的监督与十几年前甚至几年前都不可同日而语。

在这种情况下,我们每一个人的生活负担变得沉重,属于自己的闲暇时间减少,休闲娱乐的机会变少,人与人之间的情感也变得越来越冷漠。这无疑会给每个人带来不小的压力,所以保持积极的心态尤为重要,这样我们才可以排解压力,舒缓焦躁紧张的情绪,避免自己走入死胡同,从而将一些危险的想法,比如说自杀,扼杀在源头处。要相信自己的能力,相信生活是美好的、未来是光明的,也要相信这个世界上大多数的人都是善良的。在真正遇到困难挑战的时候,不要着急焦躁、惊慌失措,不要轻易地否定自己,首先稳定一下情绪,思考解决的办法,如果感觉自己实在不能够解决,不要害羞,可以寻求身边的家人、老师、同学甚至是陌生人的帮助。

第二,就是要与他人处理好关系。良好的人际关系可以为我们的生活增添很多的快乐,在遇到困难的时候也不至于形单影只,出门在外,很多时候都是要靠朋友的帮助。这里我把人际关系分为两类,一类是与熟人之间的,不要觉得大家之间相互认识就可以随便处理相互之间的关系了,反而是要特别注意。作为独生子女的一代,我们有时候思考问题的方式太过以自我为中心了,忽略了其他人的感受。要平等地对待每一个人,不要歧视别人,对所有的人都要友好友善,对于那些看上去比较内向敏感的同学则应该更加主动地给予帮助,体贴关怀他们,欺软怕硬绝对不是一个高素质的青年应该有的行为。与熟人处理好人际关系看似简单,其实更需要我们的容忍与付出,大学生活里我们接触的同学都来自五湖四海,生活习惯、风俗传统不尽相同,只有相互谅解、相互协调,才能创造一个和谐融洽的环境。反之,如果谁都不肯退让一步,就会造成矛盾激化,甚至发生血的冲突,马加爵案件、复旦投毒案、清华投毒案等,就是最好的例证。

第二类是与陌生人之间的关系。千万不要认为陌生人与自己不相识就不会产生威胁了,其实不然,一个眼神、一个动作、一个表情处理得不恰当也会引发激烈的冲突。对待不认识的人,也要保持一种尊重恭敬的态度,这是最起码的礼貌。保持一定的距离感,既不要太过亲密也不要带有恶意。学会运用自己的判断力,判断什么人是比较危险需要回避的,什么人是比较友善的,在突发危险的时刻甚至可以向其求救的。总之,建立起一个良好的人际关系网,有助于降低我们生活中的危险指数,同时又给我们的生活增添很多的乐趣。

三、面对危险，生命第一，绝不轻言放弃

通过本门课程的理论以及实践的学习，我认识到无论面对何种形式的安全威胁，保住自己的生命都是最为紧要的事情。钱财、文件、房屋等都是身外之物，没有了生命即使这些物质上的东西存留了下来也没有机会享用了；身体某些部分的损失也是可以接受的，只要能够活下来，即使是剧痛也要忍受。在保全自身的安全的基础之上，可以利用余力来帮助其他人。但是绝对只能做自己能力范围之内的事，运用智力而不是蛮力，否则只会是"赔了夫人又折兵"。在有些情况下，我们会陷入一些看上去绝对无法逃脱的困境，例如地震中被深埋在地底下，没有食物没有水，貌似没有任何存活的希望。但不到最后一刻，绝对不要轻言放弃，不要轻易妥协。人的生命力是强大的，有时甚至超出我们自己的想象，只要不抛弃不放弃，坚定信念，鼓足勇气，奇迹也是会发生的。

此外，我对这门课程还有一些小小的建议，仅供参考。

1. 多媒体设备参与教学

这个想法的实施是要建立在硬件设备的基础之上的，我希望以后这门课程能够在类似于邱德拔地下练操房的教室里授课，借助多媒体设备。这样讲解案例的时候可以给我们看很多的图片、视频，不至于显得空洞，学生也不需要老是靠自己的脑子想象了，而且这种教学方式势必会给学生留下很深的印象，造成比较大的冲击，提高教学效果。

2. 传授更多的生活小技巧

我们的实践部分主要学习的是散打，作用主要是防身，所以在理论部分，我希望以后能够教授更多的生活小常识、小技巧，比如说最近学的结绳技术就很有用。我希望我们能学一些防盗（包括家庭防盗和个人出门在外的防盗）、防灾害方面的技巧。

一学期的课程很快就结束了，有时候觉得这门课已经不仅仅是一门体育课了。我们不但学习了很多的自卫防身知识，还在其中接受了思想道德方面的教育，也思考了自己的人生，找到了身为90后，身为北大人的一些不足，可以说受益匪浅。希望在以后的人生中我能够运用我所学到的这些知识解决问题，同时帮助别人。

张老师说：

　　限于本书的篇幅，我只能选择如上几篇比较有代表性的作业来和大家一同分享。从这些饱含真情的文字中，我们可以看到同学们不仅仅是在上一门体育课，而是用他们认真的态度来思考自己，总结自己，完善自己。比如，来自法学院偏远山村的李同学，由于年少时的家庭经历，她觉得金钱对于自身及家庭是非常重要的。但是在课程之后，她开始切实地思考"1"和"0"的关系，认识到唯有生命和健康才是保障一切"0"得以成立的条件与基础。比如，来自马来西亚的宋同学，他对自己所处环境的分析更为多元，不仅考虑到在北京读书期间的周边环境，也会考虑到本国的实际情况，让自己对危险的把握更为全面和务实。

　　作为一名教师，没有什么比青年人的自知与自我完善更令我感到兴奋的了，从他们身上我看到了青年人的朝气，也看到了青年人的担当。同时，我也非常感谢同学们对我的课程提出的宝贵意见与建议，这些对我来说很受用，也是我不断完善课程的动力。

　　亲爱的读者朋友，你呢？快点开始完成属于你的"答卷"吧。

后记

印度诗人泰戈尔曾说："教育的目的应当是向人传送生命的气息。"教育之"育"应从尊重生命开始，使人性向善，使人胸襟开阔，使人唤起自身美好的"善根"。对人的尊重，对宇宙的敬畏，最基本的原则是尊重生命的存在，知晓生命的不可重复性。

起草本书后记时，联想起多年前复旦大学学生林森浩投毒案、云南大学马加爵杀人案、西安音乐学院药家鑫杀人案等。当事人都是接受过高等教育的学生，因为生活琐事、无故记仇，抑或因为心怀怨恨、心胸狭隘而用残忍至极的手段置同窗于死地，葬送自己美好前途的同时也带给两个家庭甚至更多人无法弥补的伤害。

除此之外，上述同学的心理健康问题也是导致他们走上不归路、阻碍他们健康成才的重要因素。我所教学与服务的北京大学汇聚了全国各地的"天之骄子"，然而闲暇之余，总有学生跟我倾诉自己的郁闷和烦恼：或因"光环"不在，学业一落千丈；或感觉前途迷茫，迷失了人生方向；或消极沉沦，对世事漠不关心，甚至失去了生活的勇气。本该朝气蓬勃、昂扬斗志的学生，却因为一些看似无法解决的"困惑"而停下了奋斗的脚步。痛心之余，更激发了我的反思和思考。

都说教师是"人类灵魂的工程师"，而教育理应是对人类灵魂的教育，而非单纯、理智的知识堆积。因此安全教育课程的最终目的是树立正确的生命观、价值观，形成尊重生命、敬畏生命、保护生命的意识，实现教育久远而宏大的终极目标。

在美国期间，当看到美国的大学全面推广安全教育并已基本普及的现状，我同美国加州州立大学的陈工教授对美国 255 所大学的自卫防身课程进行了调研。从国外安全教育实施的途径和方法来看，安全教育与自卫防身不仅需要理论灌输，更重在体验，重在感同身受，只有通过切身体验与参与才能更发人深省，使学生受益终身。

2002 年我做了中国 230 所高校的调研，在北京大学首创性地开设"安全教育与自卫防身"课程。在近 16 年的教学科研实践中，我逐渐加深了对安全教育、生命教育的认知，致力于探索和创新学校安全教育的新机制，逐步实现安全教育常态化、科学化和系统化的目标。

本书积累了本人在北京大学多年来普及安全教育与自卫防身教学的经验与创新，呈现了体验式教学的独特魅力及大学生群体的普适性特征。希望通过本书的学习，帮助大学生们树立"安全第一"的意识，明确"1和0"的关系，主动增强安全防范能力，掌握应对各种危险的自救和他救的科学有效的方法。同时提倡情商教育的培养，加强和改进大学生心理健康教育，与学生们探讨如何通过自助的方法排解心理困扰，提升自我价值感，增加心理正能量。

在全书的最后，筛选了部分学生的期末总结及对这门课的感悟，言语真切，情感真挚，触动心灵："这门课超越了技术的教授和练习，从自卫理念和防身意识的角度赋予了修习者更高层次的领悟"；"'生命不再脆弱'是我这学期自卫防身课学习的最大心得，第一次清晰地有了'防御'的意识，上这门课，得到的不仅是身体上的收益，更多的是思想上的获益"；"老师总是利用有限的教学时间为我们构建爱的课堂氛围，教育和影响我们也积极地用爱来构建我们的生活和学习空间，这种教育会影响我的一生"。

好的教育能够说服人，更好的教育能够感动人，最好的教育能够改变人。穹顶之下，安全教育，箭在离弦。愿以一己绵薄之力，唤醒更多教师及社会人士对大学生安全教育的重视，提高大学生安全防范意识和能力，最大限度地预防安全事故发生和减少安全事件对大学生造成的伤害，保障大学生健康成长，实现北大老校长蔡元培先生对大学生的希冀，重塑"完全人格"！

张　锐

庚子年春于燕园